KB208505

선교와 비즈니스의 아름다운 동행

선교와 비즈니스의 아름다운 동행

지은이 | 최웅섭
펴낸이 | 원성삼
책임편집 | 김지혜
본문 및 표지디자인 | 변현정
펴낸곳 | 예영커뮤니케이션
초판 1쇄 발행 | 2017년 5월 18일
등록일 | 1992년 3월 1일 제2-1349호
주소 | 136-825 서울시 성북구 성북로6가길 31
전화 | (02)766-8931
팩스 | (02)766-8934
홈페이지 | www.jeyoung.com
ISBN 978-89-8350-967-3 (03230)

본 저작물은 저작권법에 의하여 한국 내에서 보호를 받는 저작물이므로
무단 전재와 무단 복제를 금합니다.

값 20,000원

이 도서의 국립중앙도서관 출판예정도서목록(CIP)은 서지정보유통지원시스템 홈페
이지(http://seoji.nl.go.kr)와 국가자료공동목록시스템(http://www.nl.go.kr/kolisnet)에서
이용하실 수 있습니다.(CIP제어번호: CIP2017010553)

 모든 인간은 하나님의 형상을 닮은 존엄한 존재입니다. 전 세계의 모든 사람들은
인종, 민족, 피부색, 문화, 언어에 관계없이 존귀합니다. 예영커뮤니케이션은 이
러한 정신에 근거해 모든 인간이 존귀한 삶을 사는 데 필요한 지식과 문화를 예수 그리스도
의 사랑으로 보급함으로써 우리가 속한 사회에 기여하고자 합니다.

선교와 비즈니스의 아름다운 동행

최웅섭 선교사 지음

예영커뮤니케이션

김문훈 목사(부산 포도원교회)

선교의 패러다임이 급변화하고 있다. 선교가 만만치 않은 이슬람 지역에서 선교사로, 사업가로 비즈니스 선교의 새로운 패러다임을 실천적인 삶으로 제시하고 있는 최웅섭 선교사, 최웅섭 회장. 그는 우리에게 학문과 신앙, 가정과 일터에서 비즈니스와 선교를 하나로 연결하는 진정한 일터 선교사로의 선교사적 삶을 제시하고 있다.

그리스도인으로서 어떻게, 무엇으로 하나님 나라를 확장해 갈 것인가? 일터에서 수많은 어려움과 난관, 역경을 겪으면서 하나님이 기뻐하시는 성공적인 삶을 이 땅에서 펼쳐갈 수 있는가? 하나님 앞에서는 신앙으로, 세상 앞에서는 신용과 신뢰로 하나님의 나라를 확장해 가고 있는 성공한 사업가로, 사명을 감당하는 선교사로 우리에게 시사하는 바가 크다.

새로운 선교 패러다임으로 전쟁과 같은 일터에서 일상에서 그리스도인으로, 하나님의 사람으로서 준비, 예비, 겸비해야 할 삶과 신앙이라는 균형 잡힌 두 날개로 하나님이 원하시는 성공을 이루기를 원하는 모든 사람에게 이 책을 기꺼이 추천하는 바이다.

· · ·

김명전 사장(GOOD TV 기독교 복음방송)

목사, 선교사, 사업가 다양한 타이틀을 가진 최웅섭 회장, 그는 대화에 거침이 없고 가식이 없다. 그래서 원래 사업가였나? 잠시 생각해 보기도 했다. 첫 만남 후 읽게 된 그의 저서 『최웅섭 이야기』를 통해 그가 주의 자녀이자 종으로서 수많은 난관을 겪으면서도 믿음으로 인생 역정을 헤쳐 온 것을 알게 되었다. 그의 첫 번째 저서가 소위 "성공한 사업가"로서 선교 이야기를 전했다면, 이번 책은 더 깊이 있게 비즈니스 선교를 진술하게 털어놓고 있다. 그는 크리스천 비즈니스맨으로서 모든 협상을 진행할 때 "나는 크리스천이니까…."를 전면에 내세운다. 그리고 크리스천답게 약속을 지켜가는 모습을 보여 준 그의 이야기는 사업가와 선교사의 경계에서 고심하는 사람들에게 분명한 방향을 제시해 준다.

나는 KBS와 EBS를 거쳐 오랫동안 컨설팅 회사에서 기업 경영을 자문해 왔다. 그리고 어느 날 갑자기 부름 받아 방송 선교를 감당해야 하는 GOOD TV CEO를 맡게 되었다. 처음에는 "방송선교 사역만 잘 감당하면 되겠지." 싶었다. 그렇지만 막상 매월 돌아오는 급여일이 되면 직원들의 급여를 놓고 고민하고 기도할 수밖에 없다. 현실이다. 최고경영자인 나는 방송 선교사인가? 비즈니스맨인가? 지금은 명쾌하게 내 입장을 정리하고 있다. 비즈니스맨이 먼저다. 그러나 돈을 버는 목적이 다르다. 부자가 되기 위한 것이 아니라 선교를 위해 일한다는 것이다. 많은 크리스천이 매일의 삶 속에서 세상 속 포지션을 따라야 할지, 복음을 전하는 주의 제자로서 살아야 할지 갈등한다. 비즈니스 선교사 최웅섭 목사는 우리가 가진 힘과 영향력이 우리의 것이 아니고 단지 청지기에 불과하다고 말한다. 이 책을 통해 들려주는 그의 고백은 흔들리는 믿음을 다시금 붙들어 주고 우리를 세우신 하나님의 뜻을 바라보게 할 것이라 기대한다.

. . .

김종훈 목사(오산침례교회 담임)

최웅섭 선교사님을 처음 대면한 것은 우연히 보게 된 텔레비전 방송 강의였다. '선교사'이자 '사업가'라는 이색 직업(?)에도 솔깃했지만, "선교적 삶을 위한 네 가지 키워드"란 제목에도 끌려 끝까지 듣게 되었다. 물론 그 네 가지(사람, 정직, 열정, 나눔)도 너무 좋았다. 핵심을 정확히 잡으셨다고 생각했다. 하지만 그보다 더 내 마음을 강타한 것은 '우리 모두가 선교사'라는 그의 외침이었다. 그래서 심지어 '밥 짓는 선교사'라는 말씀까지 하셨던 것으로 기억한다.

그래서 나는 '바로 저거다.'라는 생각에, 선교사님을 교회 '직장인 조찬기도회'에 두 번이나 연거푸 초청했다. 그러고도 또 듣고 싶어 '비즈니스 전략세미나'라는 이름으로 두 번을 더 초청해 들었다. 내가 우선 너무 좋아서였다. 그때마다 기쁨으로 달려와 변함없는 열정으로 강의해 주심에 지금도 고마움이 크다. 무엇보다 크리스천 한 사람을 '비즈니스 선교사'로 세워 보려는 그 넘치는 열정에 반했다.

그래서 책도 여러 권 구입해 성도들에게 선물했다. 힘들고 어려운 시대를 사는 더 많은 성도들이 그 책들을 통해 힘과 지혜를 얻기를 소망하는 마음에서였다. 그러던 중, 이번에는 지금까지의 모든 경험과 이론들을 모아 책을 펴내신다니 얼마나 반갑든지……. 추천을 위해 초고(草稿)를 받아 단숨에 읽었고, 가슴이 벅찼다. 정말 더할 것도 뺄 것도 없는 완벽한 비즈니스 선교의 교과서이다. 행간에 흐르는 그의 열정에 또 한 번 반한다. 이 책 한 권은 다시 한 번 최웅섭 선교사님의 경험을 더 널리 전달하고, 그 열정을 더 멀리 확산시키고, 그 성공을 더 많이 공유하는 촉매제가 되리라 확신한다.

• • •

김학중 목사(안산 꿈의교회)

"선교하려면, 사람들에게 어떻게 다가가야 할까?" 선교를 하는 분들은 이것을 늘 고민합니다. 무작정 복음을 전하면 사람들이 거부할 것 같고, 그렇다고 주변 상황에 맞추면 과연 선교를 하는 것인지 확신이 서지 않기 때문입니다. 이처럼 '복음이냐, 상황이냐'의 선택을 고민하는 분들에게, 이 책은 양자택일이 아니라 조화를 이루는, 제3의 길을 보여주고 있습니다. 이 책은 우선 다양한 성공과 실패의 경험을 통해서, 선교를 하려면 세상을 보는 안목과 전략이 필요함을 보여 줍니다. 그러면서도 이 책은 복음에 대한 소명을 강조함으로써, 진정한 그리스도인의 삶이 무엇인지를 다시 생각하게 합니다. 그런 점에서 인생의 지혜와 도전을 받기 원하는 모든 분에게, 이 책이 좋은 길라잡이가 될 것을 확신합니다.

• • •

경진건(블레싱컨설팅 대표)

비즈니스 선교의 필요성과 중요성이 점점 커지고 있다. 많은 선교단체들이 생겨나고 있고 BAM을 비롯한 비즈니스 선교 활동이 많아지고 있다. 허나 이런 모임에 가 보면 이런 질문에 막힌다.

"그래서 구체적으로 비즈니스 선교를 어떻게 할 수 있을까요?"

"기존 선교사가 어떻게 비즈니스 선교사가 될 수 있을까요?"

"선교지에 어떤 아이템을 가지고 나가야 하나요? 선교사가 스스로 찾아서 준비해야 하나요?"

"비즈니스와 선교를 어떻게 연결해서 실행해야 할까요?"

즉 비즈니스 선교의 실제성에 관한 질문들 앞에는 거의 말이 없었다. 필요성과 중요성만 강조할 뿐 그 이상은 없었던 것이다. 비즈니스는 철저한 현실이다. 이러한 비즈니스에 대한 선교적 접근도 철저히 현실적이고 실력 있게 접근이 이루어져야 선교적 성과를 낼 수 있는 것이다. 이 책은 이런 현실 앞에 선교 현장에서 비즈니스로 성과를 얻고 선교를 감당했던 경험과 연구를 바탕으로 정리된 책이다. 이 책을 통해 한국 비즈니스 선교의 구체적이고 질적인 성장의 시작점이 될 수 있기를 기대한다.

■ ■ ■

두상달([사]가정문화원 이사장 한국 CBMC 중앙 회장)

선교는 이론보다도 실천이 중요하다. 역사의 마지막 장에 복음을 전해야 할 곳이 어디일까? 복음의 동토 같은 중동을 비롯한 이슬람권이다. 특별히 선교의 문이 닫혔거나 제한을 받고 있는 지역에서의 비지니스 선교는 최고의 선교 모델이다.

목회자가 선교의 열매가 없다면 죄이다. 마찬가지로 사업가가 돈을 벌지 못한다면 그것 또한 죄악이다. 여기 최웅섭 회장은 목사요, 선교사요, 기업가이다. 그런데 이 세 가지를 모두 성공적으로 수행하고 기적 같은 업적을 이루어 가며 오늘의 사도행전 성령행전을 기록하고 있는 믿음의 사람 하나님의 사람이다.

최웅섭 회장은 Kingdom Biz를 통해 주님의 지상명령을 성취하기 위해 선교 최일선에서 수 년 동안 삶을 바쳐 헌신해 왔다. 그는 이 책에서 선교현장과 삶의 경륜에서 녹아나오는 진액 같은 이야기들과 비전으로 급변하는 21세기 패러다임에 알맞은 최상의 선교 전략을 제시하고 있다.

또 우리가 가야할 선교 지향점과 모델을 인간의 관점이 아닌 하나님의 프레임과 틀에서 제시하고 있다. 21세기는 20세기와 완전히 다르다. 복음은 변하지 않지만 복음을 전하는 방식과 전략은 바뀌어야 한다. 21세기 일터를 통한 최고의 비즈니스 선교 전략서인 『선교와 비즈니스의 아름다운 동행』을 추천한다.

■ ■ ■

박영환 교수(서울신학대 선교학)

모든 것을 주고도 아무것도 기대하지 않는 것, 그것이 바로 선교입니다. 그럼에도 현실의 선교가 정치적 이유 혹은 체제적 갈등 관계로 많은 어려움을 겪고 있는 것도 사실입니다. 선교를 환영하며, 기대하면서 환영하는 선교지가 있는 반면에, 여전히 정치적 상황이나 종교적 배경을 이유로 선교를 거부하는 지역이 늘어나고 있는 것이 우리네 현실입니다. 우리 손에 쥐어진 최웅섭의 『선교와 비즈니스의 아름다운 동행』은 이런 문제점을 해결하기 위해 21세기 선교의 정책과 전략적 대안으로 떠오르는 주제를 다루고 있습니다. 최웅섭 선교사는 선교 현장의 목마름과 열정으로 모든 것을 이루어 가는 열정의 소유자입니다. 그의 땀과 눈물 그리고 기도의 간절함을 선교에 담아 놓은 것입니다. 그리고 이와 같은 간절한 소망을 담은 통찰은 비즈니스 선교를 아름다운 동행으로 끌어 올렸습니다. 그리하여 선교의 영원한 동행으로 표기된 이 책은 선교의 미래를 바라보는 모든 독자에게 교과서와 같이 미래 선교의 길을 펼쳐 놓았습니다. 특별히 구석구석을 누비는 최 선교사의 발걸음을 느끼게 하며, 선교 현장의 믿음의 결실을 열매로 그려 주고 있습니다. 이를 통해서 추천자는 이 책이 그의 목숨을 건 경험의 선교적 소산물을 우리 모두의 미래 선교를 펼쳐 나갈 수 있는 자신감을 심어 줄 것이라 확신합니다.

결국 최웅섭 선교사는 비즈니스 선교의 청사진을 이 책을 통해 제시합니다. 독자들이 그가 걸었던 선교의 현장을 돌아보는 것, 어쩌면 그것이 바로 비즈니스 선교의 아름다운 동행이라 할 수 있습니다. 주께서 최 선교사의 삶의 결말을 계속되는 후배 선교사들의 헌신과 도전을 통해 입증해 주실 것을 믿습니다. 그리고 이를 통해 하나님의 선한 역사가 하나님 나라를 앞당기는 능력의 현장으로 올곧게 세워지기를 기대합니다.

방선기 목사(이랜드 사목)

전통적인 선교를 하기 어려운 지역의 선교를 위해서 비즈니스 선교가 필수적인 전략이 되었다. 그러나 현실적으로 비즈니스 선교는 새로운 전략으로 삼을 수 있을 만큼 쉬운 일이 아니다.

평생 비즈니스를 하던 사람도 다른 나라에 가서 비즈니스를 하기가 쉽지 않은데 목회만 하던 선교사가 비즈니스를 한다는 것은 말처럼 쉽지는 않다. 그러나 하나님이 함께하시면, 하나님이 특별한 은사를 부어 주신다면 불가능하지는 않다는 것을 최웅섭 선교사가 보여 주었다. 그는 비즈니스 선교를 하는 사람들이 경험할 수 있는 모든 시행착오, 고난, 실패 등을 다양하게 경험했다. 그런 경험을 토대로 비즈니스 선교가 어떤 것인가를 보여 주는 성과를 이루었다. 누구나 다 그가 이룬 성과를 이룰 수 있는 것은 아니다.

그러나 그는 비즈니스 선교가 가능하다는 것을 실례를 통해 보여 주었다. 그는 비즈니스를 선교의 도구로 생각지 않았다. 물론 선교를 비즈니스의 도구로 생각지도 않았다. 그에게 비즈니스 자체가 소명이었고 선교 자체가 소명이었다. 그래서 그는 진정한 의미의 비즈니스 선교사가 될 수 있었다. 아마도 이런 분명한 정체성이 비즈니스 선교를 해낼 수 있는 밑바탕이 된 것 같다.

비즈니스 선교에 관한 교과서들은 많이 있다. 그러나 살아 있는 교과서들은 그리 많지 않다. 더구나 한국 선교사의 사례는 찾아보기 어렵다. 이런 현실에서 이 책은 비즈니스 선교에 관심이 있는 사람들은 물론, 이미 시도해서 실패를 경험해 본 사람들에게도 살아 있는 교과서가 될 수 있을 것이다.

■ ■ ■

이동원 목사(지구촌교회 원로, 지구촌 미니스트리 네트워크 GMN대표)

선교의 패러다임이 급변하고 있습니다. 이제는 고전적인 신학교 출신 목회 전문 선교사로는 열방을 향해 나아가지 못할 상황들이 조성되고 있습니다. 모 교회들의 선교 재정 지원도 점점 어려워지고 있습니다. 출구는 단 하나-초대교회 텐트 메이커 선교로 돌아가는 것입니다. 그러나 이 텐트 메이킹을 실현하는 시대적 비즈니스의 환경은 초대교회와 많이 다른 것도 사실입니다. 최웅섭 선교사님은 시대의 변천 코드를 읽어 내고 그 성경적 접목을 탁월하게 제시하고 있습니다. 전문인 선교를 고민하는 모든 분들 그리고 변천하는 시대 속의 선교 명령에 대한 순종을 고민하는 모든 한국 교회 지도자들에게 이 책을 추천합니다. 교회마다 우리 시대 비즈니스 선교 교과서로 이 책을 평신도들에게 읽힌다면 한국 교회 선교의 지평선에는 새로운 부흥의 징조가 시작될 것입니다.

이문희 목사(맑은샘 광천교회, 라이프호프 이사장)

최근 해외 선교는 지역에 따라 편차는 있겠지만 많은 어려움을 겪고 있습니다. 그리하여 학계와 선교단체에서는 새로운 패러다임의 선교를 고민하고 있습니다. 과거 선교 패러다임은 교회 개척과 제자 사역이라는 본래적 사명을 직선적으로 접근했기 때문에 타문화권에서 많은 저항이 있었음을 우리는 부인할 수가 없습니다. 그리고 그 성과도 한계가 있음을 또한 부인할 수 없습니다.

이전과 다른 선교의 환경에서 새로운 선교 모델이 필요하고 그 필요를 충족시켜 줄 절실한 대안이 있다면 그것이 비즈니스 선교가 아닌가 생각합니다.

켄 엘드레드는 비즈니스 선교(Kingdom Business)란 이윤을 추구하는 사업체를 매개로 하나님이 그 나라와 국민을 변화시키도록 하는 활동을 말하며 영적, 경제적 필요를 모두 염두에 두는 것이라고 말합니다. 이 책의 저자 최웅섭 선교사 역시 교회 일, 세상 일이라는 이분법적인 생각을 가지고 사업을 한 것이 아니라 자신이 가지고 있는 사업을 통전적인 선교의 개념으로 인식하고 하나님의 사역을 위해 사용했다는 것입니다.

그래서 피상적인 이론 서적과 달리 이 책은 최웅섭 선교사가 그동안 선교 현장에서 진행하였던 교육 프로그램들을 통해 성공과 실패의 사례들을 제시하므로 이 책을 접하는 선교사 지망생뿐만 아니라 선교사를 파송하는 교회에도 많은 도움이 될 것으로 생각되어 적극적으로 추천하는 바입니다.

이상복 목사(광주동명교회)

그러므로 너희는 가서 모든 민족을 제자로 삼아 아버지와 아들과 성령의 이름으로 세례를 베풀고(마 28:19).

주님의 명령에 순종하는 선교는 지상의 대명령이다. 이에 21세기 초까지는 목사, 선교사를 중심한 선교를 지향해 왔으나 어렵고 위험한 이슬람권, 공산권, 불교권의 선교에 목사 선교사로는 선교의 한계가 있음을 직시하게 되었다. 이런 시대적 선교 추이의 변화로 근래 선교의 방향은 전문인을 중심으로 한 자비량 선교를 지향하고 있다. 이러한 전문인 자비량 선교인 텐트메이커 미션은 성경적으로 사도 바울을 통해서 직업과 선교를 겸하는 선교의 길을 찾을 수 있다. 오늘날 목회자 선교사는 사역의 폭이 좁아져 가는 상황이지만 전문인 평신도 자비량 선교의 영역은 날로 확대되고 있다.

그에 따라 현 시대는 전방위적인 선교의 동력이 필요하고 모든 나라 모든 열방에 귀한 생명의 복음을 전해야 하는 선교의 사역에 있어 전문인 선교는 매우 중요한 일이다. 하나님은 모든 믿는 자들에게 각양의 은사를 주셨다고 생각한다. 전문인 선교를 한다는 것은 하나님이 주신 은사를 최선을 다해 발굴하고 실천하므로 이웃과 열방에 복음 증거의 통로로 쓰임 받는 것이다.

이에 전문인 평신도 선교에 따른 전문적인 지식과 경험을 토대로 선교적 마인드와 신학적 훈련 그리고 선교지의 충분한 이해에 구체적인 전략이 필요하다. 이즈음 최웅섭 선교사는 전문인 자비량 선교의 구체적인 전략이 필요한 이 시기에 귀한 도전과 지침이 될 만한 귀한 책을 시기적절하게 집필하였다. 이 책을 통해 전문인 선교에 대한 새로운 도전의 선교 역사를 써 나가리라 확신하며 추천한다.

■ ■ ■

이영훈 목사(여의도순복음교회)

오늘날 선교를 위한 접촉점으로 가장 많이 주목받는 분야 가운데 하나는 바로 비즈니스입니다. 최웅섭 목사님의 신간 『선교와 비즈니스의 아름다운 동행』은 그가 지난 17년 동안 비즈니스 선교를 하면서 쌓은 경험과 그것을 바탕으로 만든 비즈니스 선교 모델을 소개하고 있습니다. 이 책은 비즈니스와 선교의 균형 잡힌 사역을 꿈꾸는 독자들에게 실제적이고 유용한 도움이 될 것입니다. 앞으로 비즈니스 선교를 통해 하나님 나라의 놀라운 부흥의 역사가 다시 일어나기를 기대합니다.

· · ·

오정현 목사(사랑의교회)

사명이 목숨보다 소중함을 보여 주는 보고(寶庫)입니다.

사람들은 '어떻게 살아야 하는가?'에 대답하느라, 언제부터인지 '무엇을 위해 사느냐?'는 질문 자체를 잊어버렸습니다. 신앙인들조차도 세상의 시류에 휩쓸려 어떻게 살면 조금이라도 더 행복하고 즐거울까라는 생각에 함몰되어 무엇을 위해 사는가라는 근원적인 질문을 낯설어 하고 있습니다. 이 책은 '무엇을 위해 살아야 하는가?'라는 질문을 크게 일깨워 타성에 젖은 우리의 심장을 다시금 소명에 대한 흥분으로 펄떡이게 하고 있습니다. 페이지를 넘기다 보면 '오늘날에도 이처럼 역동적으로 사는 사람이 있구나.' 하는 감동을 자아내게 됩니다. 이것은 저자의 삶에서도 느껴지는 것이지만, 무엇보다 좋으신 하나님께서 자신을 간절히 찾고 갈망하는 자의 인생을 이토록 강력하게 붙잡고 격렬하게 인도하시는가에 대한 감탄이라고 할 수 있습니다. 어쩌면 독자들은 이 책에서 사업가로서 그리고 선교사로서 성공한 것에 주목할지 모르지만, 저자는 독자들에게 그리스도인으로서 진정 영적으로 성공하는 것이 무엇인지를 삶의 치열한 현장 속에서 생생하게 보여 주고 있습니다. 장마다 저자의 수고와 땀방울이 맺혀 있습니다. 비록 그리스도인의 삶은 현실에 때로 상처투성이일지라도 그럼에도 성취하는 그리스도인의 꿈과 목표는 무엇과도 비교할 수 없는 가치와 열매가 있음을 보여 주고 있습니다. 사명이 목숨보다 소중하다는 선포를 저자가 보여 주는 삶이 증거하고 있습니다. 더불어 그리스도인으로서 일터 선교사가 진정 가져야 할 생활과 소명의 건강한 균형의 모델을 보여 주고 있기에, 언제 어디서라도 선교적 삶을 살기를 열망하는 모든 이들의 필독서로 기쁘게 추천합니다.

신동우 목사(한국세계 선교협의회 이사장)

한국세계선교협의회는 "TARGET 2030"이라는 주제로 10만 전문 선교사 파송시대를 기도하며 준비하고 있습니다. 전문인 선교의 영역이 아직은 미흡하지만 나름대로 한국 교회가 관심을 가지고 동참하고 있습니다. 전문인 선교 중에 비즈니스 선교는 근자에 희망의 끈을 바라보게 되었습니다. 그중에 눈에 띄게 우리에게 도전과 확신을 주는 현장과 사역자가 있어 감사한 마음입니다. 우리도 할 수 있다는 가능성과 특별히 한국 사람이 해낼 수 있는 새로운 전기를 보았기 때문입니다.

최웅섭 선교사! 그는 이 시대에 하나님이 선교의 메신저로 부르셨다는 감동이 있습니다. 방향성과 목적이 확인되지 않았을 때 주님께서는 성령의 감동으로 지식을 뛰어 넘는 지혜를 주셨고, 그에게 숨겨진 은사를 개발시켜서 선교의 소중한 장르를 마련하게 하신 것입니다. 그를 통해 "선교는 현장"이라는 각오로 하나님이 주신 모든 것을 집중과 열정으로 선교의 새장을 열게 하신 것입니다.

최웅섭 선교사! 그는 아직까지 가 보지 못한 새로운 선교의 길을 달려갔고 확인해 주었습니다. 그는 베풀고 나누는 분명한 목적과 이유를 알았기에 비즈니스 선교를 오로지 마음 중심에 심고 오늘까지 달려왔습니다.

비즈니스 선교, 이 시대와 차세대까지 분명히 쓰임 받고 사용될 선교의 현장이라고 확신합니다. 금번에 발간되는 『선교와 비즈니스의 아름다운 동행』 속에서 새로운 지식을 전하기보다는 이 시대 사명의 소리를 나누는 책으로 추천하고 싶습니다. 한국 선교의 필독서가 됨은 물론이고 함께 선교 현장으로 뛰어가는 생명의 소리로 들려질 것입니다.

최웅섭 선교사! 그의 고백 속에 나타난 선교사의 삶이 선교를 지망하는 선교 후보생들에게는 귀한 길잡이가 되리라 확신합니다. 이미 선교 현장에서 사역 중인 선교사님들에게 선교의 도전과 열정을 나누는 좋은 양서가 되리라 확신하면서 추천합니다.

■ ■ ■

조성돈(실천신학대학원대학교 목회사회학연구소 소장)

최웅섭 선교사의 삶을 보면 하나님의 인도하심은 인간의 생각을 뛰어넘는다는 것을 보게 된다. 선교사로서 살기 위해 비즈니스를 시작했는데 비즈니스가 주된 사역이 되고, 이제는 이 사역을 나누는 자가 된 것이다. 아직 우리가 비즈니스 선교와 같은 이야기를 하기도 전에 어쩌면 최 선교사는 하나님께 이끌리어 이 길로 들어섰다. 그리고 이제 한국 교회에 비즈니스 선교의 도전을 하고 있다. 세계는 기업을 사회변화의 중요한 요소로서 인정하며 점점 그 역할에 대한 기대를 키우고 있다. 이러한 때에 기업을 통해 세계로 나아가고 거기서 복음을 싣고자 하는 최 선교사의 모든 것을 담은 이 책은 새로운 사역의 길을 보고자 하는 이들에게 큰 도움이 될 것이다.

■ ■ ■

조용성 선교사(GMS 선교 총무)

무슬림들이 기독교로 회심하는데 직면하는 다섯 가지(The Five's Challenges) 벽이 있다. 첫째, 신학적 직면(Theological Challenge)이다. 둘째, 법적 직면(Legal Challenge)이다. 셋째, 공동체적 직면(Communal Challenge)이다. 넷째, 신변의 직면(Safety Challenge)이다. 다섯째, 선교학적 직면(Missional Challenge)이다. 이 다섯 가지 벽을 무슬림 선교사들은 이해가 요구된다. 무슬림 사회 속에 일련의 직면한 문제에 대해 이해 없이 일방통행으로 복음을 전하며 회심(Conversion)을 요구했을 때 치뤄야 할 대가가 크다. 결국 전달자 입장보다 수용자 입장을 고려하지 않는 복음은 부담을 주기 때문이다. 여기 다섯 가지 중 네 번째 직면하는 신변의 문제는 무슬림 사역자들에게 현실적인 고민이다.

지금 세계 선교 환경은 빛의 속도처럼 변화하고 있다. 변화와 함께 선교 툴도 다양해졌다. 핵심은 선교 환경이 제도권 목회자 신분으로 선교하기가 갈수록 어려워지고 있다. 이런 상황에 선교로서 비즈니스는 시대적 요청이라고 생각한다.

무엇보다도 필자가 지금 주목해야 할 선교 아홉 가지는 주목해야 할 과제라고 생각한다. 첫째, 친환경을 지향하는 선교, 둘째, 문화 및 예술 분야를 여는 선교, 셋째, 21세기 사회 경쟁력을 좌우하는 시민사회를 통한 선교, 넷째, 변방의 농촌이야말로 비즈니스와 선교의 블루오션, 다섯째, 전통을 현대화하는 비즈니스 선교 아이템, 여섯째, 창조와 혁신을 통한 선교의 시대다. 일곱째, 선교에서도 융합과 소통의 힘이 필요한 시대, 여덟째, 글로컬 시대에 선교를 대비하라. 아홉째, 착한 개념의 창조적 자본주의를 통한 비즈니스 선교를 대비하라.

필자는 변화하는 선교 현장에서 자신이 경험하며 신분 문제 해법을 비즈니스 툴로 해결했다. 실제 비즈니스를 통해 이익을 창출했다. 현지인들과 하늘 기업으로 일구고 있다. 복음 전하는 도구로 사용하고 있다. 벌써 공산주의 이데올로기가 무너진지 20년이 지났다. NGO 사역도 한계를 맞았다. 시대적 선교 출구 전략이 요구된다. 이런 맥락에서 필자는 중앙아시아에서 초기 선교사로 경험한 것을 담담하게 글로 담아냈다. 명석한 머리보다 흐릿한 잉크가 낫다. 선교 후보생들과 지역교회 선교 실무자들에게 필독서로 권하고 싶다.

최홍준 목사(호산나교회 원로 국제목양사역원 원장)

『비즈니스 선교 성공전략 노하우 제대로 된 맨땅의 삽질』이란 책을 발간한 최웅섭 선교사, 그는 실로 바울의 텐트메이커의 후예로 오늘날 선교에 새로운 패러다임이 요구되는 시대에 시기적절한 해답을 내어 놓고 있음을 보고 있다.

오늘날 이슬람 지역에 선교란 만만치 않음을 다들 알고 있는 때에 비즈니스 선교의 방향을 제시하는 최 선교사, 한국 교회 선교의 미래가 여기에 보이고 있다. 20년 가까이 선교사로서 글로벌 사업가로서의 노하우를 여기에 펼쳐놓게 된다. 선교나 비즈니스나 다들 만만치 않다. 이것을 접목하여 선교에 새로운 지평을 세운 최 선교사님의 선교의 생생한 현장을 여기서 보고 선교의 꿈을 꾸기를 바란다.

차례

저자 서문

내가 비즈니스 세계에 입문해서 세상 사람들이 말하는 '성공'의 그림을 그릴 수 있었던 것은 오로지 신실하신 하나님의 작품이었다. 진짜 그럴 수밖에 없다. '사업'이라는 것 자체를 몰랐던 사람이기 때문이다. 사업을 한 단계, 한 단계 진행할 때마다 몰려들었던 두려움, 염려는 설명이 불가능할 정도로 어마어마한 짐이었다. '내가 과연 이런 일을 해낼 수 있을까?' 내면에서 끊임없이 올라오는 의구심까지, 정말이지 말할 수 없는 힘든 과정을 거쳐야 했다.

사업 초창기, 내가 취급하던 제품이 무려 170여 가지나 되었다는 것을 당시에는 전혀 인지하지 못하다가 나중에 컴퓨터에 저장되어 있는 문서를 열어 보면서 알게 되었다. 그만큼 정신없이 살아왔다는 이야기다. 그 많은 제품 가운데 계약이 성사된 것은 불과 4-5개에 불과하다. 방법이 틀려서 혹은 비즈니스를 잘 몰라서 그럴 수 있었을 것이다. 그보다 중요한 이유는 비즈니스라는 것이 그만큼 어렵다는 뜻이라고 나는 생각한다. 이 어려운 길을 겁도 없이 들어선 나를 보면서 '내가 꼭 이런 일을 해야 한단 말인가? 이렇게까지

해서 선교를 해야만 한단 말인가?' 끊임없이 자문했다. 그때마다 주님께 여쭈어 보며, 기도의 시간으로 스스로 위로하는 것에 자족했으며, 시편 기자의 말씀을 묵상하였다.

> 내 영혼아 네가 어찌하여 낙심하며 어찌하여 내 속에서 불안해하는가 너는 하나님께 소망을 두라 그가 나타나 도우심으로 말미암아 내가 여전히 찬송하리로다(시 42:5).

모든 사업을 총괄 및 진행하면서, 순간순간 하나님의 도우심과 인도하심과 그리고 지혜를 주시지 않았다면 오늘날 이 기쁨은 없었을 것이다.

지난 15년 동안 걸어온 사업의 길이 지금도 파노라마처럼 한 장면, 한 장면이 생생하게 떠오른다. 그때마다 신실하신 하나님께서는 나로 하여금 한 번도 거짓에 빠지지 않도록, 세상적인 것으로 실족하지 않도록 하셨다. 역시 하나님이셨다! 하나님께서 하시는 일, 하나님께서 베풀어 주신 은혜의 선물은 이역만리의 척박한 땅에서도 눈부시게 빛을 발하신 것이다.

현재 여러 나라에서 진행되고 있는 사업을 보면서, 나 스스로도 믿기 어렵고 놀라지 않을 수 없다. 이것이 가능한 것은 하나님께서 그림을 그리시고, 하나님께서 나를 통해 이루시고자 하는 바가 있기 때문이라고 확신한다. '하나님의 기적의 사람', 바로 나 최웅섭을 지칭하는 말이 아닐까! 이름도 잘 알지 못하는 아제르바이잔 공화국이라는 나라의 한 선교사에 불과했던 나를 택하셔서, 삶을 주관하시고, 비즈니스 선교의 새로운 모델을 만드시는 하나님의 계획하심에 감사를 드릴뿐이다.

주님의 부르심에 대한 감사의 마음에 선교의 소명이 더해져, 앞으로 나는 이 시대가 요구하는 새로운 선교의 길을 여는 대안으로 비즈니스 선교의 모델을 만들어 가고자 한다. 비즈니스는 세계 어디를 가든 환영받는다. 비즈니스맨들은 경영 능력, 수익과 일자리 창출에 노하우를 가진 자들로 사회를 발전시키는 원동력이 되기 때문이다. 당연히 사업을 통해 사회에 미치는 영향력 또한 엄청나다. 오늘날 선교의 새로운 바람이 될 비즈니스 선교를 통해서 전 세계 곳곳에 주님의 영향력이 선포되고 넘쳐 나기를 기도한다.

나를 되돌아본다. 이제 60대의 초반이니 인생의 2/3를 향해 왔다. 성공한 60대, 넉넉한 60대, 여유 있는 60대가 된 것 같다. 의도적으로 아내와 함께 걷는 운동을 하면서 아내와의 관계도 신선하게 다가온다. 이것이 요즘 나의 기쁨이고 즐거움이다. 이제는 나 자신의 인생을 책임져야 할 때라기보다 가족과 친척과 이웃을 책임져야 할 위치에 온 것이다. 이렇게 여유롭게 주변을 돌아볼 수 있게 된 것도 감사하고 기쁘다.

그렇다면 60대 중반의 나는 어디에 서 있어야 하는가? 나에게는 하늘이 준 사명이 있다. 아직 부족함이 넘치고, 그런 나에 대해 잘 알고 있다. 그렇다고 적당히 하고 싶지도 않다. 선교와 목사라는 모습은 주님께서 내게 맡기신 소명인 만큼 가진 비전에 오르는 그날까지 최선을 다해 노력하고 싶다.

현재 내가 하는 사업에 대해서 만족한다. 정확히 정말 좋다. 나 자신과 가족과 이웃에게 나눔을 실천할 수 있어 좋다. 90%의 불가능을 100% 놓치지 않고 성공의 기회로 잡았고 그 결과 KBS1 TV 글로벌 성공시대 출연하였다. 지금까지 한국의 수많은 교회에서 설교와 강의를 통해 하나님께서 최초로 응답을 섭취한 최웅섭을 어떻게 사용하셨는지, 그 역사와 은혜를 나누고 있다. 그 팍팍한 땅에서 선교의 영향력도 나름대로는 마음껏 펼칠 수 있었다. 눈물겹도록 행복하다. 선교는 행복이니까!

2017년 3월 최웅섭

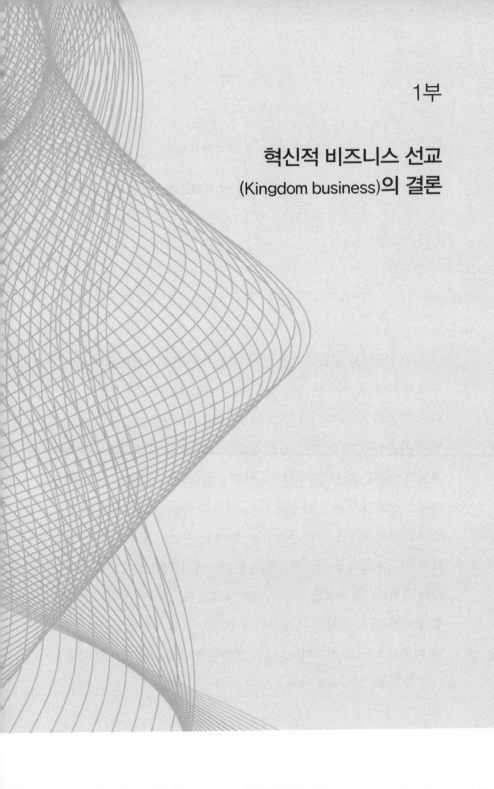

1부

혁신적 비즈니스 선교
(Kingdom business)의 결론

01

선교를 위해
두 개의 수박을 잡을 수 없다

나는 이 책을 집필하면서 먼저 비즈니스 선교의 결론을 서두에 두고자 하였다. 이유는 간단하다. 나의 비즈니스 선교의 개념과 원리는 기존의 비즈니스 선교의 이론과 다르기 때문이다. 이것은 나만의 자존심과 가치이며, 실전 경험을 통해 얻은 비즈니스 선교의 경험과 이론은 실제적 비즈니스 선교 이론이기 때문이다. 나의 비즈니스 선교의 이론은 한 손으로 두 개의 수박을 잡을 수 없듯이 비즈니스와 선교를 완전히 분리하는 것이다. 사업도 못 하면서 선교하는 것, 선교도 못 하면서 사업하는 것, 나의 경험에 의하면 아니라는 것이다. 한 손으로 두 개의 수박을 잡을 수 없듯이 사업과 선교를 묶어서 하는 것이 아니라 동역의 관계를 맺고 수행하는 것이 나의 비즈니스 선교 전략이다. 다시 말하면 선교와 비즈니스의 아름다운 동행(Business with Mission)이다.

나는 비즈니스 선교에 관한 책 수십 권이 서재에 있지만, 나는 그 책을 하나도 참고하지 않았다. 이유는 다른 비즈니스 선교에 대한 이론과 실전을 나의 이론과 실전에 혼합하고 싶지 않았고, 나만의 경험과 이론 그리고 실전을 담고 싶었으며, 이 책이 지향하는 목적이고 결론이다. 로잔대회 이후 세계 교회와 선교단체는 세계 선교에 비즈니스 선교라는 한 축이 도입되면서 비즈니스 선교가 선교 역사를 바꿀 위대한 기회로 인식하였다. 이러한 환경 속에서 한국 교회도 어느 날인가 비즈니스를 선교 현장에 접목하면서 비즈니스 선교에 날개가 달리는 듯했다. 하지만 작금의 현실은 한국 교회나 선교단체에 어쩌면 비즈니스 선교가 애물단지가 아닌지 모르겠다.

내가 말하는 비즈니스 선교의 개념은 세 가지다. 즉 개인의 영토 확장, 기업의 영토 확장 그리고 하나님 나라의 영토 확장이다. 비즈니스를 통해 선교의 날개를 다는 것이 비즈니스 선교 개념이고 원리이다.

1. 개인의 영토 확장

개인의 영토 확장이 필요한 이유는 사업의 주체가 누구냐에 따라 영향력이 달라진다. 나는 초창기 이름 없는 무명의 사업가였다. 아무리 애를 써도 사업의 확장이 되지 않고 무리수만 발생하였다. 나중에 깨달은 것은 나의 영토가 없었던 것이다. 그래서 비즈니스 선교에서 첫 번째로 가장 중요하게 생각하는 개념이 바로 개인의 영토 확장이다.

2. 기업의 영토 확장

개인의 영토가 확장되면, 그 사람의 영향력 속에서 사업의 영토를 확장하는 데 어려움이 없다. 개인의 영토를 바탕으로, 즉 다시 말하면 개인의 신뢰와 정직을 바탕으로 사업체를 만들고 이끌어 가면 기업의 영토를 만드는 데 전혀 문제가 발생하지 않는다. 오히려 개인의 영토를 통해서 기업의 영토가 확장되고, 기업의 영토가 확장되므로 인해서 여러 다방면에서 영향력을 만들 수 있다. 하나의 기업이 주는 영향력은 참으로 대단하다. 그 기업 안에 있는 직원과 직원의 가족 그리고 고객과 고객 가족의 주변 사람까지 기업의 영향력 속에 들어올 수 있다.

3. 하나님의 영토 확장

개인의 영토 확장과 더불어 기업의 영토 확장을 통해서 만들어지는 것은 바로 하나님의 영토이다. 이것이 바로 내가 말하는 선교와 비즈니스의 아름다운 동행(Business with Mission)이 만들어 가는 영토 확장이다. 이 영토 확장을 통해서 에베소서 2장에서 말하는 공중의 권세 잡은 자들에게 빼앗긴 영토를 바로 세우고 영토 안에 있는 잃어버린 자들을 되찾는 것이 바로 비즈니스 선교의 최고의 가치이다.

나는 이를 위해서 비즈니스 선교의 비전을 세우고, 그 비전을 통해서 미션을 만들며, 미션을 통해서 가치를 만드는 것이다. 가치가 가치로서 끝나는 것이 아니라 지속할 수 있는 가치를 만들기 위해서 관리를 잘 해야 한다. 관리를 효과적으로 잘 하기 위해서 전략이 필요하다. 지속할 수 있는 비즈니스 선교를 성공적으로 만들기 위해서는 전략을 잘 만들어야 한다. 여기에 하나를 더하자면 비즈니스를 하는 사람의 열정이 필요한 것이다.

4. 미래의 선교를 예측할 수 있는 방법

우리의 미래를 예측한다는 것은 상당히 어려운 일이다. 하지만 우리가 예측할 수 있는 것은 세 가지 비전이 있다면 가능하다고 본다. 이 세 가지 비전이란 첫째, 주님이 약속하신 것을 믿는 것, 둘째, 주님이 요구하신 지상명령을 생명처럼 여기는 것, 셋째, 주어진 환경을 진취적으로 만드는 것이다.

이러한 것들을 통해서 우리는 미래를 통찰하고 예측할 수 있다. 우리는 이것을 이루기 위해서 통찰력 훈련을 통해 시대를 바꾸고, 시대의 변화를 통찰하는 나만의 미래 지도를 만들 필요가 있다. 이것을 완성하기 위해서 우리 각자에게 주어진 소명을 발견하여 그 소명이 비전이 되도록 하는 것이다. 주님께서 나에게 주신 비전의 역량을 진단해 선교사적 삶을 살 수 있도록 해야 한다. 나 자신이 먼저 미래를 예측하고 준비할 때 모든 한국 교회와 성도가 이 일에 동참할 수 있는 것이다.

미래를 예측하고 준비하기 위해서 우리 모두 다시 한 번 선교적 비전선언문을 쓸 필요가 있다. 일반적인 비전선언문이 아니라 미래 선교를 가능하도록 아니 동참하는 일에 우리 모두가 선교사적 미래 비전선언문을 쓰면 어떨까 싶다. 우리는 비전을 세울 때 막연하게 세울 때가 많다. 내가 세우는 비전이 하나님이 주신 비전이라는 생각 속에 적당히 하려는 경향이 많고, 하나님을 위한 비전을 준비했으니 부족한 부분은 하나님이 보충해 주신다는 생각이 넘치기 때문이다. 하지만 우리가 비전을 세울 때는 하나님이 지혜도 주신다. 그 지혜를 바탕으로 비전을 이루어 가는 데 필요한 모든 것을 구체화하면서 또한 재정 전략 모델을 개발해야 한다. 우리에게 주신 비전을 구체적으로 완성하고자 한다면 이에 맞는 재정적 비전도 세워야 한다. 재정적 비전을 세우면서 어떻게 공급되며 사용되어야 하는지도 세워야 한다. 이러한 환경 속에서 비즈니스가 아주 중요한 역할을 할 것이다.

이제 우리는 새로운 시대, 새로운 환경에 도달하게 된다. 다시 말하면 전 세계 모든 나라와 모든 백성이 비즈니스에 관련되어 살아가고 있다는 사실을 인지하고, 이러한 환경으로 변화되어 갈 때 우리도 그 풍랑에 휩쓸려 갈 것이 아니라 파도를 타고 가는 지혜가 필요하다.

5. 경제의 불확실성 속에서 문제는 선교

경제 환경의 불확실성 속에서 우리가 추구하는 선교는 무엇인가? 종교개혁이 일어난 지 올해가 바로 500주년이 되는 해이다. 종교개혁이 일어난 후, 세계 교회는 영토 점령을 통해 기독교가 전파되는 과정에서 침략과 약탈 그리고 인간의 삶을 무시하고 기독교가 해서는 안 되는 일들을 했다는 사실을 잊어버려서는 안 될 것이다. 이러한 것을 경험한 우리는 경제 영토 확장이라는 측면을 가지고 경제 영토를 점령하면서 서구 열방, 즉 기독교 국가들이 자행한 일을 다시는 하지 말아야 한다. 이러한 현실 속에서 경제를 통해서 국민을 행복하게 해 준다는 식의 영토 확장과 경제의 확장은 국민의 윤택한 삶을 보장하기보다는 국민들의 삶을 경제 노예로 전락시키는 실수를 범할 수도 있다.

경제 영토 확장을 통해 선교의 목표를 이룰 수는 있지만 잘못하면 선교적 노예를 만들 수 있다는 것을 간과해서는 안 된다. 우리의 목표와 비전을 이루기 위해서 경제를 활용하는 것도 중요하지만 선교적 목적만을 위해서 활용한다면 이 속에서 제한적 선교적 문제도 나올 수 있다. 이러한 환경과 여건 속에서 절제절명의 새로운 선교의 패러다임이라는 비즈니스 선교를 또 하나의 선교의 도구로 받아들이게 되었다. 이 비즈니스를 선교의 도구로 활용하기 위해서는 글로벌 환경에 익숙해져야 한다. 이 시대는 글로벌이라는 무대에서 누구나 마음껏 활보할 수 있기 때문이다.

나는 세 가지 영토 확장을 위해서 통 큰 사업, 통 큰 선교를 해야 한다고 주저 없이 말한다. 솔직히 사업과 선교는 이제 21세기 선교에서 많은 부분에 영향력을 주며 비즈니스 선교를 위해서 교회와 선교단체 그리고 선교사는 과감하게 도전해야 한다.

2부

비즈니스와 비즈니스 선교

01

세상을 변화시키는 위대한 비즈니스
(Business of Change the World)

1. 세상을 변화시키는 위대한 직업

세상에는 수만 가지의 직업이 존재하고 있으며 없어지는 직업이 있는가 하면 새로 생겨나는 직업도 있다. 비즈니스는 수많은 직업 가운데 하나이다. 그런데 비즈니스라는 것은 어떻게 보면 삶의 한 부분이라고 말할 수 있다. 수많은 직업의 하나이지만 비즈니스를 직업이라고 말하기는 한계가 있는 것 같다. 이유는 우리의 인생사 모두가 비즈니스라고 해도 시비할 사람이 없기 때문이다.

그렇다면 비즈니스는 어떤 특정한 사람만 하는 것이 아니라 어떠한 직업에 종사하던지 간에 비즈니스라는 개념 속에 있다고 볼 수 있다. 알리바마 창업자인 마윈 회장은 세상에 어려운 비즈니스는 없다고 말한 적이 있다. 이 말은 무슨 의미 있을까? 아마도 마윈 회장이 말한 대화에서 답을 찾을 수 있다. 여기에 마윈 회장이 말한 것을 그대로 옮겨 본다.

세상에서 가장 같이 일하기 힘든 사람들은 가난한 사람들이다. 자유를 주면 함정이라고 이야기하고, 작은 비즈니스를 이야기하면 돈을 별로 못 번다고 이야기하고, 큰 비즈니스를 이야기하면 돈이 없다고 하고, 새로운 시도를 하자고 하면 경험이 없다고 하고, 전통적인 비즈니스라고 하면 어렵다고 하고, 새로운 비즈니스 모델이라고 하면 다단계라고 하고, 상점을 같이 운영하자고 하면 자유가 없다고 하고, 새로운 사업을 시작하자고 하면 전문가가 없다고 한다.

그들에게는 공통점이 있다. 구글이나 네이버 지식인에게 물어 보기를 좋아하고, 희망 없는 친구들에게 의견 듣는 것을 좋아하고, 자신들은 대학교 교수보다 더 많은 생각을 하지만 시각장애인보다 더 작은 일을 한다. 그들에게 물어봐라. 무엇을 할 수 있는지 그들은 대답할 수 없다. 내 결론은 이렇다. 당신의 심장이 빨리 뛰는 대신 행동을 더 빨리하고, 그것에 대해서 생각해 보는 대신 무언가 그냥 해라. 가난한 사람들은 공통점으로 한 행동 때문에 실패를 한다.

그들의 인생은 기다리다가 끝이 난다. 그렇다면 현재 자신에게 물어봐라. 당신은 가난한 사람인가? 이것을 왜 이야기를 했겠는가? 나는 당신에게 물어보고 싶다. 왜 그렇게 밖에 살 수 없는 가? 이런 질문을 던졌을 때 수많은 사람은 그런 이야기를 한다. 자기가 그렇게 살았던 것에 대해서 변명과 궤변을 늘어놓는다. 이유 없는 사람은 보지 못했다. 왜냐하면 그들은 그렇게 살면서 그런 이야기를 하면서 그것을 다른 사람한테 인정받고 싶어 하고, 다른 사람한테 위로받고 싶어 한다. 그러므로 그들의 이유와 궤변은 항상 논리적이고, 항상 완벽하다. 인생은 끊임없이 도전하고 그 도전 속에서 나의 삶이 무엇이며, 무엇이 잘못되었는지 찾아가는 것이 고난의 삶을 수정하면서 사는 것이다. 그 노력이 힘들다고 생각할 필요가 없으며 어차피 그 노력이 실패하더라도 나의 인생에 무언가를 느끼게 만들어 줄 것이고, 너의 인생을 조금이라도 달라지게 만들 것이다.

마원 회장의 글에서 나는 진정한 비즈니스 삶의 모델을 보았다. 나는 그 모델을 선교에 적응하고 싶었고 남들이 하는 비즈니스 선교가 아닌 진정으로 비즈니스와 선교가 동행하는 모델을 만들고 싶었다. 그래서 도전했고 도전해서 만들었다.

세상에는 존재하는 숫자만큼의 비즈니스가 존재한다고 한다. 무슨 말인가? 다시 말하면 비즈니스는 곧 삶이라는 것이다. 물건을 사고파는 관계를 넘는 것 또 하나의 삶의 현장이라고 할까? 세상의 사람들의 모습을 보라. 어디 하나 닮은 사람이 없다. 비슷한 사람은 있을지 몰라도 전혀 다른 모습이다. 일란성 쌍둥이일지라도 다른 것처럼 비즈니스도 역시 마찬가지이다.

콜라의 경우 대표적인 회사가 코카콜라와 펩시콜라이다. 콜라는 같지만 맛부터 다르다. 분명히 미묘한 차이가 있다. 비즈니스도 마찬가지이다. 세상을 바꾸는 비즈니스라는 책을 보면 패망한 기업들의 이유는 1%의 영감은 있었으나 99%의 노력, 즉 혁신이 없었다는 것이다. 증기 기관이 출현해 말(馬)을 대체한 것은 기술의 진보이다. 이 기술의 진보를 이용해 철도 사업으로 역마차 사업을 밀어 낸 것이 혁신이다. 그러므로 세상을 바꾸는 비즈니스 모델이 되려면 혁신이 필수라고 말한다. 그렇다. 비즈니스를 선교에 활용하려고 하는 것은 바로 혁신이 필요하기 때문이다. 비즈니스는 누구나 할 수 있으나 또한 누구나 할 수 있는 것도 아니다. 다시 말하면 비즈니스를 하려면 용기가 있어야 하고 혁신적인 사람이어야 한다.

2. 세상이 변하다 보니 선교도 변해야 한다

아마도 이와 같은 기업의 변화는 소비자의 의식이 바뀌었기 때문인 것 같다. 예전에는 좋은 상품, 적절한 가격, 충실한 사후 관리 정도면 만족했던 사람들이 이제는 우리 덕분에 돈 벌었으니 그 수익을 사회에 환원하는 게 맞다고 생각한다. 실제로 같은 가격의 유사한 상품이라면 당신이라도 사회를 위해 뭔가 하는 기업체 상품을 사 주지 않겠는가? 평소에는 생각지도 않은 여러 기업이 자신의 수익을 가난한 사람들을 위해 사용하고 있는 것을 알 수 있다. 겉으로 봐서는 알 수 없는 그들만의 이야기다.

물론 세상을 바꾸는 비즈니스라는 말이 조금 거창한 것 같긴 하지만 사실 이런 기업 덕분에 여러 사람이 조금이나마 따스함을 느끼며 살아가는 것은 틀림없는 사실이다. 어느 수준 이상의 사람들이라면 별 것 아닌 것 같은 간단한 기계, 학용품, 신발, 전자제품들이 이런 기업을 통해 자원이 부족한 나라로 분배되고, 그들은 이런 활동에 힘입어 세상 시민으로 자라고 있다. 또 하나 느낀 점은 사회를 도와주는 방법도 깊이 생각해 볼 필요가 있다는 점이다. 기업의 사회봉사 활동은 CEO 혼자 하겠다고 해서는 될 일은 아니다. 물론 수익의 일정 부분을 줄 수는 있겠지만 좀 더 분명한 결과를 만들어 내려면 조직원들이 참여가 필요하다. 또 이런 참여만이 사회봉사를 외부 봉사 차원에서 내부의 혁신과 인간 중심의 상품 개발로 이어갈 수 있다. 게다가 지속적으로 지원활동을 하려면 기업이 가진 강점과 자원을 활용할 방법을 모색해야 한다. 그저 돈만 주면 된다는 식의 지원 활동은 오래가지 못한다.

오히려 건설업체가 자신들이 가진 건설 노하우를 통해 무주택자 집을 만들어 주고, 비료 만드는 기업이 좋은 비료를 가난한 사람들에게 무상공급하고, 병원이 오지에 의사를 보내 환자를 도와주는 게 더 효과적이지 않겠는가. 남을 돕겠다면 실제 도움이 될 수 있는 방법으로 도와주어야 하며, 이를 위해서는 자신이 무엇을 할 수 있는지 자세히 따져 볼 필요가 있을 것 같다.

나는 비즈니스를 통해서 세상이 바뀌는 모습을 보았고 만들었다. 그래서 더 비즈니스가 절절하다. 이처럼 비즈니스를 선교와 동행이라는 단어로 만들어 보니까 더 애절한 마음이 든다. 이제 비즈니스를 통해서 세상을 변화시키는 일에 당신이 동참하고 있다는 사실을 깨닫기 바란다.

3. 비즈니스와 선교 소통 가능한가?

단어적으로 보면 비즈니스와 선교도 단어가 전혀 어울리지 않는다. 아니 전혀 상반된 단어인지도 모르겠다. 선교는 주는 입장이고 비즈니스는 경쟁을 하는 상황 속에서 뭔가 주고받아야 이루어지는 것이다. 다시 말하면 누군가는 손해를 보아야 누군가는 이익을 얻는다는 것인데, 작금의 미국의 대통령이 시행하고 있는 국가 우선주의는 바로 비즈니스를 성공적으로 수행하였던 위대한 비즈니스맨이니까 가능할지 모른다. 비즈니스는 정치, 외교, 경제, 문화 모든 면에서 상관관계가 없는 것으로 인식되어 왔지만 이제는 전혀 낯설지 않다. 이유인즉 이제는 국가의 비즈니스의 경쟁력이 바로 국력이 되는 시대가 되었다. 이러한 상황에서 비즈니스를 모르는 국가의 지도력은 한계에 부딪칠지도 모른다. 다시 말하면 국가의 경쟁력을 위해서 비즈니스와 소통해야 한다는 사실이다.

비즈니스를 모르는 국가의 지도자를 원하지 않을 뿐더러 비즈니스를 모르는 국가의 지도자는 자격도 없다. 비즈니스와 소통의 관계는 이제 국가의 거대한 경쟁력이 되고 있다. 그렇다면 선교는 어떤가? 선교도 바로 소통을 통해서 이루어진다. 소통이 없는 선교는 이루어질 수가 없다. 우리는 과거에 수많은 나라에서 영토 점령을 통해 소통이 없이 이루어진 선교의 역사를 뒤돌아보면 점령하고 노예로 부리고 혹독한 마음의 상처를 남겨 놓은 선교가 잘못된 유산일지도 모른다. 소통이 없는 선교는 하나의 말장난에 지나지 않는다. 하나님은 우리와 소통을 원하시고 소통의 이유로 이 땅에 자기의 아들을 주신 것 아닌가? 이것이야말로 소통해야 하는 진정한 이유이다. 이러한 이유에서 우리는 선교의 근간을 소통에서 찾는 것이다.

이는 종교가 다르거나 인종이 다르거나 언어가 다르거나 상관이 없다. 소통이 없는 선교는 지난 시대에 경험을 하였다. 이제는 이러한 경험을 할 필요가 없다고 본다. 선교에서 가장 중요한 것이 소통이라면 비즈니스와 선교는 어딘가 모르게 통하는 면이 있다고 볼 수 있다. 비즈니스와 선교가 소통 가운데 이루어진다고 볼 때 비즈니스와 선교가 시대적 소명임을 알 수 있다.

02

글로벌(Global) 시대,
비즈니스는 무엇인가?

1. 글로벌 비즈니스(Global Business)?

우리는 수많은 단어 중에서 글로벌(Global)이라는 단어에 익숙해져 있다. 이제 국가, 기업, 선교단체 그리고 다양하게 글로벌(Global)이라는 단어를 사용하는데 글로벌(Global)이라는 단어는 국제(International)라는 단어와 맥을 같이 하지 않는다. 사실 나는 언어학자가 아니어서 언어의 파생 경위나 절차는 잘 모른다. 하지만 많은 사람이 나를 글로벌 사업가(Global Businessman)라고 부른다. 나는 곰곰이 생각해 보았다. 많은 사람이 나를 국제적 사업가(International Businessman)라 부르지 않고 글로벌 사업가라 부르는데 참으로 듣기 좋은 말이다. 사전에 보면 International의 뜻은 국제적인, 국가 간의, 국제적으로 인정된 등으로 사용되고 있다.

글로벌(Global)이란 세계적인, 지구 위의, 전 세계의 뜻으로 모두 형용사로 쓰이고 있다. 아마도 용도는 다르지만 글로벌이라는 단어가 주로 사용되던 때가 중국이 전 세계로 확장을 시도할 때 사용되었다는 것이다. 그렇다면 이것은 무슨 의미가 있는가 알 필요가 있다. 국제(International)라는 단어는 신사적이고 정적이지만 글로벌(Global)이라는 단어는 동적이고 공격적인 면이 내포하고 있다. 중국이 미국의 패권주의에 대항하여 동서 아시아를 적극적으로 진출할 때 주로 사용하던 단어가 글로벌(Global)이었다. 다시 말하면 확장 정책에 글로벌이라는 단어를 사용하면서 미국의 패권주의를 차단하고, 미국을 견제하면서 중국의 영토를 확장해 가는 과정에서 적극적으로 사용하였다. 그래서 글로벌은 확장성을 가지고 있고 공격적인 면이 있다고 본다.

글로벌은 국가 간의 비즈니스와 기업 간의 비즈니스 그리고 개인 간의 비즈니스 용도로 사용되면서 글로벌 정책 속에서 이루어지고 있다. 지금의 각 정부도 비즈니스에 올인하고 있는데 그것을 일컬어서 글로벌 비즈니스(Global Business)라고 한다. 나 역시 전 세계를 대상으로 비즈니스를 하는 관계로 많은 사람이 나를 글로벌 비즈니스맨(Global Businessman)이라 부르고 있다. 이 시대에 국가의 지도자는 자국의 영토를 지키는 데에도 역할을 하지만 자국의 경제 문제를 해결하는 데에도 에너지를 쏟고 있다. 그 이유는 정치는 생물이지만 경제는 생물이 아니라 현실이기 때문이다. 경제에 실패한 대통령은 국가의 경쟁력을 만드는 데 실패한 대통령이 되기 때문이다. 이러한 상황에서 우리는 하나님이 우리에게 글로벌이라는 환경을 만들어 주신 것에 감사하고 이제는 사업도, 선교도 글로벌 마인드를 가지고 해야 한다.

2. 글로벌(Global) 개념과 환경 알기

글로벌은 우리에게 새로운 도전장을 주고 있다. 세계에는 238개의 크고 작은 나라들이 있다. 우리가 잘 아는 나라가 있는 반면에 전혀 모르는 나라도 있다. 하지만 우리가 전체의 나라를 갈 수는 없지만, 이제는 하루 생활권 속에서 각각의 나라의 정보를 볼 수가 있다. 이러한 환경 속에서 우리의 글로벌 개념을 알아보자.

우리는 전 세계가 하루 생활권에 묶여 있는 것을 볼 수 있다. 앞으로는 전 세계를 출퇴근하는 시대가 올지도 모른다. 이러한 환경 속에서 우리는 어떻게 대처하면서 사업과 선교를 해야 하는가 진지하게 검토해야 한다. 각국의 나라들을 보면 자국의 이익을 위해 영토를 확장하려는 모습을 볼 수 있다. 군비의 경쟁도 다름이 아니고 영토를 확장하려는 하나의 전략인 셈이다. 하나님은 우리에게 창세기 1장 28절을 통해서 명령하지 않으셨는가? 하늘과 땅과 바다를 점령하라! 이것은 바로 선교적 지상명령이 아닐까 싶다. 그렇다면 우리는 이 과제를 수행하기 위해서 글로벌 시대에 맞게 행동해야 한다. 성경에 아무리 찾아보아도 글로벌이라는 단어는 없다. 하지만 글로벌 시대에 버금가는 사람들이 있다. 나는 글로벌 사업가로서 아브라함을, 야곱을, 요셉을, 바울을, 루디아를 글로벌 사업가로 보는 사람이다. 물론 이외에도 많다.

내가 소설 성경을 출판한 이유도 전 세계를 다니면서 성경을 더 쉽게 읽게 하고 싶은 생각에서 집필하였다(현재 서점에서 판매 중). 소설 성경을 출판하면서 앞에서 말한 사람들 외에도 글로벌 환경을 만들어간 수많은 사람이 성경 안에 있음을 발견하였다. 내가 글로벌 환경에 속한 사람이 된다고 해서 되는 것은 아니지만 작금의 상황이 모두를 글로벌이라는 홀에 빠져들게 하는 이때 우리도 같은 바람을 타야 하지 않을까 싶다.

나는 사업차 많은 나라를 다니고 있다. 그러면서 배운 것이 있는데 각 나라의 환경이 너무도 다르다는 것이다. 같은 대륙에 위치하면서도 정치. 경제, 문화, 사회 모든 것이 다르다. 같은 방언을 사용하면서도 다른 면이 너무도 많다. 이처럼 글로벌 환경은 천차만별 다르다. 이러한 환경 속에서 사업과 선교는 쉽지 않다. 쉽지 않다고 해서 우리는 도전의 길을 멈출 것인가? 그럴수록 나는 더 많은 도전을 하였고 지금의 나를 만든 것이다. 나 최웅섭은 글로벌 사업가이다!

그리고 또 하나 짚고 넘어가야 할 것은 이 글로벌 환경은 하루가 멀다고 바뀌는 것이 아니고 분초로 바뀐다. 우리나라는 수출국이다. 수출이 국가를 먹여 살린다고 해도 과언이 아니다. 이러한 환경 속에서 배워 가야 하는 것이 글로벌 환경에서 도전의 삶인 것이다.

그렇다. 이제 크리스천들이 배워야 할 것이 바로 글로벌 환경이다.

이 글로벌 환경에 빨리 적응하는 사람은 그 환경 속에서 성공을 만드는 것이고 그렇지 않으면 뒤처지고 말 것이다. 이 글로벌 환경 속에서 사업을 만들어간다는 것은 엄청난 도전을 만들어 가는 것이다. 우리는 이 글로벌 환경을 만들어 주신 이유를 빨리 알아야 한다. 그것은 하나님께서 우리에게 21세기를 선물로 주신 것이다. 다시 말하면 글로벌 선물! 이 선물을 우리는 우리의 것으로 만드는 데 목숨을 걸어야 한다. 이미 각 나라는 이 글로벌 환경 속에서 죽느냐 사느냐의 문제를 놓고 사생결단하고 있다는 사실을 우리는 직시해야 하며, 그렇지 않으면 사업도 선교도 다 놓칠 수 있다는 사실을 알아야 한다.

3. 세상은 넓고 부르는 나라가 많다.

왜 글로벌(Global) 비즈니스인가? 세상은 넓고 부르는 나라가 많다. 글로벌 비즈니스는 이 시대의 요청이다. 우리가 해도 되고 안 해도 되는 그런 것이 아니라 모두가 해야 하는 또 하나의 명령이다. 김우중 회장이라는 사람은 지금으로부터 30여 년 전에 세상에는 할 일이 많다고 하였다. 그렇다면 지금은 나를 부르는 나라가 많다는 것이다. 우물 안의 개구리처럼 살아서는 세상을 볼 수가 없다. 어떻게 생각하면 하나님이 선교를 위해서 나라를 하나로 만드시지 왜 이렇게 수많은 나라를 만들어서 선교를 복잡하게 하셨을까? 하는 생각을 가져 본 적이 있을 것이다. 왜 이렇게 했을까? 나는 이렇게 생각한다.

삼위 하나님께서 각자의 일하시는 것처럼 나라와 족속을 만들고, 각 사람들이 각 나라와 족속으로 들어가서 사역을 하도록 원하셨다는 것이다. 그것은 하나님 자신의 뜻이었다. 그렇다면 우리는 그분의 자녀로서 각 나라와 족속으로 가서 사업이든 선교든 해야 할 것이다. 나는 글로벌이라는 단어를 이야기했다. 요즘 작금에 또 하나의 등장한 단어가 있는데 글로컬(Glocal)이라는 단어이다. 이 단어는 글로벌(Global)과 로컬(Local)이라는 단어를 합성하여 만든 것이다.

다시 말하면 성경에서 나오는 족속의 개념이 바로 로컬(Local)이고 성경에서 나오는 나라가 바로 글로벌(Global)이라는 개념이다. 나는 전 세계를 다니면서 사업을 하는데 재미가 있다. 그 이유는 다양한 사람들을 만나서 교제하고 만남을 통해서 관계를 만들고 그것을 통해서 사업을 하기 때문이다. 좁디좁은 한국의 영토 안에서 땅따먹기 싸움에 지쳐 버리기 전에 글로벌을 향해서 눈을 들어 멀리 바라보아야 한다. 당신이 실업인이든, 시니어든, 그것도 아니고 청년대학생이든 상관이 없다. 당신을 향한 하나님의 뜻이라면 두려움 없이 뚜벅뚜벅 글로벌을 향해서 담대하게 나아가라. 그곳에 당신의 영토가 있다는 사실이다.

처음에는 두려움과 망설임이 있을 수 있다. 그곳에 당신을 위한 영토가 기다리고 있고 그 영토 속에서 당신의 기업의 영토를 만들고 하나님의 영토를 만들어라! 그리고 그곳에서 당신의 영향력을 만들어서 복음을 확장하고 선교의 깃발을 당당하게 세워라. 이것이야말로 글로벌 시대에 당신에게 주어진 임무이고 성공의 과제이다. 이제 선교도 글로벌 시대에 맞게 시스템을 구축하고 글로벌 시대를 앞서는 선교를 지향해야 한다.

4. 더 성경적 비즈니스와 경영이란?

더 성경적 비즈니스 성경은 우리에게 성경적 비즈니스를 가르쳐 주고 있는지 알 필요가 있다. 나는 성경적 비즈니스를 잠언 15장 22절에서 찾았다. 성경적 비즈니스는 거대한 산맥이 아니라 나즈막한 산과 같고 거대한 파도가 아니라 잔잔한 파도와 같은 것이다. 나는 이 말씀에서 성경적 비즈니스를 찾았다.

성경적 비즈니스란 소통하고 대화를 바탕으로 이루어진다는 것이고, 성경적 비즈니스의 원리는 대화이고 소통이라는 것이다. 하나님은 나에게 성경을 주시면서 나에게 소통하자고 주신 것이다. 그렇다면 성경적 비즈니스도 결과는 소통을 통해서 이루어지는 것이다. 반대로 하면 대화와 소통이 없으면 성경적 비즈니스가 아니라는 말이다. 그러므로 사업에서 가장 중요한 것은 대화이고 소통이다. 물론 사업만 그렇지는 않다. 모든 요소에는 대화와 소통이 필요하다. 하지만 비즈니스는 상대적인 것이라서 대화를 통해서 설득하고 소통을 통해서 감성을 자극하면서 서로의 공통의 분모를 찾아서 계약을 만드는 것이다.

　나는 비즈니스를 하면서 일방적으로 몰아붙이는 사람들을 많이 보았다. 하지만 그들 사업의 결과는 보지 않아도 뻔하다. 사업은 상대적인 것이다. 일방통행은 없다. 서로의 공통분모가 맞아야 한다. 손해도, 이익도 균형이 맞아야 하는 것이다. 성경적 비즈니스가 추구하는 원리도 마찬가지이다. 하나님은 나하고 1:1의 원리를 강조하신다. 나하고 대화를 원하시고 자기의 뜻을 이루기 위해서 기도라는 통로를 이용해서 자기의 뜻을 관철하신다. 여기서 나는 자발적일 수도 있고 맹목적일 수도 있다.

　다시 말하면 하나님의 뜻을 분별할 수도 있고 못할 수도 있다. 이러한 이유는 대화의 부족이라고 할 수 있다. 비즈니스의 최고의 봉오리는 강압이나 권위가 아니라 상대방을 잘 설득하는 것이고, 상대방에게 이익의 초점을 주어서 상부상조하도록 만드는 것이다. 그렇다면 이것이야말로 성경적 비즈니스의 최고봉이라 할 수 있다.

　더 성경적 경영 성경적 경영을 요한복음 2장에서 찾았다. 경영이란 무엇인가? 경영이라는 단어를 사전에 보면 여러가지 방법론적인 것이 많이 나온다. 하지만 경영이란 리스크를 줄이는 것이고 관리를 잘하는 것이며, 기업의 영향력을 키우는 것이다. 그렇다면 성경에서 경영이라는 단어를 여기저기 찾아보았다. 몇 군데에 경영이라는 단어가 나온다. 하지만 나는 다른 곳에서 경영의 법칙 또는 경영 원리를 찾아보고 싶었다. 그러던 중 요한복음 2장의 가나 혼인잔치의 현장에서 성경적 경영의 원칙을 찾았다.

성경적 경영 원리는 다름이 아니고 결론을 먼저 말하면 순종의 원리이다. 우리가 잘 아는 가나 혼인 잔치에는 예수님과 어머니 마리아 그리고 제자들과 수많은 하객, 신랑, 신부가 있었다. 그중에서 유별이 관심 있게 보아야 할 사람들이 있는데 하인들이다. 그 당시나 지금도 동일하지만 중동 지역에는 늘 물이 부족하다. 그 당시에도 마찬가지였다. 나도 가나에 가 보았지만 척박한 작은 도시였다. 물이 펑펑 넘치는 지역이 아니었다. 물이 부족한 동네였다. 그런데 항아리에 물을 채우라고 명령을 받은 그들의 심정은 어떠했을까 생각해 보니 아찔하다. 그것도 작은 항아리가 아니고 키가 넘는 항아리, 그것도 6개 항아리를 채우라고 하는데 한마디로 미칠 지경이 아니겠는가?

하지만 그들은 어디서 물을 구했는지는 몰라도 순종했고 물을 채웠다. 그들의 역할은 그것으로 끝난 것이다. 그들이 물을 포도주로 바꾸지도 않았고 그저 묵묵히 시키는 대로 한 것뿐이다. 하지만 엄청난 사건이 터지고 말았다. 물이 포도주로 변한 것이다. 그렇다. 성경적 경영의 원리는 단순하다. 시키는 대로 하면 되는 것이다. 이 원리를 망각하고, 거역하기 때문에 문제가 발생하는 것이다. 이러한 원리를 알고 비즈니스에 임한다면 우리는 왜 성공을 두려워할 것이며, 실패를 하겠는가 말이다.

03

지혜로운 선교의 통로
비즈니스 선교(Kingdom Business)

1. 경험론적 비즈니스 선교 철학

선교, 한국에서 이 두 글자의 의미를 모르는 크리스천이 없을 것이다. 또한 선교를 왜 해야 하는지 이유와 목적을 모르는 크리스천 또한 없을 것이며, 예수님이 제자들인 우리에게 남긴 소명이자 비전이라는 사실을 알고 있음에도 모든 교회와 성도들이 선교하는 것은 아니다. 이유가 무엇일까? 개인적인 생각에는, 선교에 대한 행복을 모르기 때문이다. 살아가면서 행복을 느낄 때, 우리는 그 일이 지속하기를 바라곤 한다. 선교도 그렇다. 일단 그 단맛을 맛보게 되면 끊을 수 없다. 행동하는 선교사를 자처하는 나는, 선교에 관한 다섯 가지 철학을 가지고 있다.

1. 선교는 행복이다.
2. 선교는 누구나 할 수 있다.

3. 선교는 축복의 통로다.

4. 선교는 나눔이다.

5. 선교는 자신과 더불어 모든 사람을 행복하게 한다.

날로 확장되어 가는 나의 비즈니스에는 보이지 않는 하나님의 손길이 닿았으며 주님의 넘치는 은혜가 있었다고 생각한다. 더불어 하나님께서 주신 마음이 내 안에 있었다. 이왕 비즈니스 선교사로 나섰다면 똑부러지게 제대로 하자. 하나님과의 약속이었고, 나 자신과의 약속이었으며, 각오였다. 그 안에는 다른 이들과 차별 있게 해 보자는 마음이 생겼다. 지금은 내가 사업이라는 개념조차 없이 시작한 일이 날로 번성하는 영광을 누리게 되었다.

욥기에 나오는 "네 시작은 미약하였으나 네 나중은 심히 창대하리라."는 말씀이 나를 위해 있었고, 나를 위해 이루어 주셨다는 것을 온몸으로 느꼈다. 비즈니스 선교의 롤 모델을 어떻게 만들 것인가 더욱더 고민하고 연구하였다. 내가 몸으로 실천해 배운 것을 다른 사람들이 배워서 적용할 수 있도록 돕는 것이 나의 소명이라고 생각하였다. 그러한 고민의 결과를 간단명료하게 두 가지 정리하면 이러하다.

1. 비즈니스 선교는 누구나 할 수 있는 방법이어야 한다.

2. 이 방법을 통해 선교의 영토가 넓어져야 한다.

나의 지나온 시간에 비추어 볼 때, 첫째와 둘째 방법이 조화롭게 잘 이루어졌으며, 내가 시행한 방법도 그리 어려운 방법이 아니었다는 것을 말하고 싶다. 인터넷 정보를 살펴보면, 비즈니스 선교에 대해 여러 가지 이론들이 있다. 한국에도 여러 명의 비즈니스 선교 이론가들이 있는 것으로 알고 있다. 오랜 시간의 숙고와 연구 및 조사 끝에 도출해 낸 이론인만큼 존중받아 마땅하다. 하지만 무엇보다 비즈니스 선교라는 것이 무엇인지에 대한 개념을 이해하고 접근하는데 그들의 이론이 아주 유용하리라 생각한다. 단 최웅섭이 말하는 비즈니스 선교는 현장에서 영육으로 부딪히며 배우고 느낀 것을 정리한 경험론적 비즈니스 선교 이론이다.

비즈니스 선교를 시도하기 위해 이론 분야를 많이 공부와 연구하고 시작하면 더 유리하고 좋을지도 모르겠다. 하지만 나의 경험으로 봤을 때, 비즈니스 선교는 이론에 대해 공부하지 않았다고 두려워할 필요 없이 누구나 쉽게 도전할 수 있는 분야이다. 오늘날의 선교 현실에 이 길이 정말 합리적이고 지혜로운 방법임을 경험한 사람이기에, 어떠한 환경 속에서도 적응할 수 있는 비즈니스 선교의 롤모델을 만들기로 하였다. 비즈니스 선교를 계획하는 선교사들이 나의 실전 경험론을 귀하게 활용할 수 있다면 그보다 값진 이론이 있겠는가!

1. 비즈니스 선교의 시작과 통로 사람

비즈니스 선교를 시작하면서 가장 염려했던 것은 후원 교회와 후원자들의 반응이었다. 그 반응은 확실하게 둘로 갈라졌다. 비즈니스를 한다는 이유로 선교비를 보내지 않는 것은 물론 오랫동안 교제하며 나누었던 인간적인 관계까지 끊어버린 교회들이 있었다. 반면 지금까지 나의 길을 믿으며 선교비를 보내 주는 교회들도 있다. 현재 나는 사역지를 알바니아로 옮겼지만, 아직도 나는 선교사로서의 사역을 하고 있다. 주변의 선교사 중에도 어떤 사람은 비즈니스에 미쳤다고 비난하는가 하면, 어떤 선교사는 정말 잘 되었다고 축복해 주었다. 참으로 각양각색의 반응이었다.

주변의 반응때문에 움츠리거나 의기양양해 하거나 하지 않았다. 축복하는 마음에 감사하는 마음이 있었고, 비난하는 마음에 안타까움이 있었지만, 지켜 나가야 하는 중심에 그저 충실히 하고자 했다. 비즈니스는 내가 꼭 해내야 할 일이었기 때문이다. 하나님이 내게 주신 은혜이자 명령이었고, "네가 하는 일이 선교다!"라는 확실한 기도 응답이었기 때문이다.

이러한 왈가왈부하는 논란의 중심에 있는 자로서 직접 수습하고자, 기도편지를 통해 비즈니스 선교를 하고 있음을 공포했다. 또 만나는 사람마다 명함을 주면서 사업가가 되었음을 은연중에 알렸다. 나의 길을 세상에 당당히 밝히는 행복한 순간이었다. 염려가 많았지만, 그래도 많은 후원 교회와 파송 교회 목사님들이 축복의 길이라고 용기를 주면서 기도해 주셨다. 특히 파송 교회인 새중앙교회 박중식 목사님은 "제발 선교지에 가서 비즈니스하면서 사역하라!"라고 명하셨던 분이기도 하다. 내가 아는 모든 교회와 파송 선교회에도 공포하자, 자유로운 마음에 날아갈 것 같았다. 돌아선 마음들이야 안타깝지만, 끝까지 축복하고 중보해 주는 후원자들이 남아 있었기에 마음이 든든했다. 고국에서 그들이 나를 응원한다고 생각하니, 천군만마의 힘을 얻은 듯했다. 그들 모두 신앙적으로 심적으로 의지가 된 사람들이다.

사업에서 가장 중요한 것은 사업 자체가 아니라, 사업을 만들어 가는 사람들이다. 나는 이 말을 늘 되새기며 산다. 선교사는 선교지에서 수많은 사람과 접촉해 본 경험이 있다. 그 경험만으로 충분히 자원이 되고 사업 밑천이 된다. 언어를 배우기 위해 시간을 투자하듯이, 사업을 배우기 위해서도 시간을 투자해야 한다. 그 시간에는 사람을 만난다는 내용이 반드시 포함되어야 한다. 나 역시 사람을 잘 만난 것이 사업이 본격적으로 시작한 이유였고, 그들을 나의 사람으로 만든 것이 사업의 성공 요소였다. 그래서 지금도 나는, 어디를 가든지 먼저 '사람' 찾는 일을 먼저 한다.

하나님도 사람을 통해 일하셨고, 예수님도 사람을 통해 일하시지 않았는가! 교회의 역사와 복음 전파 또한 사람을 통해 이루어졌다. 물론 하나님의 구속 계획을 통해서 이루어지겠지만, 그중에는 당신의 피조물인 사람이 있는 것이다. 사람을 중시하지 않는 사업가는 잠시 잠깐 성공할지 모르겠지만 영구적일 수 없다. 선교사가 사업을 하기 위해 안성맞춤인 이유는 선교사는 사람을 좋아한다는 것이다. 사람을 귀하게 여기는 사업가, 사람을 좋아하는 사업가,

사람 만나기를 좋아하는 사업가, 이들은 이미 성공 가도를 달리는
자들이다.

나 역시 사람을 중시하는 선교사요, 사람 만나기 좋아하는 사업
가였기에 현지에서 인적 네트워크를 형성하는 데 성공하였다. 물론
그들 모두 내 사업을 본격적인 궤도에 올려놓은 중요한 인적 자원이
었고, 결국에는 성공으로 인도해 주는 통로가 되어 주었다. 고국의
후원자들이 심적 기반이 된 사람들이라면, 현지인 사업 파트너들은
사업의 튼튼한 초석이 된 사람들이다.

2. 비즈니스 선교(Kingdom Business)?

야곱이 버드나무와 살구나무와 신풍나무의 푸른 가지를 가져다
가 그것들의 껍질을 벗겨 흰 무늬를 내고 그 껍질 벗긴 가지를 양
떼가 와서 먹는 개천의 물구유에 세워 양 떼를 향하게 하매 그 떼
가 물을 먹으러 올 때에 새끼를 배니 가지 앞에서 새끼를 배므로
얼룩얼룩한 것과 점이 있고 아롱진 것을 낳은지라 야곱이 새끼
양을 구분하고 그 얼룩무늬와 검은 빛 있는 것을 라반의 양과 서
로 마주보게 하며 자기 양을 따로 두어 라반의 양과 섞이지 않게
하며 튼튼한 양이 새끼 밸 때에는 야곱이 개천에다가 양 떼의 눈
앞에 그 가지를 두어 양이 그 가지 곁에서 새끼를 배게 하고 약한
양이면 그 가지를 두지 아니하니 그렇게 함으로 약한 것은 라반

의 것이 되고 튼튼한 것은 야곱의 것이 된지라 이에 그 사람이 매우 번창하여 양 떼와 노비와 낙타와 나귀가 많았더라(창 30:37-43).

비즈니스는 생명이다 사실 성경을 읽다 보면 '아! 이 사람들은 진정으로 비즈니스맨이었구나.' 하는 사람들이 있는데, 대표적인 인물로 아브라함, 야곱, 요셉, 신약에 등장하는 바울, 루디아 등 다양한 사람들이 있다. 그런데 이런 사람들 이외에도 성경에 너무도 많은 사람이 비즈니스에 관련되어 살아 왔다. 대표적인 예로 나는 야곱을 말하고 싶다.

그는 삼촌 라반의 밑에서 21년 동안 노예, 아니 일꾼 이 표현도 좀 그렇다. 아니면 이 표현은 어떤지! 라반의 밑에서 사업을 배우고 있는 청년 벤처 사업가는 한 여인을 얻기 위해 7년, 또 한 여인을 얻기 위해 또 7년 그러나 삼촌의 욕심으로 또 7년을 더해야 하는 상황 이것이 진정 비즈니스의 현장이 아닌지를 보여 주는 대표적인 사례이다. 그 후 야곱은 하루는 삼촌하고 담판을 짓는다. 그 내용이 창세기 30장 37-43절에 기록되어 있다. 이 말씀을 비즈니스 관점에서 주의 깊게 읽어 보면 야곱이 삼촌의 밑에서 21년의 경험을 통해 그제야 자기의 자리를 잡는 모습을 보면서 이것이 진정 비즈니스라는 것을 깨닫게 되었다.

물건을 파는 것이 비즈니스가 아니라 삶의 모든 것이 비즈니스다. 물건을 파는 것이 아니라 사람과의 관계이다. 비즈니스는 영어로 Busy(바쁘다, 부산하다, 급하게 서두르다)와 Ness가 결합해 Business, 즉 급하게 다니면서 무언가 하는 것으로 파생되었다. 스페인어로 비즈니스는 Naringsliv라고 하는데 영어로 번역하면 Nourishment for life인데 이것을 번역하면 생명을 위한 자양분이라고 말할 수 있다. 그러므로 비즈니스는 다시 말하면 생명을 위한 것이고 생명을 살리는 것이다. 생명을 위한 자양분이라는 것이다. 이 비즈니스를 우리는 선교를 위해 이미 야곱의 시대 이전부터 지금의 선교를 위해 준비해 주셨다는 사실을 볼 때 하나님의 치밀하게 완전하신 계획하심에 놀라지 않을 수 없다.

비즈니스는 베푸는 것이다 비즈니스는 생명을 위한 것이다. 말한 것처럼 우리가 왜 비즈니스에 목을 매는 것일까? 그것은 베풀어 주는 것이기 때문이다. 우리는 베풀기 위해서 사업을 하는 사람이다. 이것이 비즈니스의 결론이 아닐까? 그런데 사람은 세 종류의 사람이 있다.

1. 테이커(Taker): 주는 것보다 받기를 좋아하는 사람(적자생존)
2. 매처(Mather): 받은 만큼 되돌려 주는 사람(자업자득)
3. 기버(Giver): 받는 것보다 주기를 좋아하는 사람(살신성인)

비즈니스 선교란 비즈니스를 이용해서 선교하는 것을 말한다. 다시 말하면 이윤을 추구하는 사업체나 사람을 통해서 하나님이 나라와 국민을 변화시키는 활동에 동참해 사역하는 것, 이것이 비즈니스 선교이다. 능동적이든 수동적이든 경제적 이익을 가지고 필요로 하는 사람들 그리고 필요로 하는 곳에 경제적 필요를 채우는 것이 비즈니스 선교라고 말할 수 있다. 비즈니스 선교를 효과적으로 하기 위해서는 아래의 조건이 부합되어야 한다. 수익성과 안전성, 일자리 창출과 부의 창출, 사람을 세우는 것 그리고 하나님의 영토 안에서 하나님의 사람을 세우는 것, 이러한 것이 충족되어야 비로소 비즈니스 선교라고 말할 수 있다.

먼저 영향력 있는 그리스도인이 있어야 하고 그 영향력을 통해서 하나님의 목적을 수립할 수 있으며, 영향력 있는 사람이 회사에 있을 때 그 영향력은 엄청난 파급 효과를 나타낸다는 사실이다.

둘째는 하나님의 목적에 부합하는 사업이어야 한다. 하나님의 목적에 부합하는 사업이란 선교적 영향력을 줄 수 있는 사업을 말할 수 있다.

셋째는 이윤을 통해 하나님 나라를 확장할 수 있는 경제적, 재정적 이윤의 틀을 마련하는 기업이어야 한다. 만약에 경제적 이윤의 틀도 마련하지 않고 하나님의 나라 확장에 뛰어든다는 것은 군인에게 총은 있는데 실탄이 없는 것과 같다.

넷째는 소속 직원을 행복하게 하는 것이다. 직원이 회사의 일원으로서 만족감과 충직함을 가지고 있지 못한다면 그 회사는 직원 관리에 엄청난 에너지를 소진할 수가 있다. 그러므로 갑과 을의 관계가 아니라 사장과 직원과의 관계가 수평적 관계를 맺고 문화를 만들어 가야 한다.

다섯째는 고객을 섬기는 회사로서 고객의 만족을 위해 부단히 연구하는 회사, 다시 말하면 고객이 회사를 존경해 주고 키워 주는 충성스러운 고객을 만드는 회사가 되어야 한다.

여섯째는 기업의 문화가 하나님의 말씀과 목적에 부합한 사업과 사업자가 되어야 한다. 이를 통해서 모든 회사의 직원들이 한 문화 속에서 정체성을 가지고 기업이 추구하는 목적을 이룰 수 있는 것이다.

04

비즈니스 선교 바로 알기

1. 비즈니스 선교의 목표(Goal)와 7가지 가치(Value)

비즈니스 선교는 과거의 선교 전략이 아니라 오늘날 교회가 당연히 해야 할 전략이다. 비즈니스 선교의 목표는 영적 변화이다. 효과적인 변화를 일으키려면 영적, 사회적, 경제적 상황 모두를 고려해야 한다. 이것이 예수님의 공생애 기간에 보여 주셨던 사역의 모델이고 비즈니스 선교의 임무이기도 하다. 즉 비즈니스 선교가 가장 먼저 내세우는 목표는 지속적인 영적, 경제적 변화다. 지속성이란 사업상의 수익성과 경제개발 프로그램에서도 나타난다. 영적 변화란 사람들을 예수님께로 인도하는 것을 말하며 사람들의 신앙을 견고하게 하고, 성경적 가치관을 가르치고, 현지 교회를 질적, 양적으로 향상 시키는 것을 말한다.

경제적 변화란 영적 자본이 쌓일 수 있는 문화를 조성하고 올바른 직업관을 가르치며, 고용 인력을 확충하고 현지의 부를 증가시키는 것을 말한다. 나는 글로벌 사업가로서 선교와 사업을 하면서 나만의 비즈니스 선교의 목표를 만들 수 있었다. 내가 전통적인 선교의 방법으로 초보 선교사로서 선교를 할 때는 마음의 여유와 삶의 여유 없이 그저 앞만 보고 달려왔다. 선교사들이 다 그렇게 하니까 나도 그렇게 했다. 하지만 너무도 힘들고 고달팠다.

전통적인 선교 방법도 필요하고 내가 해 본 방법도 필요하다고 본다. 나는 전통적인 선교사와 사업가로 살면서 사업과 선교를 병행해서 해 보았다. 이러한 경험을 통해서 나는 나 자신을 위한 것이 아니라 좀 더 통 큰 선교를 위해서 일을 하던 중 이러한 개념이 만들어졌고 그것을 위해 사역에 전념했는데 주님의 은혜로 이루어진 것이다.

누가 봐도 나는 키가 작고 볼품없는 그리고 사업할 줄 모르는 CEO요, 직원은 나 한 사람에 불과했다. 그럼에도 국가를 상대로 대형공사를 계약할 수 있다는 것은 전적으로 하나님의 인도하심이 아니겠는가! 나처럼 사업의 사자도 모르는 작은 사람도 세상 한가운데 우뚝 세우시는 분이니, 그분이 하겠다고 고집부리면 안 될 일이 없다. 내 사업의 태생도 그분이요, 지금까지의 행보도 그분과의 동행이었기에 앞으로도 꾸준히 그분을 부여잡고 갈 생각이다. 그래서 그려 본 청사진이 사업과 선교가 어깨동무하며 나아가는 지속 가능한 비즈니스 선교(Business with Mission)라는 개념이다. 사회에 대한 선한 영향력과 선교의 사명을 사업의 확장과 더불어 확대해 나가고 싶은 것이다.

> 내가 하는 비즈니스의 사역은
>
> 1. 비즈니스 선교는 감동을 준다. 그리고 사실(Fact)이다.
> 2. 비즈니스 선교는 세계 어디서나 환영받는다.
> 3. 비즈니스 선교는 국가와 국민들에게 영향력을 준다.
> 4. 비즈니스 선교는 경제 활성화에 도움을 준다.
> 5. 비즈니스 선교는 경제 일꾼과 주의 일꾼들을 양육한다.
> 6. 비즈니스 선교는 하나님의 영토를 확장하는 통로이다.
> 7. 비즈니스 선교는 선교사를 행복하게 선교하게 만든다.

비즈니스 선교는 새로운 시대와 새로운 환경에 맞추어 불어온 새로운 선교 바람이 될 수 있고 또 되어야 한다. 이 바람을 어떻게 활용하느냐에 따라 앞으로 선교의 방향이 달라질 것이다. 선교지에서 선교가 어떤 영향력으로 자리 잡아 나갈지를 결정하게 될 정도로 중요한 문제이다. 물론 비즈니스 선교만이 선교가 나아갈 길이고 정답이라고 우길 생각은 전혀 없다. 각 지역마다 문화와 환경과 사람들이 다르니 그에 맞추어 길을 찾는 것이 가장 옳다. 다만 세상 가운데 나아가 해야 하는 것이 선교이다 보니, 그 세상에 선한 영향력을 강력하게 끼칠 수 있는 조건을 갖추고 있다면 훨씬 유리한 입장에서 선교에 접근하고 몰두할 수 있다.

특히 창의적 접근이 가능하지 못한 어려운 지역이나 국가에서는 비즈니스 선교가 더욱 지혜롭고 이상적인 또 하나의 접근방법이라고 장담한다. 이런 의미에서 내가 일으키고자 하는 새로운 선교의 바람인 비즈니스 선교가 새로운 패러다임으로 자리 잡기를 소망하고, 이 바람에 잘 편승해 새로운 선교 역사를 써 내려가는 수많은 비즈니스 선교사가 나오기를 간절히 기도한다.

선교의 영토를 넓혀라 나는 무슬림들과 오랫동안 같이 살았다. 복음 안에서도 살고 사업을 하면서 무슬림들과 살았다. 아제르바이잔, 터키 그리고 이란 사람들과 어울리면서 살았다. 초창기 선교는 내가 전도한 몇몇 사람과 기쁨과 슬픔을 같이하면서 기도하고 서로의 삶을 나누면서 살았다. 하지만 시간이 지나면서 물론 새로 전도되는 사람도 늘어났지만, 그 속에서 고민도 깊어 가고 있었다. 도저히 성장하지 않는 모습을 보면서 늘 스트레스 연속이었고 고민이었다. 성장하지 않는 현지인, 늘 퍼주어야 하는 내 모습, 이런 고민은 어찌 나만 하겠는가 싶었다. 하지만 어느 순간부터 언제까지 이들에게 퍼주면서 살고 싶지는 않았다.

물론 컴퓨터학원과 회사는 처음에 이들을 위해 설립한 것은 아니지만, 나중에 이들을 위한 일터로 바뀌는 모습을 보면서 선교의 새로운 방법을 찾은 것이다. 그것은 작은 공간에서 시작된 회사가 모두의 삶의 터전이 되고, 이제 한 공간에서 각자의 일을 가지고 공동의 일터에서 각자의 일을 통해 경제적 이익을 창출하는 모습을 보먼서 또 하나의 선교의 모델을 만들 수 있었다. 다름 아닌 비즈니스를 통해서 선교의 영토가 확장되었다는 것이다.

처음에 그들은 내가 필요했고 나도 그들이 필요했다. 아마도 서로 간의 암묵적인 필요를 인정하고 그들은 자기들의 필요를 채우기 위해 복음을 들어주었고, 나는 복음을 전하기 위해 그들의 필요를 채워 주는 서로의 역할을 감당했다는 사실이다. 이러한 복음의 고리를 보면서 나는 깊은 고민에 빠졌고 이러한 방법의 전도는 서로에게 좋지 않다는 결론을 내리고 그들에게 새로운 활로를 찾아야 한다는 결론을 내리게 되었다. 그것이 바로 회사를 살리는 방법이었다.

우선 나 중심의 회사가 아니라 회사를 모두의 회사로 선포하고

영향력을 만드는 POINT
일할 사람이 필요
일터가 필요함
일터 문화 조성 필요
수평적 관계 조성 필요
서로의 신뢰 관계 조성 필요

각자의 역할을 정확히 맡기고 최선을 다할 것을 결의하였다. 이러한 결과 직원들의 일하는 모습은 혁신적으로 달라졌고 피동적이던 직원들의 모습은 능동적으로 달라졌다. 물론 직원들의 급여도 올랐고 각자의 일에 충성을 다했다. 이러한 모습을 만들어 가면서 선교

선교와 비즈니스의 아름다운 동행 ■ ■ ■

영토 확장에 관심을 가지게 되었다. 그것을 구체적으로 만들어 가겠다는 계획을 세워서 어려운 길이었지만 한 회사를 통해서 선교의 영토가 만들어지고 그 영토를 통해서 성도들이 단단해지고 제대로 성장해 가는 모습을 볼 수 있었다. 그래서 나는 개인적인 선교의 방법도 중요하지만 선교의 영토를 만드는 방법도 중요하다는 것을 알았다.

현지인들에게 영향력을 확대하라 비즈니스 선교의 목표는 현지인들에게 영향력을 주는 것이다. 현지인들에게 영향력을 주는 방법은 여러 가지 방법이 있다. 하지만 나는 비즈니스를 통해서 더 많은 영향력을 줄 수 있다는 확신이 있다. 나의 초창기 선교는 나에게 긍정적인 사람들(?)이 주 대상이었다. 그들은 만나기 쉬웠고, 그들은 내 말에 호감을 보였고, 나에게 적극적이었기 때문이다. 하지만 그들에게서 영향력을 요구하기보다는 자기만의 자리에서 충실하기를 바랄 뿐이었다.

하지만 내가 사업을 시작하면서 만나는 대상의 폭이 넓어졌다. 정직함과 열정은 아제르바이잔의 많은 고위층에게 존경의 대상이 되었고, 정계나 교육, 문화 등 그리고 비즈니스 그룹에게 많은 영향력을 주었다. 그들은 나를 만나기를 원했고, 많은 사람들이 나와 함께 사업을 하기를 원했다. 하물며 현지인이 나에게서 돈을 빌리기도 하고, 감옥에 면회를 같이 가기도 하고, 대학에 진학할 때면 청탁할 정도로 아제르바이잔에서 나는 영향력 있는 사람이 되었다.

대통령이 한국의 영웅이라고 할 정도로 영향력 있는 사람이 되었고, 국회의원들이 유세를 부탁할 정도로 영향력 있는 인물이 되었다. 이러한 나의 모습을 보면서 '이게 선교구나. 선교는 이렇게 하는 것이다.'라고 생각했다.

물론 내가 생각하는 방식이니 절대로 오해 없기 바란다. 아제르바이잔의 고위층들을 한국에 데리고 가서 한국을 보여 주면서 공항에 도착해서 호텔에 짐을 풀고 제일 먼저 간 곳이 남산 타워였다. 그곳에 올라가 한국의 발전된 모습을 보여 주고, 서울을 동서남북으로 보여 주면서 붉게 물든 십자가를 보여 주었다. 한국의 발전된 모습과 함께 나를 보여 주면서 영향력을 만들어갔다. 한 사람, 한 사

영향력을 만드는 POINT
확고한 신분 필요
정직함과 신뢰를 보여 줄 것
사람을 소중이 여김

람 전도해서 성장시키는 것이 중요하다. 하지만 그 사람이 영향력 있는 사람으로 키우는 작업은 재정적인 지원과 사람을 소중히 키우고 인재를 양성하는 것이 필요하다. 그래서 그 사람이 현지인 속에서 많은 사람에게 선한 영향력을 만드는 역할을 다하도록 하는 것이 비즈니스 선교의 목표이다.

현지인들의 삶을 윤택하게 하라 선교적 목적을 위해 회사를 내 회사가 아닌 직원과 함께하는 회사로 만들었고, 직원들로부터 존경을 받았다. 존경을 받기 위해 내가 한 일은 없다. 직원들을 소중히 여기고 내가 이 땅에 없는 날, 그들 스스로 나로부터 배운 삶을 가지고 영향력 있는 크리스천으로 살아 주기를 바랄 뿐이다. 그것을 위해 나는 그들과 동고동락했고 그들의 삶을 경제적으로 책임지겠다는 의지를 가졌다. 그 결과 나는 아제르바이잔뿐만 아니라 세계 곳곳에서 한국의 어느 대기업도 이루지 못하는 혁혁한 성공과 매출을 이루었고 감히 세계적인 사업가로 인정을 받았다. 당연이 주님의 도우심으로 말이다.

나는 이렇게 그들의 삶에 깊은 영향력을 주었다. 영향력을 준 것

영향력을 만드는 POINT
목적을 분명히 해야 한다.
개인의 삶이 풍성해지도록 해야 한다.
가정의 삶도 풍성해지도록 해야 한다.
윤택해진 삶을 다른 사람에게 나누도록 해야 한다.

만이 아니라 그들의 삶에 경제적 여유도 주었다. 초창기 그들은 모두 나의 소유를 가지고 살았다. 그들은 나와 만남으로 예수로 인해 행복한 사람들이 되었고, 복음을 통해 구원의 역사를 맛본 사람들이며, 나에게 감사의 마음을 가지고 있는 사람들이다.

선교의 목적은 바로 현지인의 삶을 책임져야 하는 목적도 있고 그로 인해서 삶의 질이 나아질 때 더 그리스도의 군사로서 강하게 설 수 있다는 것이다. 하지만 많은 사람은 현지인의 삶이 풍성해지고 배가 부르면 은덕을 모르고 그리스도를 떠난다고 생각한다. 이 것은 전 근대적 발상이고 우리가 솔직히 물질 없이 무엇을 할 수 있다는 말인가? 수많은 사람이 돈이 맘몬이라고 생각하면서 일만 악의 뿌리라고 하는 사람들을 보라! 그들이 더 돈을 사랑하고 있음을 볼 수 있다. 돈 없이 목양, 선교할 수 있다고 한다. 하나님이 공급해 주시니까! 맞는 말이다. 하지만 하늘에서 돈을 공급해 주시지는 않는다. 그 돈의 공급도 사람을 통해서 하신다는 것이다. 누군가가 필요하면 하나님은 준비된 사람을 통해 필요가 있는 곳에 공급하게 하신다는 것이다. 그러므로 돈은 일만 악의 뿌리가 아니라 많은 것을 할 수 있게 만드는 에너지이다. 그러니 하나님 나라를 위해 잘 사용해야 한다.

수익을 나눔으로 영향력 있는 기업을 만들라 선교를 위한 비즈니스도 결국은 비즈니스를 하여도 비즈니스 모방을 한다는 것이다. 그러므로 혼자서 비즈니스 할 수도 있지만, 실제는 현지인의 도움을 받지 않고는 힘들다. 나 역시 현지인들(그들은 나를 통해 복음을 듣고 교회 안의 식구들)의 역할이 있었기 때문에 더 효과적이었고 그들의 혁혁한 지원과 협조가 없었다면 불가능했다. 나는 그들을 나의 사업에 조력자에 불과하다고 생각할 수도 있었다. 하지만 그들이 있었기 때문에 모든 게 가능했다. 그래서 나는 사업을 통해 번 수익을 나를 위해 사용하지 않고 그들과 그들의 가족 그들이 속한 나라를 위해 무엇인가 하고자 했다. 그 나라에서 사업을 했고 거기서 올린 수익이기 때문에 그곳에 사회적 기업과 나눔 단체를 설립해서 직원을 채용하고 효과적으로 지원사업을 하였다. 그것이 바로 피난민 학교에 컴퓨터 교실을 지원, 화장실 리모델링 사업, 겨울 난방 기름 지원사업 등 많은 지원사업을 하고 있다. 이로 인해서 한국의 이미지가 제고되고 나에 대한 국가의 신뢰도가 높아졌으며, 선생과 학생 그리고 학생들의 가족까지도 삶의 질이 변화되는 모습을 보면서 비즈니스 선교의 본질을 보았다.

예수 그리스도의 복음을 구체화하라 예수님은 이 땅에 오셔서 수많은 사람에게 영향력을 주었다. 종교와 이념을 떠나 이천 년이 지난 지금도 수많은 사람이 성경을 읽고 변화를 받으며 살고 있다. 하지만

> **영향력을 만드는 POINT**
> 사회적 기업을 통해 일자리 창출
> 가족의 일자리 창출
> 삶의 질 향상에 기여
> 나눔을 통해 복음의 효과 안에 들어오도록 함

오늘날에는 영향력을 주는 요소들이 너무도 많다. 종교를 떠나 모든 분야에서 영향력 있는 사람들이 나타나고 있다. 한 사람의 영향

력이 지구촌 모든 사람에게 영향력을 주기도 하고 그렇지 않은 경우도 많다. 하지만 우리는 지금 수많은 사람의 영향력 속에서 산다고 해도 과언이 아니다. 그렇다면 우리는 모든 인류에게 엄청난 영향력을 준 그분을 나의 구주, 나의 하나님으로 영접하고 우리의 모든 삶을 그분께 드리고 있다.

그렇다면 우리의 영향력도 있어야 하지 않을까? 우리는 선교사적 삶을 사는 사람들이다. 다시 말하면 그분이 원하시는 삶을 사는 것이다. 우리의 영향력을 어떻게 만들고 어떻게 나타낼 것인지 고민하지 않을 수 없다. 우리의 영향력을 만든다는 것은 작은 일부터 시작하는 것이다. 나에게 주어진 일, 즉 선교사적 삶을 살면서 주변에 나의 영향력을 그들에게 주는 것이다. 영향력을 주기 위해서 꼭 성공해야 한다는 논리는 없다. 성공 그 자체가 중요한 것이 아니라 성공을 위해 무엇을 어떻게 하고 있느냐가 중요한 것이다. 사람들은 결과를 중시한다. 하지만 선교사적 삶을 사는 사람들은 결과도 중요하지만 과정이 더 중요하다. 내 삶의 선한 과정을 통해서 사람들에게 작은 영향을 주는 것, 이것이 바로 영향력이다.

하지만 (영향력은 고사하고) 빛과 소금이 되기보다 오히려 빛과 소금을 받으려고 하는 사람들이 더 많다는 게 문제다. 우리를 일컬어서 빛과 소금이라고 했지 빛과 소금을 얻으라고 하지 않았다.

영향력이란 무엇인가? 사람의 내면을 변화시키는 것이다. 사람은 가치관을 가진 존재이다. 가치관이란 사람의 내면에 중요하게 생각하는 그 무엇이다. 사람은 가치관을 통해 영향을 미치며 산다. 하나님을 품은 사람은 하나님을 전한다. 돈을 품은 사람은 돈을 전한다. 공산주의를 품은 사람은 공산주의를 전한다. 가치관이 바뀌면 사람의 행동이 바뀐다.

> 많은 사람을 옳은 데로 돌아오게 한 자는 별과 같이 영원토록 빛
> 나리라(단 12:3).

하나님은 우리를 권력이 아닌 영향력 있는 사람으로 성장하기를 원하신다. 세상이 말하는 글로벌 영향력에 속지 말라. 하나님 없는 글로벌, 하나님 없는 영향력은 스펙과 권력을 좇는 탐욕일 뿐이다. 내게 주신 경계를 점검하라. 내면에 하나님을 품어라. 그리고 경계 안에 있는 내 주변의 사람들을 변화시키라. 글로벌과 영향력은 바로 그곳에 있다. 글로벌한 사람이 되어라. 영향력 있는 사람이 되어라. 그것은 하나님을 마음에 품을 때에만 가능하다. 이처럼 복음을 구체화하는 것이 바로 영향력이다.

비즈니스 선교의 최고의 가치는 영향력이다. 이유는 나의 삶을 통해 경험과 교육된 것을 그리스도의 복음을 현지에서 구체화하는 것이다. 복음의 구체화를 이루기 위해서 비즈니스 선교를 통해 사람들에게 그리스도를 통하여 구원의 역사속에 들어오도록 하는 것이다.

선교사가 행복하게 선교하도록 하라! 나는 전통적 선교사로서 누구보다도 열정적으로 선교를 한 사람이다. 선교지에서 언어를 배우면서부터 전도를 해서 얻은 성도들과 함께 행복한 시간을 보냈다고 자부한다. 하지만 한편으로는 눈물과 좌절, 고통 속에서 피눈물 나는 아픔과 고통의 시간을 보냈다. 어찌 나만 겪는 아픔이고 고통이었겠는가 싶었다. 씨앗이 찢어지는 아픔이 없이 그곳에서 새순이 나오겠는가 마는 나 역시 힘들고 아픈 선교의 시절이 있었다. 나는 선교를 하면서 행복하게 선교하면 안 되는가? 생각했다. 다시 말하면 마음의 여유를 가지고 선교하면 안 되는가 싶었다. 재정적 어려움,

영향력을 만드는 POINT
자신의 과정을 정확해야 한다.
삶의 과정을 통해 만들어야 한다.
선교적 삶을 통해 영향력은 나누어진다.

비자의 어려움, 거주의 어려움, 신분의 어려움, 등등이 나를 슬프게 했다. 물론 이러한 것들은 나만이 겪는 것은 아니다. 모든 선교사가 겪는 것이다. 하지만 내가 바라는 것은 이것이다.

　선교사를 지원하는 곳이 모든 것을 해결해 줄 수는 없더라도 사역에 맞게 지원하는 방법은 없을까? 하는 고민이었다. 그래서 나는 스스로 문제를 해결하기로 하고 비즈니스 선교의 전쟁터에 뛰어들

었다. 억척같이 해서 무엇인가 만들고 싶었다. 그래서 비즈니스 선교는 현장에 있는 선교사이든, 사업을 통해 비즈니스 선교를 하든, 선교지의 선교사를 행복하게 해 주어야 한다는 것이다. 선교지의 선교사가 행복하면 그 영향력은 흘러 넘쳐서 바로 현지인들에게 흘러 들어 간다. 이러한 목적을 간과하고 오로지 선교지에 있는 선교사들에게 비즈니스 선교를 강요하는 것은 엄청난 리스크를 만들 수 있다. 이러한 접근은 교회와 선교 단체 그리고 선교사와의 절충을 통해 신중하게 이루어져야 한다.

2. 비즈니스 선교는 장밋빛인가?

비즈니스 선교! 요즈음 한국에서 만나는 사람마다 입에 달고 사는 용어인 것 같다. 목사를 만나도 비즈니스 선교, 선교사를 만나도 비즈니스 선교, 사업하는 사람을 만나도 비즈니스 선교, 모두가 하나같이 비즈니스 선교를 해야 한다고 한다.

도대체 비즈니스 선교가 무엇이기에 이렇게 모두가 한 사람의 말처럼 이슈를 만든 것일까? 참으로 대단하다고 말하고 싶다. 비즈니스 선교에 대하여 앞에서 말했기 때문에 여기서 다시 말하고 싶지는 않다. 하지만 냉철하게 비즈니스 선교가 선교에 얼마나 영향력을 주었는지 기존의 선교 형태와 어떤 다른 결과를 가져왔는지 알려진 바는 없다. 아니 연구 발표된 사례도 없다.

나는 비즈니스를 선교에 접목해서 선교현장에서 직접 해 본 사

영향력을 만드는 POINT

비즈니스 선교의 영향력을 만들어야 한다.
영향력 있게 사역할 수 있도록 하는 것이 중요하다.
주어진 영향력을 잘 활용하는 것은 선교사 책임이다.
선교사에게 비즈니스 권면은 검토할 필요가 있다.

람이고 그 결과를 만든 장본인이기도 하다. 하지만 나도 엄청 힘들었다. 당면한 환경 속에서 어쩔 수 없이 비즈니스를 할 수밖에 없었다. 결과적으로 선교를 위해서 비즈니스를 이용하는 것은 한계가 있다는 것과 선교를 위한 비즈니스는 오래 가지도 않고 더 위험을 초래한다는 것도 깨달았다. 모든 사업은 정직과 신뢰를 바탕으로 하는 것인데 사업도 모르면서 사업을 하고 신분 위장을 위해 사업을 하다가 막상 신분 위장이 드러날 때 파트너에게 정직함과 신뢰를 잃어 최악의 상태를 맞을 수 있다.

어떤 경우 비즈니스 선교를 이론적으로만 강의하는 사람들이 많다. 사실 현지의 상황과 이론은 거의 맞지 않는다. 그런데 온갖 책에서 얻어진 이론들을 바탕으로 비즈니스 선교의 필요성을 강의하고 비즈니스 선교를 부추기는 단체와 부류들이 많다. 물론 내가 아는 사람 중에는 비즈니스와 선교를 접목해서 잘하는 사람도 있고 쓴맛을 본 사람도 많다. 비즈니스 선교의 장단점을 보면 그 필요성은 나의 경험으로 볼 때 기존의 선교 방식보다 여러 면에서 유리하다고 볼 수 있다. 하지만 다음과 같다면 하지 마라.

이렇다면 비즈니스 선교하지 마라(?) 부디 비자 문제로부터 자유롭다면 꼭 하지 말라고 권하고 싶다. 깊은 경험에서 나온 말이다. 나 같은 경우는 정말로 특별한 경우가 아닌가 싶다. 물론 다른 사람도 나 이상으로 비즈니스 선교를 성공적으로 수행할 수 있다. 하지만 비즈니스 선교의 목적은 돈이 아니다. 이 부분이 내가 하는 비즈니스 선교와 다른 사람들의 비즈니스 선교가 다른 부분이다.

나의 비즈니스 선교 이론은 다른 사람들이 가지고 있지 않은 개념이다. 즉 개인 영토와 기업 영토, 하나님의 영토를 확장해야 한다는 것이다. 다른 비즈니스 선교 이론이 선교비가 줄어들고 비즈니스가 대중화되기 때문에 그리고 신분 등을 위해서 해야 한다고 생각한다. 하지만 이러한 얄팍한 비즈니스 선교 이론은 어디에도 통하지 않는다. 다시 말하면 빛좋은 개살구에 지나지 않는 것이다.

후원 교회의 재정적 불안감 해소를 위해서는 하지 마라 한국 교회들이 선교사들에게 비즈니스 선교를 해야 한다고 말하는 이유가 무엇인가? 그것은 재정 때문이 아닌가? 솔직히 묻고 싶다. 선교비 때문에 비즈니스 선교를 해야 한다면 그 선교는 빨리 접는 것이 좋다. 선교지역도 좋고 선교사도 좋고 하나님을 위해서도 속히 접어야 한다. 선교하는 교회는 하나님의 공급하심이 늘 충만함을 체험하고 있는 교회이다. 그런데도 선교사에게 비즈니스를 강요한다면 하나님의 공급의 법칙을 제한하는 것이 아닌가? 참 답답할 노릇이다.

나 역시 기존의 선교사가 비즈니스를 전혀 모르는 상태에서 맨땅에 헤딩하면서 수많은 눈물과 고통을 감수하면서 이 길에 들어섰다. 사실 중도에 포기하고픈 생각이 너무도 많았다. 그래서 말하는 것인데 기존의 선교사는 현재의 선교 방식에 충실하고 앞으로 파송될 사람이나 선교사 후보생들이 비즈니스 선교를 훈련 받거나 전문인 선교사들이 나가면 되는 것이다.

사역에 답이 있으면 비즈니스 할 필요 없다 자체적으로 자립할 수 있고 전도된 사람들이 생활력과 직장이 있다면 굳이 그들과 비즈니스를 할 필요가 없다. 비즈니스 선교의 필요성은 전도된 사람들의 생활과 직결된 문제이거나 아니면 선교사가 사역에 필요한 재정이 공급되지 않는다는 상황일 때 하면 좋은 경우이지만 그렇지 않다면 굳이 이 길에 발 디딜 필요는 없다.

선교사 자녀 문제나 노후 문제로 재정적 준비가 필요하다면 시도해 볼 수 있지만, 이것을 위해서도 쉽지는 않다는 것이다. 물론 하늘 아래 쉬운 것은 하나도 없다. 하지만 비즈니스는 누구나 할 수는 있어도 누구나 다 수익을 내고 돈을 버는 것은 아니다. 비즈니스 선교를 선결되어야 할 문제들이 있다. 비즈니스 선교를 성공적으로 수행하기란 참으로 어려운 것이다.

비즈니스 선교 활성화를 위한 세 가지 변화 비즈니스를 하면서 여러 후원 교회로부터 많은 압박과 고통을 받아왔다. 후원금 보내 주었더니 선교는 안 하고 사업한다는 식의 보수적인 믿음 때문이다. 바울

사도가 천막을 만들면서 사역한 것은 누구나 다 알고 있고, 그것을 말하곤 한다. 하지만 한국 교회에서 이렇게 해야 한다고 목소리 높여 줄 목사가 몇 명이나 될까? 그런 입장과 시각에 갇힌 한국 교회가 좀 깨어나기를 바란다.

지금 현재 선교 현장의 상황이 어떠한지 더욱 날카롭게 직시하기를 바란다. 탁자 앞에 앉아 머리로 현장을 그려 보는 것이 아니라, 선교사와 피선교 대상자가 눈을 마주치고 살을 부딪치고 마음을 나누는 현장 자체를 실시간으로 바라보아야 한다는 말이다. 사업이 아니고는 선교 제한 지역에서 발생하는 난제들을 해결할 수 없다는 인식의 변화가 반드시 선행되어야 비즈니스 선교의 목표를 이룰 수 있다.

선교단체의 선교방식 변화 선교사를 파송할 때, 선교단체들은 이미 각 나라의 상황을 잘 파악하고 있다. 하지만 그 나라에서 닥칠 문제들에 대해서는 선교사가 순교하는 자세로 해결해 주기를 요구하면서 파송한다. 조직과 단체도 해결하지 못하는 문제를 선교사가 현지에 들어가서 맨몸으로 해결하려고 하니까 힘이 들고 몸이 열 개라도 감당할 수가 없다. 이제는 선교단체들도 현지의 상황에 맞게 선교사를 지원하고 조합해 나갈 수 있어야 한다. 영역만 확장해서 무리하고 급하게 선교지를 늘려 나가는 선교방식은 단체와 선교사 모두에게 이로울 것이 없다는 상황을 정확히 인식하고, 현지 상황에 맞는 선교사를 엄선 및 파송하는 것에 대해 고민하고 대책을 세워야 할 것이다.

선교사 스스로의 변화 캄보디아에서 20년 동안 사역해 오고 있는 베테랑 선교사를 만난 적이 있다. 본인이 섬기고 있는 베트남 신학교의 건물 건축을 위해 한국의 후원 교회에 후원을 요청하고자 방문했으나, 뜻을 이루지 못하고 돌아왔다고 한다.

"이제는 한국 교회의 후원이 예전 같지 않고, 후원하는 교회 목사들도 만나기를 원하지 않더군요."

맞다. 한국의 경제도, 교회도 예전 같은 상황이 아니어서 선교사 입장에서 후원만 생각하다가 사역을 제대로 해 나갈 수 없다. 후원 교회에 의지하느니 차라리 떳떳하게 비즈니스를 해서 현지 리더들에게 본을 보이고 자립하는 정신을 키워 주어야 할 때라는 것을 새삼 확인하는 순간이었다.

크리스천 모두가 선교사로 나갈 수 없듯이 선교사 모두 비즈니스를 할 수는 없다. 각자의 분량대로 소명대로 각자의 자리에서 그리스도의 제자로 살아가는 것이다. 캄보디아 선교사나 나처럼 이제 달리 방법이 없다고 생각하는 사람이라면, 비즈니스에 도전하는 것이다. 단순히 풍족하게 사역하고 싶다는 마음을 넘어서서, 비즈니스를 통해 현지인과의 접점을 넓혀가고, 현지 리더들에게 자생하는 방법을 가르치며, 선교사가 사역의 모든 것을 이양한 후에도 자립할 수 있는 여건을 만들어 준다는 비전에 도전하는 것이다. 선교사 스스로가 기꺼이 이러한 그림을 비전으로 그려낼 수 있어야 안정된 비즈니스 선교가 이루어질 수 있다.

공공의 적 잘못된 비즈니스 선교 바쿠에는 한국뿐 아니라 다른 나라의 국제단체들도 사역해 오고 있다. 국제 단체라고 해서 거주 문제나 비자 문제가 쉽게 해결되지는 않는다. 아제르바이잔이 미국의 영향력 아래 대사관과 세계 굴지의 미국 석유 메이저 기업들이 들어와 있다고 해서, 혹은 연간 수십억 달러를 원조받는 국가라고 해서 미국 선교사들에게 호락호락하지 않다. 오히려 제일 많이 추방당하는 선교사들이 미국 선교사들이고, 가장 많은 어려움을 호소하는 선교사들도 그들이다.

어느 미국 선교단체가 연합하여 사업체를 만들어 운영하고 있었다. 그들은 전체가 사업에 참여하고 같이 사역한다. 나는 그 이야기를 듣고 불안했다. 그렇다고 말을 해 줄 상황도 아니고, 말을 해 준다고 내 이야기를 들을 사람들도 아니어서 염려만 하고 있었다. 그들은 사업하면서 학생들에게 영어를 가르쳤는데, 학생들에게 전도한 것이다. 그 결과 직장 폐쇄와 함께 추방령이 떨어졌다. 이 단체의 시행착오는 우리에게 많은 교훈을 주었다.

나는 우리 팀원들에게 내가 하는 사역 일부분에만 협력해 달라고 한다. 사업에 일절 관여하지 말고 본인들의 사역에만 충실하고 나를 위한 중보기도자로 서라고 말한다. 즉 한 단체에서 사업에 소질이 있는 사람만 사업하고, 그 사람이 사역하는 것을 다른 팀들이 분담하여 감당하면서, 팀원들의 비자 문제와 거주 문제를 해결하라는 것이다. 선교가 어려운 지역에서의 위험 요소를 줄일 수 있기 때문이다. 사업하는 사람은 사업에 전념할 수 있으니 좋고, 팀원들을 위해 일한다는 책임감과 감사함으로 더욱 추진력 있게 일할 수 있다. 팀원들은 비즈니스 사역하는 선교사를 위해 기도와 격려해 주고 정보를 제공하면 환상적인 조화를 이룰 수 있다. 사업하는 사람은 일한 결과를 보고하며 나눔을 실천하고 서로 정보와 아이디어를 공유하며 협력한다면, 그 단체는 오랫동안 사역을 이루어가는 데 전혀 문제가 발생하지 않을 것이다.

> 보라 형제가 연합하여 동거함이 어찌 그리 선하고 아름다운고 (시 133:1).

팀의 연합을 위해, 시편 133편의 말씀을 꼭 기억했으면 한다. 팀 안에서 서로 비판하거나 시기, 질투하는 일이 없어야 한다. 서로를 이간질하는 것은 사탄을 돕는 일이며, 아군에게 몹쓸 일을 행하는 것이나 다름없다. 잘 될 때는 더욱 축복하고, 못될 때는 서로 위로하고 격려하는 아름다운 협력자가 되기를 바란다.

사역지에서 비즈니스 선교를 하는 선교사들이 이미 많다. 성공적으로 끌고 나가는 선교사도 있지만, 실패를 거듭하고 있는 선교사들도 있는 것으로 안다. 다시 말하지만 선교 목적을 위해 어쩔 수 없이 하는 소극적 비즈니스는 실패할 수밖에 없다. 선교를 위해 비즈니스가 부수적인 조건으로 이루어진다면, 상당한 제한이 따른다. 단지 비자 문제를 해결하려는 목적이기 때문에 사업에 우선권을 주지 않고, 적당히 하려는 생각이 더 크다. 선교사에게 사역이 우선이지 비즈니스가 우선이 아니라는 생각을 하고 있기 때문이고, 거주만 할 수 있으면 된다는 생각만 하기 때문이다. 이러한 비즈니스는 100% 실패한다.

주변에도 이러한 목적을 가지고 사업하는 선교사들이 수두룩하다. 그들의 참 모습을 보면 바쁘기는 무척 바쁜데 실속이 없으며, 이렇다 할 결과를 본 적이 없다. 단지 비자와 거주 문제를 해결하기 위해서라면 비즈니스를 해야 할 필요가 없다. 그들로 인해 진짜 비즈니스 선교를 하려는 사람들에게 피해를 주고 악영향을 준다.

강의하러 여러 지역을 다녀 보면, 비즈니스 선교 사역하는 사람들을 자주 만난다. 답답한 것은 하나같이 사업도 선교도 어정쩡하게 한다는 사실이다. 사업하는 사람들 사이에서는 사업하는 사람이 아니다 보니 시장을 무질서하게 하고, 사역하는 사람들 사이에서는 사역도 안 하고 돈만 벌러 다니는 것으로 보이니 선교사가 가져야 할 자질을 의심받는다. 모두에게 욕을 먹을 수밖에 없다. 실제로 이런 경우를 너무 많이 보았다. 그들에 대하여 좋지 않은 평가가 비즈니스 선교에 대한 부정적인 시각으로 고스란히 이어지고 있으니, 결과적으로 선교사도 사업가도 아닌 비즈니스 빙자(?)한 사역자들이 공공의 적이 되고 마는 것이다.

05
비즈니스 선교에 대한 부르심과 가치

1. 부르심이란?

우리는 부르심을 말할 때, 무슨 직분을 먼저 생각하는 경향이 있다. 특별히 목사, 선교사가 되는 것만이 하나님의 부르심의 전부라고 생각한다. 이는 매우 잘못된 생각이다. 물론 목사가 되는 것이 하나님의 부르심에 포함되기는 하나, 목사가 되는 것이 하나님의 부르심의 전부는 아니다. 부르심이란 그것보다 훨씬 깊은 의미를 가지고 있다. 목사직은 그것을 감당할 만한 자격과 자질이 갖추어진 사람이라면 누구나 할 수 있다. 교회 안에 다양한 직책도 마찬가지다. 오히려 자격과 자질이 되지 않는데, 소명(부르심)을 받았다고 달려드는 것이 문제다. 우리는 자꾸 성직과 세속직을 구분하는데, 하나님 안에서 성직과 세속직의 구분은 없다. 이것을 종교개혁자 칼빈은 분명하게 밝히고 있다. 그래서 그는 부르심(Calling)이라는 단어를 직업에 쓰고 있다. 어느 직업이든지 하나님께서 합당하게 여기신다는 뜻이다.

당신이 지금 어떠한 직업을 가지고 있든지 그 일을 통해서 하나님께 영광을 돌릴 수 있는 이유는 그것이 바로 여러분의 천직(Calling)이기 때문이다. 이 세상이 나누어 놓은 직업의 높고 낮음에 너무 신경 쓰지 마라. 하나님 앞에서는 천한 직업도 없고 귀한 직업도 없다. 자신이 하는 일에서 하나님의 소명을 찾는다면, 그것으로 충분하다. 자신의 일에서 소명을 찾는 자는 그 일을 하면서 즐겁고 기쁘다. 그렇지 못한 자는 그 일이 아무리 세상적으로 칭송을 받는 직업이라 하더라도 자신의 일에서 기쁨과 즐거움을 얻지 못한다.

부르심이란 무엇인가? 근본적으로 어떠한 사역으로의 부름이 아니다. 그것은 부르심이 없어도 할 수 있다. 그러므로 사이비 목사도 나오는 것이고 사이비 교회도 나오는 것이다. 중요한 것은 지금 예수님께서 나다나엘을 부르시는 그 부르심이 없다면, 우리의 사역(부르심)은 아무것도 아닌 것이다.

부르심이란 하늘이 열리는 것을 보는 것이다. 예수께서 그리스도라는 것, 즉 예수 그리스도를 통하지 않고는 하나님께로 올 자가 아무도 없다는 것을 아는 것이다. 이 진리에 나를 매는 것, 바로 그것이 부르심이다. 이 부르심을 알고 믿을 때, 우리의 인생은 무엇을 하든 어디에 있든 값진 인생이 되는 것이다. 이 부르심을 알지도 못하고 믿지 않으면서 그리고 모든 인생을 걸지도 않으면서 하는 모든 일은 그것이 아무리 성직이라고 불릴지라도 바람에 나는 겨와 같은 것이다.

우리가 잘 아는 미국의 대통령 링컨은 "세상에 천한 직업은 없다."고 말했다. 영어로 Call은 모닝 콜, 택시 호출, 부르다, 불러오다라는 뜻인데, 이것을 명사형 Calling으로 하면 직업이 된다. 다시 말하면 Calling은 단순히 직업이 아니다. 하늘이 준 직업에 대한 소명이며, 사회의 안정과 번영과 직결된다고 볼 수 있다.

나에게 주어진 일에 대한 부르심 사실 우리가 일을 선택할 때 수익이 높거나 사회적 필요에 의해 일자리를 선택하려고 한다. 이것은 모든 사람이 바라는 것이다. 하지만 우리는 하나님의 구원하심에 감격하여 사는 관계로 일에 대한 부르심이 다르다. 즉 내가 하고 있는 일은 바로 하나님이 나에게 주셨다는 인식이다. 그것은 하나님이 나를 통해서 하고자 하는 일을 나에게 주셨다는 것, 이것이 바로 세상 사람과 다른 일에 대한 부르심의 다름이다.

하나님은 각자에게 일을 주셨고 그 일을 통해서 하나님의 구속사를 완성하시고자 하시는 우주적 소명을 주셨다. 그 일을 통해 세상에서 빛과 소금으로 역할을 다하라고 일을 주셨다. 그런 인식과 믿음이 필요하다. 나에게 주신 일을 통해 하나님이 이루고자 하시는 일을 만들어 가는 믿음이 어느 때보다도 필요하다.

하나님은 일을 주시면서 맡은 자에게 요구하는 것은 충성이고 우리 모두에게 일을 주시면서 청지기라고 부르셨다. 우리는 청지기로서 맡은 일에 충성을 할 필요가 있다. 다시 말하면 나에게 주신 일을 성공적으로 완수해야 한다는 것이다. 불의 전차 릭은 호텔에서 감자 깎는 것도 아주 중요한 소명이라고 말했다.

나의 일터에 대한 부르심 하나님은 나에게 일만을 주신 것이 아니라 그 일을 할 수 있는 일터를 주셨다. 그 일을 할 수 있는 곳을 나는 일터라고 생각한다. 일을 할 수 있는 장소, 즉 목회자에게는 교회를, 공무원에게는 청사를, 직장인에게는 사옥을, 사업가에게는 사업장을 주셨다. 이외에도 다양한 분야에서 우리가 일을 하는 곳을 일터라고 하는데 하나님은 우리에게 일만 주신 게 아니라 일터도 주셨다는 사실이다. 하나님이 주신 일을 가지고 일터에서 일하는 것을 우리는 사역이라고 부르는데 그것을 요즘 일터 사역이라고 부른다.

우리는 하나님이 각자의 믿음의 분량대로 일과 일터를 주셨으므로 잘 감당해야 한다. 하나님은 일을 주실 때 일만을 주시는 것이 아니라 일터도 확정해 주신다. 주어진 일을 가지고 일터에서 정직한 크리스천으로서 일해야 한다. 그 이유는 나에게 주신 청지기의 역할을 다하기 원하시기 때문이며, 그곳에서 하나님의 영향력을 나타내고자 함이다. 그러므로 주신 일터에서 최선과 정직을 다하는 것은 당연하다.

야곱은 요셉에게 형들에게 도시락을 전달하라는 일을 주었다. 그곳은 멀고 험한 길인지도 모르고 요셉은 아버지로부터 받은 일을 위해서 형들이 양을 치고 있는 일터로 갔다. 하지만 그곳에서 어떤 일이 일어났는가? 아버지가 주신 일을 수행하러 갔지만, 그곳에서의 일은 불행하게도 형들은 동생 요셉을 노예 상인들에게 팔아 버리는 것이 아닌가? 그렇다. 우리가 하나님이 주신 일을 수행하는 가운데 우리의 일터에서 이러한 일들, 다시 말하면 힘들고 고통스럽고 안타까운 일들이 일어날 수 있다. 하지만 그것이 두려운가? 그렇지 않다.

하나님은 창세기 39장에서 세 번이나 요셉을 형통케 하셨다는 말이 나온다. 다시 말하면 요셉에게 고통이 온 것은 잠시 인큐베이터(Incubator) 속에서 성숙의 과정은 거친 것이다. 하나님은 우리에게 일을 주시고, 그 일이 주어진 일터에서 성공적으로 수행하기를 원하신다는 사실을 망각하면 안 된다. 하나님은 요셉의 성숙의 과정을 통해서 이집트의 총리로 사용하셨다. 나는 요셉이 인큐베이터의 과정을 거쳐서 한걸음 성숙되었을 때 하나님은 요셉을 일터에서 사용하셨다(Accelerator)는 사실을 우리는 직시할 필요가 있다.

삶과 세상을 향한 부르심 하나님이 일과 일터를 주신 것은 우리의 삶을 통해서 세상을 변화시키라는 거룩한 부르심의 뜻이 있는 것이다. 그래서 성경에는 없지만, 하나님은 세상을 통해 교회로 가라 하지 않으시고 교회에게 세상으로 가라고 암시하신 것을 볼 수 있다. 그러므로 우리는 직업을 선택할 때도 성경적 직업 선택을 할 필요가 있다. 더 나아가 하나님과 이웃 그리고 사회 지향적인 직업을 선택해야 한다. 우리는 하나님이 주신 일을 일터에서 완성함으로 다양한 사람들에게 영향력을 줄 수 있다. 나는 초기에 전통적인 선교를 통해서 보다 회사를 설립했을 때 더 많은 사람을 전도했고 그들과 함께 회사를 만들면서 많은 영향력을 그들에게 주었다.

2. 비즈니스의 일곱 가지 가치

비즈니스는 개인이든 혹은 회사를 설립해서 하든 방법과 절차의 차이만 있지 다 같은 목적이다. 다시 말하면 경제 활동을 통해서 개인의 목적 그리고 기업의 목적을 이루는 것이다. 비즈니스의 가치는 돈 버는 것이 결코 아니다. 하지만 경제의 이익이 없이는 기업이 추구하는 가치를 창조할 수 없다. 그러기 위해서는 다음과 같은 조건이 성취되어야 한다.

확장성, 수익성, 안전성 확보 기업은 부단히 제품을 가지고 성장해야 하며 확장성을 통해 수입이 창출되어야 한다. 만약에 수익이 창출되지 못하면 그 기업은 문을 닫을 수밖에 없다. 그리고 수익이 창출된다고 해서 안전한 회사가 되는 것은 아니다. 회사의 안전성을 고려해서 다시 말하면 리스크를 발생하지 않도록 해야 하며 리스크가 발생한다고 해도 최소화하는 안전장치가 마련되어야 한다. 그래서 더 좋은 경영은 리스크를 최소화하는 것이다.

고객에게 신뢰받는 시스템 구축 필요 기업에게 가장 중요한 것은 직원의 상태도 중요하지만 제품과 고객이라고 말할 수 있다. 그 제품을 고객에게 신속히 공급할 수 있는 유통구조를 갖추어야 하고 고객으로부터 신뢰받을 수 있는 시스템을 구축하는 것이 무엇보다도 중요하다. 또 하나 중요한 것은 제품도 중요하지만 그보다 더 중요한 것은 고객이다. 고객이 없으면 어떠한 물건도 팔 수 없다.

섬기는 리더십 통해 다른 기업에 주는 영향력 크리스천 기업의 목적은 바로 섬기는 모델이다. 갑의 역할이 아니라 회사의 이름과 제품을 통해 섬기는 모델을 만들고 그것을 통해서 고객과 사회, 타 기업에 모범을 보이는 것이다. 이것이야말로 진정한 크리스천 기업이 가져야 할 기업 윤리이다. 하지만 이러한 크리스천 기업을 찾기가 하늘의 별만큼이나 어렵다고 한다.

복음과 충돌하지 않는 윤리적 기업 의식 오래 전의 일이다. 한국에 일이 있어 파송 교회로 가는 도중에 평촌에 있는 어느 백화점을 지나가게 되었다. 비가 오는 백화점 앞에는 수많은 여성들이 "OO기업 물러가라! OO기업 사장은 각성하라! OO기업은 기독교 회사인가!" 하면서 데모하는 모습을 보았다. OO기업은 한국의 유명한 크리스천 기업이다. 그것을 목격하고 충격을 받아 아주 힘들었다. 물론 모 기업은 기업이니까 기업의 사정이 있을 것이다. 하지만 비가 오는 날 수많은 여성이 피켓을 들고 시위하는 모습을 보면서 기독교 회사가 저 정도 밖에 안 되는가! 망연자실했다. 나는 회사의 형편과 직원들의 형편을 모른다.

그런데 이 회사가 2016년에도 직원들 임금 문제로 전 언론에 대서특필하며 한국 사회를 요동치게 만들고 있다. 나도 기업을 운영하고 있고 전 세계를 다니면서 사업을 하는 사람으로 항상 정직과 영향력을 말하는데 어찌 크리스천 기업이 저럴 수 있을까 생각을 할 때 가슴이 답답하다. 경제적 이익을 떠나 OO기업으로 인해 한국의 기독교는 망신살을 얻었을 것이고 기업의 이미지도 엄청 추락하였을 것이다. 우리가 인식해야 할 것은 기업의 이름, 아웃사이드가 성경적일 필요는 없고 기업의 인사이드가 성경적이고 복음적이어야 한다는 것이다. 그러면서 복음과 충돌하지 않는 윤리의식이 필요하고 기업가가 성경적 경영을 해야 한다는 것이다. 오늘날 한국의 대형 크리스천 기업의 영향력은 어디 가고 돈 버는 데 혈안이 되어 있는 것이 현실이다.

기업을 통한 창조적 일자리 창출 기업을 통해서 많은 일자리가 창출된다. 그러면 그 일자리를 통해서 많은 사람이 복음의 영향력 안에 들어오게 된다. 비즈니스 선교의 목적이 바로 여기에 있다. 비즈니스를 통해서 돈을 버는 거야 당연하다. 그것은 기업의 당연한 의무이다. 이 기업의 의무를 통해서 만들어지는 것이 바로 일자리 창출과 기업의 영토를 통한 영향력이다.

사람을 세우며 영토를 확장 기업이 확장되면 그만큼 일자리가 창출되니까 더 많은 사람을 채용하게 되고 사람을 세울 수 있다. 그로 인해 기업의 영토는 확장됨과 더불어 하나님의 영토 확장은 물론 기업은 더욱 성장해 지속 가능할 수 있는 기업이 되면서 사람을 세우는 기업이 되는 것이다. 기업의 성장을 통해서 많은 리더십이 생겨나고 사람을 세우는 일들이 많아지는 것이다.

목적이 없는 이윤은 재앙을 만드는 레시피 나도 회사를 운영하면서 많은 이익을 얻었다. 하지만 이익을 내지 못하는 지사도 있다. 이익이 발생하지 않으면 그것은 바로 리스크로 작용한다. 직원들 급여, 관리비 등, 다양한 지출 등이 발생하는데 회사의 어두움의 그림자이다. 그러므로 회사는 이익이 창출되어야 한다. 이익이 창출되면서 나는 직원들에게 더 풍성한 나눔을 실천하였고, 그 나라에 기부하고 재단을 설립에서 나누어 주고, 내가 어디에 있든지 그곳에서 영향력을 만들어 주었다. 왜 그런 일을 했을까? 나는 목적이 없는 이윤은 재앙을 만든다는 것을 알았고 그 나라에서 벌어들인 수익을 그 나라를 위해 사용하는 데 주저하지 않았다. 나는 성경을 읽으면서 깨달은 것이 성경이 인생사에 대해 완벽한 대답을 제시하지 않았다는 것을 깨달았고, 성경 속에서 인생사를 스스로 해결하는 지혜를 주셨다는 것을 깨달았다. 그러므로 기업을 운영할 때도 지혜가 필요하다.

3. 비즈니스 선교에 응답한 사람들

나는 비즈니스 선교의 부르심을 아브라함에게서 찾는다. 물론 아브라함 이전의 사람으로부터 부르심을 찾을 수 있다. 하지만 나는 아브라함에게서 비즈니스의 부르심을 찾은 이유는 아브라함은 우르를 떠나 하란에서 오랫동안 정착을 하였다. 하지만 그곳에서 다시 한 번 하나님의 부르심 속에서 험난한 여정의 길을 떠난다. 그리고 애굽에서 혼란과 갈등의 과정을 거쳐 가나안에 정착해 동서남북으로 펼쳐진 푸른 초장을 조카 롯에게 양보하는 모습에서 아브라함의 사업가로서 위대함을 발견한 것이다. 아브라함의 리더십이야말로 이 시대에 필요한 리더십이다. 자기의 영토를 타인에게 이양하는 너그러운 CEO로서의 한 모습이 아닐까 싶다. 나는 이 모습에서 비즈니스 선교의 부르심을 찾았다.

4. 선교사들이 바라보는 비즈니스 선교

선택의 여지가 없는 선택 많은 선교사들이 비즈니스 선교에 대해 관심과 동시에 두려움을 함께 가진다. 재정 악화로 인해 후원 교회가 감소하고, 현지인들을 후원하고 성장시키는 데 재정적으로나 사회적으로 발생하는 문제를 선교사 혼자 감당하기에 현실적으로 버겁다. 여기에 비자, 주거, 사역, 자녀 교육, 노후 문제 해결책 마련을 위해 비즈니스에 눈을 돌리게 된다. 하지만 자신의 전문 분야도 아니고 평소 관심이 있었던 분야도 아니기 때문에 막상 비즈니스에 입문하려면 막막하고 불안할 수밖에 없다.

나 역시 처음 비즈니스를 시작하면서 똑같은 문제로 고민하였다. 실패에 대한 두려움, 정체성에 대한 두려움, 후원 교회와 다른 선교사들의 시선에 대한 두려움, 가족의 불평에 대한 두려움 등 걱정과 비즈니스 사이의 빠져 허우적거린 시간이 있었다. 하지만 내가 처한 문제들을 해결해야 하겠다고 판단하자 의외로 결정이 쉬웠다. 해결할 사람은 나 자신밖에 없고, 해결할 길은 오로지 비즈니스 하는 길 밖에 없었기 때문이다.

어느 해인가 베트남과 캄보디아를 방문했을 때 세미나에 참석한 크리스천 CEO들과 선교사들에게 강의할 기회가 있었다.

> 제가 비즈니스를 하게 된 배경이 무엇인지 아십니까? 현실적으로 선택의 여지가 없는 것이 원인이었습니다. 비즈니스가 왜 필요할까요? 그것은 많은 선교적 문제들을 해결할 수 있는 거의 유일한 통로이기 때문입니다.

강의 후 많은 사람들이 동의를 보내왔고, 그 상황에 대해 격려와 위로를 보내왔다.

선교지에서는 경제적으로 어려운 사람들이 우선적으로 복음에 접근하게 마련이다. 그러다 보니 그런 상황이 많아질 수밖에 없고, 점차 한계에 부딪치며 고민에 빠질 수밖에 없다. 이런 상황에 이르는 것 또한 비즈니스 선교에 대한 관심으로 이어지는 계기가 된다. 선교사로서 현지인을 믿음 안에서 축복하고, 세워 주고, 물질로 도와주며, 가난의 대물림을 끊어 주는 풍족한 사역을 하고 싶은 마음이 생기는 것이다.

실제로 수많은 선교 현장에서 현지인 제자들을 재정적으로 지원하는 사역들이 이루어지고 있다. 알다시피 밑 빠진 독에 물 붓는 지원에는 한계가 있다. 지원만 받다 보니 선교사가 선교지를 떠난 후에 현지 제자들이 자립할 수 있을까 하는 의구심이 증폭되고, 선교사들은 희망보다 절망을 느끼기 일쑤다. 이렇듯 대부분의 선교사들은 다양한 현실 문제에 무방비로 노출되어 있다. 이 상황에서 살아가고, 적응하고, 해결하기 위해 비즈니스를 바라볼 수밖에 없다. 그렇다고 인생의 존재 가치라고 여기는 선교의 사명, 그 자체를 포기할 수는 없는 일이니까.

비즈니스 선교의 축복 같은 영향력 현재 나는 14개국에 지사를 두고 사업을 진행해 오고 있다. 내가 주목하는 바는 각 나라에서 활동 중인 우리 지사의 영향력이다. 현지인에게 일터를 마련할 뿐만 아니라 그들의 삶에 직접적으로 영향력을 미치는 것이다. 14개 국가 중 몇 개 국가에서 이익이 발생하였고, 그 이익으로 인해 사회적 기업과 일터가 생겨났다. 덕분에 나의 지사들은 국가와 사회로부터 존경받는 기업이 되었으며, 도덕적으로도 문제가 없기에 곳곳에 영적인 영향력을 미치고 있다. 비즈니스는 비즈니스대로 자리를 잡아가고, 하나님의 영향권은 그것대로 확장을 이루어 가고 있는 것이다.

사실 선교사들의 스트레스 항목 중 하나가 파송한 교회들의 선교 보고 요청이다.

"전도한 사람이 얼마나 되고 모임에 오는 사람들이 얼마나 되는지 일일이 확인해서 보고하세요."

어느 선교사는 보고를 위해 사진과 비디오를 찍는 일에 지쳐 있다는 심경을 토로하기도 했다. 파송한 교회의 담임 목사나 장로들은 끝없는 보고를 요청하고 있으며, 선교비를 보낼 때도 그것을 우선시하고 있다. 거짓 보고나 다른 사역자들의 사역 장면을 찍어 보내는 일이 발생하는 것도 어쩔 수 없는 환경 때문이다.

나 역시 마찬가지였다. 어느 후원 교회로부터 수년에 걸쳐 후원을 받았는데, 그때마다 얼마나 전도했는지, 교회는 지었는지, 예배에는 몇 명이 모이는지 등을 꼬치꼬치 따져 묻는 통에 골치가 아픈 적이 한두 번이 아니었다. 물론 교회 입장도 이해가 된다. 선교비는 나가지, 왜 나가는지 묻는 교인들 때문에 눈에 보이는 실적이 있어야 후원금이 나갈 수 있기 때문이다.

선교지에서 사역해 본 사람으로서, 나는 단 한 사람이라도 제대로 된 제자를 양육하는 것이 옳다고 주장하는 사람이다. 혼자 믿고 혼자 구원받고 혼자 누리는 것보다, 단 한 사람이라도 자신의 확고한 믿음을 국가와 지역 사회에 어떻게 하든 영향력을 주는 진짜 제자로 만들고 싶다. 물론 크리스천의 목표가 이 세상 모든 사람들이 예수를 믿는 그날까지 사역하는 것이지만, 믿음의 양적 팽창보다는 질적 팽창이 우선되어야 진짜 양적 팽창을 할 수 있다고 생각한다. 당신이 전도해서 잘 자란 제자가 한 사람이 있다면, 그를 보기만 해도 행복할 것이다.

한 번은 제자 중 누군가를 한국에 데리고 가서 강단에 세우고, 한국 교회를 경험하게 했다. 한국 교회의 예배 모습, 성도들의 교제 모습, 새벽기도 모습 등 여러 가지 믿음의 현장들을 경험하도록 해 주었다. 그가 아제르바이잔으로 돌아가서 한 달 내내 한국 교회 이야기만 했다는 소리를 들었다. 복음에 전도된 자를 한국에 데리고 가 보길 권면한다. 한국에 있는 동안 한국 교회의 역사를 이야기 해 주고, 한국 교회의 성장 원인이 한국의 경제 개발과 어떤 연관이 있었고, 한국 교회가 세계 교회 속에서 어떤 역할을 하고 있는지를 말해 주라. 그가 받게 될 믿음의 선한 영향력이 어마어마할 것이다. 그만큼 믿음의 크기 또한 훌쩍 자라날 것이다.

온전한 예수의 제자가 된다는 것이 중요하다. 그런 제자들은 복음 안에 거하는 삶을 결코 혼자 누리려 하지 않기 때문이다. 분명 자신의 평안과 기쁨과 에너지를 주변에 퍼트리려고 애쓰기 마련이다. 우리가 그러한 것처럼 말이다. 그런 확신이 있는 사람이 현지에서 어떤 영향을 미칠지 그려 보라. 사업 면에서도 그가 후임자의 자격과 능력을 갖추고 있는 사람이라면, 현지에서 엄청난 영향력을 발휘하며 당신이 떠난 뒤에도 지속적으로 그 나라에서 사업을 이어갈 것이다. 그러니 많은 양떼를 거느리기보다 하나의 양을 사력을 다해 온전하게 길러 내는 것이 중요하다.

5. 비즈니스에 관한 오해들

비즈니스는 어렵다 세상에서 제일 어려운 것이 여러 종류가 있겠지만 비즈니스는 더 어려운 것이다. 영어의 BUSINESS라는 말은

BUSY와 NESS가 연합해 만들어진 것이다. 이 뜻은 부지런히 일을 해야 하는 것, 이것이 비즈니스라는 것이다. 하늘 아래 어디 쉬운 것이 있는가? 없다. 하지만 생각을 바꾸면 무엇이든 가능하다. 우리의 모든 삶 자체가 비즈니스다. 많은 선교사가 비즈니스를 어려운 것이라고 생각하지만 누구도 엄마의 배 속에서부터 비즈니스를 배워서 나온 사람은 없다. 그러므로 누구나 할 수 있고 의지가 중요하다. 선교지의 환경이 비즈니스를 원하고 있다는 사실이다.

비즈니스는 나와 관계없다 많은 선교사가 비즈니스는 우리와 관계없다고 하는 것을 들었다. 하지만 이 시대의 상황이 우리로 하여금 비즈니스 환경으로 인도해 가고 있다는 사실만은 분명하다. 비즈니스는 우리와 관계가 없는 것이 아니라 현지에서 우리가 만나는 모든 사람이 비즈니스에 관련되어 살아가고 있다는 사실이다. 이러한 상황에서 선교사들이 비즈니스를 모르고 그들과 같이 현지 상황화 하면서 살 수는 없다.

비즈니스는 비즈니스맨이 하는 것이다 비즈니스는 물론 무엇인가를 사고파는 것이다. 그렇다. 비즈니스는 사업하는 사람들이 할 일이지 선교사들이 할 일이 아니다라고 말할 수 있다. 하지만 작금의 선교지의 상황과 한국 교회의 상황이 맞물려 이제는 모든 선교사에게 비즈니스를 요구하고 있고 모든 선교지의 선교사들이 음으로 양으로 비즈니스 선교에 직·간접적으로 관련되어 있다.

비즈니스는 세속적인 것이고 거룩함을 버리는 것이다 나도 처음엔 그랬다.

"내가 왜 해야 하는가? 내가 언제 비즈니스를 해 본 적이 있는가? 비즈니스는 돈인데 돈과 함께 살아야 한다는 말인가?"

비즈니스는 부정적인 것으로 보았고, 세속적이며, 거룩함을 방해하는 요소로 보았다. 나는 하나님이 공급해 주시는 돈으로 생활하며 사역하고 있는데 "세상적인 것, 거룩하지 못한 것에 왜 에너지를 소비해야 하는가?"라고 생각했다. 하지만 그런 생각은 오래가지 못했다.

"비자를 못 받으면 다른 나라로 가면 되지 않습니까?"

그러나 그것은 임시변통이다. 선교지의 상황이 나를 비즈니스로 몰고 가는 것이다. 앞에서도 이야기했지만 만나는 모든 사람이 비즈니스에 관련되어 살고 있고, 섬기는 사람들도 비즈니스에 관련되어 일하고 있다. 비즈니스를 하든 안하든 그게 중요한 것이 아니라 비즈니스는 내 생각 깊은 곳에 자리를 잡고 있다는 것이다. 내가 배운 것은 비즈니스도 영성이라는 것이다.

비즈니스를 흉내 내고 망치는 선교사들 현재 선교지에서 이 모양 저 모양으로 사업을 하는 사람들이 많다. 나도 사업하는 선교사를 많이 알고 있다. 하지만 하나같이 힘들어 하고 애달아한다. 그들도 역시 한국 교회 안의 실업인들이 달고 사는 용어를 입에 달고 산다.

"힘들다, 어렵다, 죽겠다 그리고 외롭다."

왜 이런 현상들이 나타날까? 비즈니스를 제대로 배우지 못하였고, 비즈니스의 목적이 무엇인지도 모르고 달려들어 나만 힘든 것이 아니라 주변의 여러 사람을 힘들게 하고 있다는 사실이다.

06
선교 현장의 비즈니스 모델 만들기

1. 지금 필요한 비즈니스 리더십

비즈니스와 경영 환경이 어느 때보다 빠르게 변하고 있다. 2008년 글로벌 금융 위기를 기점으로 저성장과 저소비, 높은 실업률이 일상화된 뉴 노멀이 거시경제의 새로운 질서로 자리 잡았다. 인터넷 보급과 맞물린 IT혁신으로 온라인 공간과 스마트 기기를 활용한 사업 모델이 속속 등장하며 산업 지형도가 달라지고 있다. 노령화와 베이비붐 세대의 은퇴, 세대 갈등 등 인구 구조를 둘러싼 변화도 벌어지고 있다. 이러한 과정에서 성공적으로 회사를 운영하기 위해서는 다음과 같은 조직의 문화와 리더십이 필요하다.

1. 4차 산업혁명 신기술을 이해하는 뉴 하드스킬
2. 혁신을 이루어 내도록 비전을 제시하는 동기부여 능력
3. 좋은 인재와 조직 내 갈등을 줄이는 수평적 조직 문화

4. 기업이 사회와 소통하기 위한 배려와 진정성의 경영

신(新) 기술을 이해하는 뉴 하드 스킬 세계경제포럼(다보스포럼)은 농업혁명, 기계화와 대량 생산에 따른 산업혁명, 디지털혁명에 이은 '제4차 산업혁명'이 진행 중이라고 분석했다. 제조업과 첨단 과학기술, 정보통신기술(ICT)이 융합되면서 앞선 산업혁명 때와 같이 모든 경제의 근간이 달라질 것이라고 분석한다. 지식의 생성과 활용을 중심으로 한 이른바 '신 지식 기반 경제'이다. 제프리 개릿 미펜실베이니아대학교 와튼스쿨 학장은 이런 환경에서 비즈니스 리더에게 꼭 필요한 자질로 '뉴 하드 스킬'을 꼽았다. 즉 재무, 회계, 마케팅 같은 경영 지식을 '하드 스킬'이라 하는데, 이보다 첨단 기술에 대한 지식인 '뉴 하드 스킬'이 더 중요해졌다는 뜻이다.

> 과거의 비즈니스 환경과 지금은 완전히 달라졌습니다. 첨단 기술이 등장하면서 혁신이 곳곳에서 일어나고 있어요. 좋은 비즈니스 리더가 꼭 괴짜 과학자일 필요는 없지만, 이런 종류의 사람들이 말하는 것을 이해하고 이 중에서 기업의 성장에 필요한 것들을 찾아내 적용할 줄 알 정도의 지식을 갖춰야 합니다.

그는 자신의 분야를 넘어서 다른 학문의 전문가에게 손을 내미는 능력도 중요한 자질로 꼽힌다고 말한다. 지식 기반 경제로 옮겨 가면서 재무나 생산 관리보다 혁신이 기업의 성과를 좌우하는 경향이 강해졌기 때문이다. 경영 전문가들은 공학도 출신이 아니더라도 여러 분야를 통합적으로 이해하는 업무 능력이 필요하다고 강조했다.

혁신 이끄는 동기부여형 리더 경영학계는 '똑똑한 1인 보스 체제'보다 '혁신적인 조직'에 주목하는 분위기다. 소비자의 입맛이 급변하고 기술이 빠르게 등장하고 사라지는 상황에서는 경영자 한 사람이 모든 혁신을 주도할 수 없다는 점이 명확해졌기 때문이다. 세계 경제의 성장기를 주도해 왔던 '카리스마형 리더'가 더는 좋은 리더로 불리기 힘들어졌다. 혁신을 이끄는 리더가 필요한 것은 스스로 따라갈 수 있는 비전 제시, 달성 가능 목표 제시, 즉 달성할 수 없는 목표는 사치이며, 각자 책임의식 제시, 즉 사장으로서 책임과 직원으로서 책임을 져야 하고, 기업가 정신을 제시해야 살아 남는 기업이 될 수 있는 것이다.

신세대, 외부 인재 끌어들이는 수평적 조직 문화 조직원들을 매끄럽게 아우르고 좋은 인재를 끌어들이는 것도 기업을 안정적으로 운영하는 데 필수적인 능력으로 꼽힌다. 변화하는 경제 상황에 따라 기업이 끊임없이 변신하는 과정에서 조직이 흔들리고 인재 이탈이 이어지는 경우가 많기 때문이다. 특히 과거의 수직적인 기업 문화가 부담이 되는 경우가 많다. 개방적이고 직원 개개인의 특성을 존중하는 미국 실리콘밸리 기업들의 수평적인 조직 문화가 최근 주목받는 것은 이 때문이다. 일리안 미호브 인시아드 학장은 말한다.

> 최근 경영 트렌드의 큰 화두는 인재의 포용성과 다양성이다. 다양한 사람과 환경에 노출되면서 내가 가진 사고방식과 전혀 다른 접근법을 배우고, 또 내가 가진 편견에 대해 다시 한 번 생각하고 반성하게 된다.

최근 부각되는 기업 내 갈등은 세대 갈등이다. 현재 기업의 상층부를 구성한 세대는 일과 가정이라는 선택지를 기반으로 사고하는 경향이 짙은 반면, 최근 입사한 젊은 세대는 현재를 얼마나 충실하게 살고 있는지, 자신이 지금 하는 일이 무슨 의미가 있는지, 얼마나 흥미로운지 중요하게 생각하는 경향이 강하다. 풍요로운 환경에서 성장했지만 고속성장기가 끝나면서 미래에 대한 불안감이 커졌기 때문이다. 과거 세대처럼 일이 나의 전부라고 생각하지 않고, 이직이나 '이중직(Two jobs)'이 흔하다. 리치 리옹 미국 캘리포니아대학교 버클리 하스 경영대학원장은 엄격한 위계질서 대신 수평적인 관계를 형성할 필요성이 커지고 있다고 봤다.

시대마다 적합한 리더의 유형이 다르다. 앞으로는 혼자만의 노력으로 뛰어난 성과를 내기 어려워질 것이라고 말했다. 경영 전문가들은 경영자들이 신세대의 사고방식과 일에 대한 태도를 이해하고 인정해야 하며, 모든 직원과 함께 새로운 조직 문화를 만들어야 한다고 조언한다. 이 이론은 교회 안에서도 선교지에서도 이제는 다양하게 검토되어야 하고 특별히 선교지에서 비즈니스 선교를 하는 선교사들이 명심해야 할 사항이다.

신 가치, 배려와 진정성의 경영 기업의 사회적 책임과 경영자의 도덕성도 새로운 관심사다. 폭스바겐의 배기가스량 조작 문제나 옥시의 가습기 살균제 스캔들 같은 사고를 수습하는 소극적인 범위의 사회적 책임에서, 친환경 방식으로 제품을 생산하고 수익의 일정 부분을 지역사회에 환원하는 적극적인 방향으로 확대되는 분위기다. 금융 위기 직후인 2009년 하버드대학교 경영대학원은 금융 위기의 반성으로 교수들을 모아 이전까지의 MBA 교육에 어떤 문제가 있었고 앞으로 어떤 리더십을 배양해야 할지 연구했다. 이때 내린 결론은 사회적 책임과 배려를 강조하는 리더십이었다. 당시 하버드대학교에 몸을 담았던 피터 투파노 영국 옥스퍼드대학교 사이드 경영대학원장도 이러한 의견을 뒷받침한다.

"(이전까지의 MBA는) 예비 기업인들을 교육하는 과정에서 놓친 부분, 부족한 부분이 있었습니다. 예를 들면 장기적으로 위기에 대응할 능력을 가르치지 못했고 전체를 보는 사고를 가르치지 못했습니다. 기업이나 제품을 국가, 사회에 영향을 미치는 일부로 생각하지 못했던 것입니다. 이는 리더들이 근시안적이고 미시적으로 기업을 이끄는 결과를 낳았습니다."

이 때문에 사이드 경영대학원은 효율성보다 인류와 사회에 대한 책임감, 배려와 조화를 중시하는 리더십에 무게를 둔다. 교육 과정에도 철학, 역사학 등 인문학적인 소양을 기르는 수업이 많다. 진정성(Authenticity)이나 사회적 기업과의 연계가 기업의 실적에도 영향을 미칠 것이라는 주장들도 힘을 얻고 있다. 진정성이란 인위적이지 않으면서도 일관된 가치를 추구하고 사회적, 도덕적 문제에 깨어 있는 것으로, 글렌 캐럴 미국 스탠퍼드대학교 경영대학원 교수가 고안한 개념이다. 현대 소비자들에겐 본인이 중시하는 가치에 부합하는 상품을 선호하는 가치 소비의 경향이 있어, 유명 상표나 대기업의 제품이 아니더라도 진정성 있는 것에 끌린다는 분석이다.

비즈니스 모델을 다시 디자인하면서 비즈니스 모델 패턴이 왜 중요한가를 배워야 한다. 저가를 무기로 중국 시장을 장악한 샤오미, 과연 그들은 세상에 없던 비즈니스 모델을 창조해 낸 걸까? 샤오미의 기세가 무섭다. 이미 작년 하반기에 중국 스마트폰 판매 1위에 올랐고 그들의 비즈니스는 이제 인도까지 확장되었으며 단 5초에 10만 대를 팔았다는 이야기는 이제 새롭지 않다.

이제 많은 사람들이 인지하는 바와 같이 샤오미의 비즈니스 모델은 삼성, 애플과는 다르고 심지어 다른 중국 저가 핸드폰 생산 업체와 차별화된다. 다른 스마트폰 생산업체에게는 스마트폰 단말기 판매, 그 자체가 수익의 원천이나 이들은 저가 스마트폰 판매는 그들의 수익 창출을 위한 플랫폼을 구축하는 수단이었을 뿐이며 안드로이드 기반의 자체 운영체제(OS)인 미유아이(MIUI)를 통해 게임, 방송 등 디지털 콘텐츠는 물론 미 밴드, 미 TV 등 1,000여 개에 달하는 하드웨어를 팔고 있으며 이러한 결과로 그들은 중국에서 세 번째로 큰 전자상거래 사이트로 급부상했다(연간 거래액 약 435억 달러, 2015년 기준). 그들은 아직도 그들의 비즈니스 모델을 만들어 나가고 있는 중이다.

첫 번째 Bait & Hook_낚시 바늘에 미끼 달기 면도기와 면도날 전략이라고 부르며 저가(무료)의 미끼 상품을 던지고 한번 들어온 고객의 이탈을 어렵게 만들어 지속적 수익을 창출하는 비즈니스 모델을 말한다. 샤오미폰은 면도기의 역할을 하며 샤오미폰이라는 만족도 높은 면도기에 이미 비용을 지불한 고객은 샤오미폰에 탑재된 자신들만의 운영체제(OS)인 미유아이(MIUI)를 통해(더 정확히는 독립 앱 스토어인 샤오미 마켓) 게임, 콘텐츠, 액세서리 등을 지속적으로 구매한다.

두 번째 선주문 후 배송 원래 선주문을 해야만 상품을 받을 수 있는 업종은 많다. 하지만 스마트폰 업계는 선주문이 당연시되어 있는 업종은 아니다. 이들은 한정된 수량만을 정해진 판매 일시를 공고하고 고객들로 하여금 구매신청을 하게 만든다. 왠지 어제 TV에 나온 유명 맛집을 먼저 가 보고 페이스북에 올리는 심리를 이용하는 듯하다. 이런 선주문 후 배송 비즈니스 모델은 피씨업체인 델(Dell)을 떠올리게 하며 이 비즈니스 모델의 가장 큰 장점은 유통비용과 재고비용의 최소화라는 점이다.

세 번째 크라우드 소싱 사실 애플이든 구글이든 앱 스토어(App Store)의 구조는 크라우드 소싱에 기반한다. 샤오미 또한 앱 비즈니스에 이런 구조를 활용하는 것은 같다. 그러나 샤오미에는 한 가지 더 크라우드 소싱의 성격을 가진 영역이 있는데 미유아이의 업데이트를 위한 사용자와의 커뮤니케이션 플랫폼이다. 수백만 명의 사용자 그룹이 미유아이의 업데이트에 참여하고 있으며 이들의 피드백을 바탕으로 2015년 3월 현재 샤오미는 229주째 매주 업데이트된 미유아이를 내놓고 있다.

그렇다. 비즈니스 모델의 디자인이라는 것은 패턴에 대한 것이다. 다른 기업, 심지어 전혀 연관성 없는 다른 산업에서의 성공 패턴을 우리 비즈니스에 적용하는 것이다. 검증된 비즈니스 모델 패턴을 우리 비즈니스에 적용하면 경쟁력 있는 비즈니스 모델을 디자인하는 지름길이 된다.

우리 산업에서의 혁신 사례를 벤치마킹하는 일은 매우 중요하다. 경쟁사의 전략적 움직임을 파악하지 못하고 효과적 전략이 수립될 수 없기 때문이다. 하지만 그것만을 요구하는 것이 문제다. 파급력 있는 비즈니스 모델 혁신 사례는 실제로 동종업계의 벤치마킹에서는 잘 일어나지 않는다. 기존의 경쟁방식 그리고 익숙한 혁신방식들이 대부분이기 때문이다. 하지만 다른 업종의 비즈니스 모델을 비즈니스에 효과적으로 적용했을 때 흔히 말하는 파괴적 혁신이 가능하다.

정수기 렌탈이라는 새로운 비즈니스 모델로 생활환경 전문기업으로 성장한 웅진코웨이는 1958년 제록스의 복사기 렌탈 비즈니스 모델이 원조라고 할 수 있으며 그들의 코디에 의한 위생 관리 서비스는 항공기 엔진 유지 보수 서비스나 공구회사 힐티의 공구 관리 서비스와 매우 닮아 있다. 앞에서 말한 것들을 크리스천 사업가들이 접목해야 하는 요소들이다. 이제는 사업의 현상 유지에 급급할 것이 아니라 글로벌 세계 속에서 지속 가능한 위대한 기업을 만들어 그 기업을 통해 하나님의 영토를 확장하는 것이 중요하다.

2. 비즈니스 선교 모델 하우스를 구축하라

하나에 집중하라 사업 초창기에, 상품 종류가 다양해야 한다는 생각이 컸다. '이것이 안 되면 저것은 되겠지.' 하는 생각 때문이었고, 상품이 다양해야 만나는 사람도 많을 수 있다는 생각 때문이었다. 하지만 이 방법이 나를 더 힘들게 했고, 전문성도 떨어지게 만들었다. 항상 많은 것을 가지고 다니는 초보자는 전문성이 떨어지고, 바이어와 상담에서 자신감을 가지지 못한다. 아니 오히려 괜한 여유가 있었다. 나 역시 그랬다.

"이 바이어한테 이 물건 못 팔면 다른 물건 소개해야지."

"이 바이어한테 못 팔면 다른 바이어한테 가서 팔 만한 다른 상품들이 얼마든지 있어."

비즈니스를 활성화시키기 위해서 여러 가지 방법을 동원하곤 했지만, 매출이 발생하지 않자 노선을 바꾸기 시작했다.

'사람이 비즈니스를 해 준다.'는 진리를 깨닫고 나서다. 그 후, 그동안 취급한 170여 가지 품목을 모두 접고 오로지 엘이디(LED) 디스플레이 전광판에 집중했다. 결과는 바로 성공으로 이어졌다.

다지망양(多支亡羊, 큰 길에는 갈림길이 많아서 양을 잃어버리고, 배우는 이는 방법이 많아서 삶을 잃어버린다), 중국 도가 경전의 하나인 『열자』의 설부편에 나오는 이 말이 딱 맞다. 다양한 방면에서 소질을 가지는 것도 좋지만, 이것저것 하다 보면 모두 어중간하게 갈 뿐이다. 하나의 상품에 집중하여 판매를 완성시키는 것이 성취도도 크다.

빈틈을 공략하라 빈틈을 공략하는 판매 전략인 니치 마케팅(Niche marketing), 즉 틈새시장을 찾는 것은 아주 중요하다. 틈새시장은 무궁무진한 잠재력을 가지고 있기 때문이다. 중남미, 아프리카, 중앙아시아, 동남아시아 등에는 무궁무진한 틈새시장이 있으며 또한 각 나라의 특성과 사정마다 틈새시장이 있게 마련이다. 엘이디(LED) 전광판을 판매할 때 미국에도 오랫동안 시작을 개척하고자 시도했지만 실패한 경험이 있다. 선진국에 진을 치고 있는 막강한 경쟁 상대들이 결코 시장을 내주지 않기 때문이다. 오랜 시간의 도전 끝에 겨우 몇 년 전부터 지인을 통해 첫발을 들여놓았을 뿐이다. 그래서 처음부터 경제 여건이 잡힌 나라나 선진국에는 도전하지 않는 것이 좋다.

선교지의 시장 여건상 엘이디(LED) 전광판은 틈새시장을 공략하기에 적절하고도 충분하지만 시장 구조가 대체로 중국 상품 대 다른 나라 상품과의 대결 양상이다. 엘이디(LED) 전광판을 판매하면서 제일 많이 경쟁하는 제품이 중국제다. 중국 제품의 저력이 저가 정책에 있어 일부 먹히는 부분도 있지만, 품질면에서 세계 어느 곳에서나 신뢰도가 낮다는 치명적인 결함을 갖고 있다. 그것이 내가 바라본 틈새였고, 나는 가격 대비 고품질을 강조하며 바이어를 만족시켰다. 판매 이후에도 지속적이고도 철저하게 고객 및 제품을 관리해 오는 이유도 있겠지만, 일단 품질면에서 엘이디(LED) 디스플레이 전광판을 팔고 나서 한 번도 제품에 대한 불만을 들은 적이 없다.

과감히 제거하라 쓸모없고 병든 가지를 즉시 가지치기 해 주지 않으면 좋은 열매를 맺을 수 없는 법이다. 인생사도 마찬가지다. 살아가는 데 불필요한 것들을 잘라 내야 삶이 단순해지고 한결 가뿐해진다. 초조함, 열등감, 타인의 평가에 대한 두려움, 불필요한 관심사 등 심리를 압박해 오는 증상들을 잘라 내지 않으면 에너지가 한 곳에 모이지 않고 흩어지고 만다. 사업도 마찬가지다. 관심의 대상이 아니거나 불필요한 것이라고 판단될 때는 과감히 가지치기해야 한다. 사업하는 사람은 때로는 단순해질 필요가 있다.

작게 시작하라 선교사들은 후원금을 받아서 살아가는 사람들이다. 하지만 요즘은 일부 교회와 선교회에서 비즈니스를 권장하기도 한다. 그것이 스트레스인 선교사들도 있다.

경험 없음, 자본 없음, 시장 모름. 이러한 상황에서 비즈니스를 시작하려면 답답할 수밖에 없다. 전쟁 같은 비즈니스 세계에서 회복불능의 상태가 되지 않으려면 작게 시작해야 한다. 그래야 실패에 대한 두려움이나 불안이 엄습하지 않는다.

무엇인가를 실행하려 할 때 이런저런 이유로 머뭇거려질 때가 있다. 무엇인가를 시작하기는 해야겠지만 선뜻 실행하지 못하고 막연히 미루게만 되는 때이다. 작게 시작하면 첫발을 내디딜 수 있다. 일단 시작하면, 차츰차츰 진행되는 과정 속에서 전체 그림이 그려진다. 사람들이 어떤 아이템을 좋아하는지, 시장이 어떤 콘텐츠에 반응하고 어떤 콘텐츠를 공유하는지 등에 대해 면밀히 분석, 보완해 나가면서 조금씩 성장하는 것이다. 그러면서 사업가들 사이에서 안착하는 것, 이것이 정상적인 초보 사업가의 모습이다.

사업가 자신의 중심을 지켜라 일을 하다 보면 귀동냥에 흔들릴 때가 많다. 남들이 안 된다고 해도 성공을 확신하는 자신감을 갖는 것은 창업 마인드의 기본이다. 불가능하다고 하는 것을 시작했다는데 이미 성공적인 창업이 이루어진 것이고, 불가능할 것 같은 상상을 현실화하는 것이 사업이다. 처음에 세운 자신만의 콘셉트를 유지하는 것도 중요하다. 다른 사람의 사업을 모방하고 벤치마킹하며 유행에 민감하게 반응하는 것도 좋지만, 콘셉트가 흔들리면 오히려 낭패를 볼 수 있다.

상품에 대해 철저히 공부하라 "나중에 알아서 답해 주겠다. 한국에 전화해서 알려 주겠다."

사업을 시작할 무렵, 제품에 대한 정보력은 너무 두루뭉술했다. 제품에 대한 설명도 회사 사장으로부터 오는 메일을 통해서만 받아 보고 별도로 공부하지 않았다. 그러다 보니 실전에서 깊이 있는 질문을 받을 때마다 제대로 된 답을 해 줄 수 없었다. 똑 부러지게 해도 안 될 판에 이런 식이었으니, 누가 신뢰를 했겠는가! 바이어를 만나면 지난번 질문에 답해 주다가 힘 빠지기 일쑤였으니, 계약은 만리장성보다 높게 느껴졌다. 비즈니스를 하고 싶은 마음이 생길 리 만무했다. 주어진 상황 때문에 어쩔 수 없이 하는 것뿐이었다.

뼈저린 후회의 경험을 토대로 말하고 싶은 것이 하나 있다. 제품의 샘플을 보내 달라고 했을 때 바이어 입장에서 철저하게 분석하고, 연구하라는 것이다. 그것도 모자라면 제품을 생산하는 회사를 찾아가거나 그 회사 사장을 불러들이기라도 하라. 그래야 신뢰를 주고 한걸음 진보할 수 있다. 바이어들은 자신의 분야에 대해서 당신보다 더 전문가이고, 당신의 머리 위에서 놀고 있는 사람이라는 점을 명심하며, 반드시 판매하고자 하는 제품의 전문가가 될 것을 당부한다.

한 번은 거래 기업체가 보내 준 샘플을 받은 적이 있다. 기쁜 나머지 곧장 바이어에게 달려가 선물로 주었다. 그러면 바로 계약이 이루어질 줄 알았다. 그런데 여기서 문제가 발생했다. 나에게 보내준 샘플에 하자가 있었던 것이다. 미팅할 때 보여 줄 용도의 샘플이니까 돈도 아낄 겸해서 불량품을 보낸 것이었다. 그것도 모르고 불량품을 바이어에게 선물로 주었으니, 낭패 중에 낭패가 아닌가! 선물로 받은 물건이 이 정도이니 진짜 제품은 어떠할지 상상하지 않았겠는가! 그 길로 그 사업을 바로 접을 수밖에 없었다. 그 바이어는 이후 더 좋은 관계가 이루어져 여러 물건들을 판매할 수 있었지만, 불량품을 선물로 건넨 사건을 생각하면 아직도 아찔하다.

07

지속 가능한 비즈니스 선교 만들기

1. 성공한 사람이 지속 가능한 기업을 만든다.

이제까지 나는 비즈니스 선교를 위해 기업의 중요성을 누차 강조했다. 이유는 기업은 개인의 영향력보다 더 엄청난 영향력을 사회에 줄 수 있다. 첫째는 직원들에게 영향력을 줌으로 가족까지 영향력을 주게 되고, 고객에게 영향력을 줌으로써 고객이 또 다른 고객에게 파급적인 영향력을 준다.

그러므로

1. 기업의 성장을 통해 하나님의 주권 회복을 확보하고,

2. 기업의 영토 확장을 통해 선교의 영향력을 확장하며,

3. 사업과 선교를 동행하는 프로그램을 통해 선교 영토를 확장하는 것이 기업의 목표가 되어야 한다.

기업의 영토 확장을 통해 하나님 나라의 영토를 확장할 수 있다. 낚시를 통해서는 한 마리의 고기를 잡을 수밖에 없지만, 그물을 던

지면 엄청난 고기를 한 번에 잡을 수 있다. 이러한 이유에서 크리스천 기업이 하나님의 영토를 확장하는 데 전력을 다해야 한다.

성공한 사람이 성공한 기업도 만들 수 있다. 그래서 성공을 맛보려거든 성공한 사람 옆에 서라는 말이 있다. 그렇다. 성공한 크리스천 기업인일수록 지켜야 할 몇 가지가 있다.

2. 성공한 사람들이 하지 않는 말 일곱 가지

사업 아이디어를 함부로 말하지 않는다 아이디어는 아이디어일 뿐이다. 구체화하여 실행에 옮기기 전까진 아무 의미가 없다. 성공한 사람은 사업 아이디어를 실행해 가는 과정에서 도움이 필요할 때 선택적으로 아이디어를 다른 사람과 공유한다. 아이디어를 이야기했다 실천하지 못하면 실없는 사람이 될 수 있고 아무 생각 없이 아이디어를 말했다가 다른 사람들에게 뺏길 수도 있기 때문이다.

자신의 사생활을 떠벌리지 않는다 성공한 사람은 자신의 소소한 가정사나 개인적인 고민을 사적인 영역으로 남겨 둔다. 사생활에 대해선 사적인 영역을 공유할 수 있는 극히 일부 사람들에게만 이야기한다는 뜻이다. 대부분의 사람은 성공한 사람들의 사생활에 호기심이 많다. 단지 가십거리가 되기 때문이다. 성공한 사람 중에 가십거리가 되고 싶은 사람은 없을 것이다.

자신이 대단한 사람이라고 말하지 않는다 자기가 대단한 일을 했다고 또는 하고 있다고 공개적으로 말하는 사람이 있다. 이런 사람 치고 신뢰가 가는 사람은 드물다. 성공은 주머니 속에 든 송곳 같아서 말하지 않아도 주머니를 뚫고 나와 사람들에게 알려진다. 성공한 사람은 굳이 자기가 잘났다고 떠들 필요를 못 느낀다.

자신의 수입을 정확히 밝히지 않는다 성공한 사람은 물론 평범한 사람도 대부분은 자신이 얼마 번다고 다른 사람에게 말하지는 않는다. 너무 많으면 쓸데없는 시기와 질투를 일으키고 너무 적으면 창피하기 때문이다. 특히 성공한 사람은 자신의 수입이 공개되면 불필요한 의혹이나 비난을 일으킬 수 있고 세무조사까지 받을 수 있어 더욱 신중하다.

남 이야기하는 것을 좋아하지 않는다 성공한 사람은 남에게 들은 이야기, 다른 사람에 대한 말을 잘하지 않는다. 남의 이야기를 잘못 옮겼다가 문제가 생길 수 있고 내가 아는 남의 이야기라도 함부로 했다가 후폭풍이 있을 수 있기 때문이다. 게다가 성공한 사람은 가만히 있어도 온갖 정보가 몰리기 때문에 먼저 나서서 남 이야기하면서 정보를 떠보거나 탐색할 필요가 없다. 지금 크게 성공하지 못했지만 성공하고 싶은 사람이라도 남 이야기는 삼가는 것이 좋다. 내 이야기를 듣는 상대방이 내가 지껄이는 남과 어떤 관계인지 모를 때는 더욱 그렇다. 가십에도 참여하지 않는 게 좋다. 가십은 사람들을 화합과 소통을 시키기보다는 분열시키는 경향이 있다.

좋은 소식이든, 나쁜 소식이든 일단 가슴 속에 담아 둔다 하루에도 수많은 일이 일어나고 그 일 중에는 좋은 일도 있고 나쁜 일도 있다. 성공한 사람은 좋으면 좋다고, 나쁘면 나쁘다고 즉각 다른 사람에게 공개하지 않는다. 일이 되어가는 방향을 살펴 정리한 뒤 필요한 것만 공유한다. 특히 조직을 이끄는 사람은 어떤 일이 벌어졌을 때 그 정보를 날 것 그대로 즉시 조직원들에게 공개하는 것을 피해야 한다. 그 일에 대해 의견을 구하고 싶을 때라도 원칙이 섰을 때 공유하는 것이 좋다. 날 것 그대로의 정보는 혼란만 초래할 수 있다.

두려움을 표현하지 않는다 성공한 사람이라도 일에 대한 부담감, 미래에 대한 불안이 있다. 하지만 이 두려움을 쉽게 털어놓지 않는다. 자신이 처리해야 할 몫임을 알기 때문이다. 힘들다고 말하는 것이 솔직해 보인다고 생각할 수 있지만, 조직원에겐 쓸데없는 불안감만 조성할 수 있다. 극히 가까운 사람이 아닌 한 힘들다고 말하는 것은 상대방에게 부담만 줄 뿐이다. 두렵다는 표현은 아주 친밀한 사람에게만 하거나 아주 친밀해지고 싶은 사람에게만 하라.

3. 비즈니스 선교 기본 배우기

비즈니스 선교란 이윤을 추구하는 사업체를 매개로 하나님이 그 나라와 국민을 변화시키도록 하는 활동을 말한다. 비즈니스 자체가 하나의 선교 수단이 되어 현지인들을 영적으로, 경제적으로 도와주는 것이다. 비즈니스 선교는 영적, 경제적 필요를 모두 염두에 둔다는 사실이 중요하다. 첫째 수익성과 안정성, 둘째 현지인들을 위한 일자리와 부의 창출, 셋째 현지 교회의 부흥과 성장, 이 세 가지 목표를 반드시 충족시켜야 비즈니스 선교라고 할 수 있다. 헷갈리지 말았으면 하는 것이, 비즈니스 자체가 기독교 색채를 띠는 게 아니라, 그 안에서 일하는 사람이 그리스도인일 뿐이라는 점이다.

비즈니스 선교라는 큰 틀 안에는 BaM, BFM, BAM, BWM 등 여러 가지 방향을 제시하는 이론들이 있다.

BaM Business as Mission은 소유주와 경영자가 하나님이 기업의 주인 되심을 인정하여 선교 창의적 접근 지역에서 진행하는 비즈니스를 의미한다. 기업 운영 자체를 통해 복음 전도를 실현하며 하나님 나라의 확장을 이루어 나가는 데 목적이 있다.

BFM Business For Mission은 선교를 목적으로 사업체를 이용하는 개념이 강하다. 하지만 개인적으로 BFM을 일반적 사역의 방향으로 제시하고 싶지는 않다. 모든 선교사들이나 일반 크리스천들이 직업을 복음 전도의 수단이라는 하위 단계로 떨어뜨린다면, 장기적으로 볼 때 복음 전파의 힘이 미약해질 수밖에 없다. 이런 이유로 BFM의 경우는 일반적인 비즈니스 선교의 방향성이라기보다 별개의 개념이나 특수한 사역의 하나로 이해해야 옳을 것 같다.

BAM 즉 Business And Mission이 있다. 이는 비즈니스와 미션을 분리해서 생각하는 것이다. 즉 비즈니스는 비즈니스대로 시장 논리에 맞게 진행하고, 거기에서 생기는 이익금이나 자원만을 미션을 위해서 사용하는 것이다. 이는 실제 삶이나 기업운영 방식에서 하나님의 통치를 인정하지 않을 수 있는 이원론의 오류 가운데 있다.

따라서 장기적으로 하나님 나라의 확장에 걸림돌이 될 수 있다는 것이 개인적인 생각이다.

일반 다국적 기업에서 일하면서 선교를 위해 해외지사 근무를 지원해 복음을 전하는 경우도 비즈니스 선교의 한 모습이다. 실패해서 철수할 가능성이 상대적으로 적다는 점, 상대적으로 자원과 합법성이 뛰어난 대기업을 배경으로 한다는 점에서는 유익한 점이 많다. 그러나 이 방식의 한계는 소속 회사의 전체 방향성이 하나님 나라를 지향하는 것이 아니므로 선교의 구조적인 제약을 안고 있다는 것이다.

선교란 선교사와 피선교 대상의 접촉을 통해서 일어나는 것이 일반적인데, 창의적 접근 지역에서 피선교 대상에 대한 접근 자체가 어렵다는 것이 현실이다. 크게 두 가지 정도의 이유에서 기인한다.

첫째, 장기거주용 비자 획득이 힘들다. 선교사 비자에서 NGO 비자로 전환해 선교 대상국으로 들어가든 1990년대 관행이 이제는 대부분의 선교 제한 지역에서 거부되고 있기 때문이다.

둘째, 남아 있는 창의적 접근 지역의 경우, 집단주의 문화가 강해 구체적인 만남의 장을 만들기 어렵다. 피선교 대상을 개인적으로 접촉하기 어려우니 선교 또한 어려운 일이 된다. 이러면 비즈니스는 지역 주민들과 직장생활을 통해서 만남의 장소와 시간을 제공해 주는 귀한 통로가 된다. 여기에서 비즈니스 선교의 필요성이 주목받는 것이다.

4. 비즈니스 선교의 성경적 근원: 비즈니스 선교사

> 그 후에 바울이 아덴을 떠나 고린도에 이르러 아굴라라 하는 본도에서 난 유대인 한 사람을 만나니 글라우디오가 모든 유대인을 명하여 로마에서 떠나라 한 고로 그가 그 아내 브리스길라와 함께 이달리야로부터 새로 온지라 바울이 그들에게 가매 생업이 같으므로 함께 살며 일을 하니 그 생업은 천막을 만드는 것이더라 (행 18:1-3).

누구보다 열정적이었던 주의 종 바울은 선교와 사역의 조상으로 인정받는다. 동시에 바울은 텐트를 만드는 일을 직업으로 삼고 생계와 사역비를 충당했다. 이것이 발단되어, 그의 직업을 일컫는 텐트메이커(Tent maker)는 텐트 만드는 사람, 텐트 디자이너라는 고유의 뜻 외에 또 하나의 의미가 있다. 자비량 선교사, 즉 사역하려는 목적으로 새로운 문화나 나라에서 일자리를 가지고 자신의 생활비를 벌면서 동시에 선교하는 사람들을 말한다. 즉 후방의 재정 후원을 받지 않고 재정적으로 독립성을 가지는 선교에 대체로 사용되곤 한다. 패트릭 라이(Patrick Lai) 선교사는 자신의 서적(Tentmaking)

에서 그 개념을 더욱 폭넓게 정의하고 있다. 그의 개념을 따르자면, 텐트메이커는 직업을 갖고 일하는 선교사들을 모두 지칭하는 단어로, 교사, 의사, 농부, 비즈니스 등 영리 및 비영리의 다양한 직업을 모두 포함한다.

혹자는 성경에 근원하는 바울의 텐트메이커와 비즈니스 선교를 구분지어 생각하기도 한다. 하지만 개인적으로 그것은 단지 형식적인 구분에 불과할까 싶다. 중요한 것은 그 중심에 무엇이 있느냐, 우리가 지향하고 추구하는 바가 무엇이냐를 중점적으로 바라보아야 한다. 현대에 와서는 수많은 의사, 간호사, 연구원, 번역가, 개인 사업가 등이 자신이 받은 달란트를 들고 선교지로 향한다. 그들 모두 21세기형 사도 바울이 아닌가 생각한다. 한마디로 비즈니스 선교의 조상과 성경적 근거를 2천 년 전의 사도 바울에서 찾아볼 수 있다는 것이다. 다만 현대적 상황과 여건에 맞게 그 개념이 조금씩 각색 및 편집되었을 뿐이다.

정리하자면 바울에게서 시작된 텐트메이커가 시대의 요구에 맞게 진화되어 21세기에 들어서는 비즈니스 선교라는 옷으로 갈아입고 있다. 하나님께서 비즈니스 선교를 통해서 이 시대 선교의 새로운 장을 열어가고 계시는지도 모른다. 우리는 조심스럽지만 과감하게 이 흐름을 따라갈 필요가 있다.

5. 비즈니스 선교 이론에 집착마라

오늘날 지구촌에는 수많은 선교 이론가, 선교 전략가, 선교단체가 있다. 선교단체 안에 많은 선교 이론가들이 수없이 많은 선교 이론을 만들어 낸다. 하지만 선교는 이론만으로 힘을 얻기 어렵다. 선교는 현장에서의 실질적인 행동이고, 현실이기 때문이다. 예수님의 제자들이 예수님과 같이 다닐 때는 피동적이었다. 하지만 예수님이 떠난 그 후, 그들은 적극적인 돌파 정신으로 무장했다. 마찬가지로 선교에는 이론도 중요하겠지만, 행동이 필수이다.

가끔 한국 선교가 너무 이론에 빠지는 경향이 있는 게 아닌가 생각한다. 비즈니스로 사역해 오면서 한 번도 BIM이니 BAM이니, BaM이니 하는 선교 이론을 떠올려 본 적이 없다. 어느 이론이 먼저고, 어느 이론이 우선이고 하는 것은 나에게 어울리지 않았고, 현장에서 직접 부딪치다 보면 1+1=2라는 공식을 생각하며 움직이게 되지 않았다. 그저 순수하게 비즈니스 선교의 실질적인 샘플을 만들려고 노력했을 뿐이다. 비즈니스 선교를 바라보아야 할 핵심은 '그 사업을 통해 어떤 영향력을 미칠 수 있는가?'에 있다는 것이 최웅섭식 비즈니스 선교의 이론이라면 이론이다. 이것은 BIM혹은 저것은 BAM이라고 이론상 나누기하는 것은 문제 삼을 일이 되지 않는다. BIM이든 BAM이든 효과가 없으면 무용지물이다. 반대로 이론이 없다 해도 효과 있는 사례가 있다면, 전파하고 교육하여 실시하면 되는 것이다.

각 이론이 현지에서 정착된 실질적인 사례가 있는가? 누가 그 이론을 가지고 시행하며 어떤 효과를 거두고 있는가? 이것이 초점이 되어야 할 것이다. 이론들 자체가 집중이 될 수는 없으며, 비즈니스 선교의 전체를 설명하는 수단이 될 수 없다. 각각의 이론이 사람의 성향마다 지역적 특성과 환경의 여건마다 각기 다르게 적용될 수 있고, 당연히 그래야 한다는 의미다. 이런 수많은 선교 이론에 너무 집착해 이것은 되고 저것은 안 되고 이러한 논리에 집착할 필요가 없다. 당신이 비즈니스 선교사로서 당신의 사업에 충실해서 사업이 잘되면, 사업으로 인해 전도도 잘 되고, 자연스럽게 영향력이 확대되게 마련이다.

오늘날 선교 상황에 비추어볼 때, 비즈니스 선교는 기존 선교사들만 할 수 있는 것으로 여겨지지 않는다. 비즈니스 세계에서 일하는 크리스천과 선교사의 차이점은, 오직 지역적 차이밖에 없다. 비즈니스 세계에서 일하는 크리스천들이 비즈니스 선교를 수행하는 선교사들과 연결되어 협력한다면 주의 영역을 함께 키워 나가는 통로를 세울 수 있다. 두 그룹 모두 근본적으로, 하나님 나라의 가치에 의해서 비즈니스를 하는 비즈니스맨이기 때문이다.

6. 지속 가능한 비즈니스와 동행하는 선교

비즈니스, 분명 어려운 일이다. 다행인 것이 비즈니스와 선교에는 분명한 공통분모가 있다는 점이다. 비즈니스도 선교도 사람과의 관계 속에서 이루어지는 일이다. 선교를 잘하는 사람이라면 비즈니스도 잘할 수 있다는 가능성을 짐작해 볼 수 있는 면이다. 다른 분야의 비슷한 성향은 비즈니스와 선교가 서로를 받쳐 주며 동역자로 같이 움직이는 데 유리한 면이 많다.

비즈니스와 선교는 긴장의 관계이다. 비즈니스의 목표와 선교의 목표를 동시에 이루기는 쉽지 않기 때문이다. 경험에 비추어 볼 때, 둘은 항상 붙어 다니며 나에게 딜레마를 주었다. 영적, 육적, 선교적으로 충분히 훈련되지 않았다면 어려움이 있을 수 있다. 하지만 이 긴장 관계가 오히려 비즈니스로 사역하는 사람들에게는 한쪽에 편파적으로 치우치지 않도록 중심을 잡아 주며, 더 많은 것을 깨닫고 배우도록 이끄는 유익함을 주기도 한다.

7. 비즈니스는 선교를 위한 영적 에너지다

많은 나라가 자국의 이익을 위해 비즈니스를 활성화하고자 여건을 만들어 가고 있다. 그와는 달리 여전히 비즈니스 환경이 열악한 나라도 많다. 부정부패, 경제 및 정치적 불안, 독과점, 신뢰할 수 없는 관료와 기업인 등 큰 걸림돌이 많다. 여기에 이미 진입해 사업하고 있는 사람과의 관계 설정도 무시할 수 없는 환경이다. 돈만 바라보는 사람들은 이러한 환경을 극복하기 어려울지 몰라도 사역에 대한 소명을 부여 받은 자들은 인내하고 참을 줄 안다. 그 연단을 통해 더욱 값진 것이 주어질 것을 알기에 자신에게 유리한 비즈니스 환경을 개척하여 나갈 힘을 영적으로 채워 나갈 수 있다.

8. 비즈니스와 선교는 동역자이고 싶다

교회가 세속에 물들어서도 안 되겠지만, 세상을 떠나서 무슨 복음이 필요하며 무슨 선교가 필요하겠는가? 세상 가운데 상황들이 비즈니스를 요구한다면 크리스천답게 하면 되는 것이다. 세상 물정에 맞는 비즈니스를 하되 선교사로서 소명을 담아내는 방법으로 말이다. 선교사가 사업하는 방식으로, 사업가가 선교하는 방식으로 말이다. 때로는 전문 선교사보다도 사업가들이 선교에 뛰어들면 더욱 효과적으로 선교할 수 있다. 협력하여 선을 이루기에 충분하고 합당한 선교와 비즈니스를 분리하지 말고, 공생 공존하는 관계로 바라보아야 한다. 나아가 현지에서 사역하는 선교사들과 현지에서 사업하는 크리스천 사업가들 사이의 네트워크를 만들어 선교와 비즈니스를 공유할 수 있는 환경을 조성할 필요가 있다.

비즈니스 선교사로 나서기 전과 후의 모습을 그려 보라. 많은 것이 달라진 자신을 만날 수 있을 것이다. 전자는 주어진 형편 속에서 피동적으로 사역하지 않았는가? 현지의 제자들이 어디 도망이라도 갈까 조바심을 내지는 않았는가? 제자들처럼 입고, 제자들처럼 살고, 주님도 이처럼 살았으니 나도 주님처럼 살아야 하지 않겠냐고 다짐하지 않았는가? 나는 그러했다.

그 삶을 잘못이라고 말하려는 게 아니다. 당신이 먹지 않고, 누리지 않고 살면서 그들에게 충성을 다해도 그들의 요구는 끝나지 않는다. 왜 그럴까? 이유는 간단하다. 당신이 그들을 그렇게 만들었기 때문이다. 당신의 제자라는 생각에 당신의 뜻대로 끌고 오기 위해서 그들 스스로 자립하지 못하도록 만든 것이다. 이렇게 말할 수 있는 것은 나도 그러했기 때문이다. 내 마인드가 일찍이 깨어, 그들에게 자립하도록 사업을 가르치고 지역사회에 영향력을 행사하도록 만들었다면 또 다른 체험 이야기를 써 내려가지 않았을까 생각된다. 비즈니스 선교사로 바로 서기 위해서는 자신은 물론 제자들이 자립하는 힘을 길러 주는 것도 당신의 몫이다.

9. 비즈니스 선교의 축복 같은 영향력

진정한 복음의 영향력을 잃어버린 선교와 교회가 어떤 결과를 가져올까? 진정한 맛을 잃어버린 교회, 진정한 맛을 잃어버린 선교는 미국의 수정교회 같은 허무맹랑한 껍데기에 지나지 않는다.

터키에 자만(Zaman)이라는 회사가 있는데, 이익금 일부를 교육 사업에 투자한다. 중앙아시아, 중동, 아시아, 중남미, 미국 등으로 진출해 있는 이 회사의 많은 기업은 터를 잡은 지역사회에서 여러 가지 학교 사업들을 왕성하게 진행해 오고 있다. 그 목표는 이슬람의 확장이다. 이 회사 외에도 터키의 많은 회사가 사업과 교육 사업을 통해 이슬람 영역을 확장해 가는 모습을 볼 수 있다. 아제르바이잔에서 가장 친한 친구가 터키에서 운영하는 학교의 대외협력국장으로 일하고 있는데, 그에 말에 의하면 터키의 우수한 교육 환경이 아제르바이잔의 모든 교육 환경을 점령해 버려서 이슬람화를 부추긴다는 것이다. 터키의 기업만 그러할 것 같은가! 이슬람 문화권에 속하는 많은 나라의 기업들이 비슷한 방식으로 영역을 키워 나가고 있다.

학교를 하나 설립하기 위한 프로젝트를 계획하면, 먼저 설립에 필요한 요원들과 학교를 후원할 기업체를 선정해 함께 파견한다. 학교를 설립하고 인가를 받아 운영하면서 철저히 이슬람 정책에 따라 교육한다. 물론 교육할 때 이슬람에 대한 공교육은 실시하지 않는다. 그런데도 학생들의 삶에 알게 모르게 이슬람의 영향이 미치도록 교육한다는 것이다. 철저한 장학생 제도를 시행하고 이슬람으로 무장된 선생들이 멘토 역할을 한다. 학생들 개개인에게 엄청난 지원을 베풀고, 나아가 그들의 부모까지 영향력이 안에 들어오도록 한다는 것이다. 여기에 그치지 않는다. 학교 설립에 대동한 사업가들이 주축이 되어 수입의 일정 부분을 학교에 후원해서 이슬람 학생이 자생적으로 양성되도록 하고 있다. 즉 하나의 이슬람 기업이 한 학생의 후견인이 되어, 그의 가족들을 사업체에 채용하며 영향력을 만들어 가는 것이다.

공격적이고 적극적인 이슬람의 확장이 눈앞에서 벌어지고 있는데, 기독교는 아직도 책상 앞에 앉아서 비즈니스가 복음적인지 아닌지를 따지고 있으니 답답한 노릇이다. 선교사도, 교회도, 선교단체도 모두 각성할 때다. 지금 이 자리에서 깨어 앞으로 나아가 선교의 새로운 패러다임을 만들어 가야 할 일이다. 그렇지 않다면 전 세계의 복음화가 점점 늦어질 것이고, 주님 세상에 오시는 날 또한 점점 늦어질 수밖에 없다.

비즈니스를 통한 기업의 영토 확장과 하나님의 영토 확장이다. 비즈니스 선교의 최고의 목표는 비즈니스를 통해 사람들에게 선한 영향력을 주는 것이다. 그들에게 기업을 통해 일터를 마련해 주고 그들에게 일터를 통해 삶의 만족도를 만들어 주면서 일터에서 얻은 삶의 가치를 그리스도에게 헌신하도록 영향력을 주는 것이 비즈니스 선교의 목적이다. 이 목적을 위해 비즈니스 하는 사람, 즉 기업은 기업의 확장성, 수익성 그리고 안전성에 모든 역량을 집중해야 한다. 그리고 선교는 기업의 영토 안에서 만들어진 영향력을 가지고 그들이 점진적으로 그리스도의 제자가 되도록 인도하는 것이다. 이슬람 지역에서 비즈니스와 선교는 서두르면 서두른 만큼 리스크를 가져온다. 그러므로 서두르지 말고 먼저 기업을 정착시키고 이어서 선교를 진행하는 것이 비즈니스와 선교 협력하여 선을 이루는 동행(Business with Mission)이다.

08

비즈니스 선교는 특별한 게 있다

1. 완벽하지 않아도 된다

하나님 외에 세상에 완벽한 게 없다. 이 세상에 태어난 수많은 사람들이 완벽하고자 노력해 왔다. 하지만 세상 어디에도 완벽한 것은 없다. 하늘 아래 하나님이 완벽한 것을 주신 적이 없다. 사업도 마찬가지이다. 아무리 해도 완벽한 사업이란 결코 없다. 나의 경험을 봐도 그렇다. 성공하였지만 어딘가 모르게 부족함을 느낀다. 왜 그럴까? 완벽이란 있을 수 없기 때문이다. 수시로 변화하는 비즈니스의 환경 속에서 완전한 사업이란 없다. 그때그때 환경에 맞추어서 완벽을 추구하고 완벽에 가깝게 할 뿐이다.

하지만 완벽한 것이 없다 해서 대충대충 할 수는 없다. 우리는 하나님의 인도하심과 하나님이 주시는 지혜를 가지고 사업하는 사람들이다. 완전하신 그분께서 주시는 은혜로 우리는 완벽에 도전할 뿐이다. 비즈니스는 인내라는 과정을 거쳐야 하기 때문에 끊임없는 자기자신과의 싸움이 필요하다. 인내의 과정을 통해서 완벽하게 되는 것이다. 처음부터 완벽할 수는 없다. 그러므로 완벽해지려고 하는 부단한 노력과 인내가 필요하다.

2. 실패에 대처하는 방법

사람은 완벽하지 않으니 사업도 실패할 수 있다. 이것은 당연한 것이다. 그런데 사람들은 사업이 실패하면 인생이 실패한 것으로 여긴다. 그렇지 않다. 이 세상에 존재하는 모든 사람들이 실패를 경험한다. 그 실패를 경험삼아 성공의 그림을 그리고 성공을 만들어 가는 것이다. 성공을 만드는 사람과 실패를 만드는 사람의 차이는 노력에 있다. 성공을 만드는 사람은 그 성공이 지속적 이루어지도록 노력한다. 하지만 실패한 사람은 실패에 대해 대처할 방법을 찾기보다는 포기하는 경우가 더 많다.

실패에 대처하기 위해서는 첫째, "왜 실패했는가?"라는 질문을 던져야 한다. 둘째, 얻어진 답을 풀어야 하는데 실패 요인을 분석해야 한다. 셋째, 실패를 만회하겠다는 의지가 있어야 한다. 정신적 충격에서 벗어나야 하며 자신을 향한 스스로의 함정에서 벗어나야 한다. 넷째, 구체적인 계획을 만들어야 하는데 실패의 원인 속에서 구체적인 것을 찾아야 한다. 다섯째, 나에게 필요한 사람을 찾는 것이다. 여섯째, 실패를 통해서 얻어진 경험을 나의 것으로 소화해야 한다. 일곱째, 한발 앞서 미리 계획하고 진행해야 한다. 여덟째, 생수통을 의지하지 말고 수도관을 만들어야 한다.

실패를 넘어 지속 가능한 성공의 길로 가는 것은 당신이 하나님의 청지기라는 사실에 더 집중하는 것이다.

3. 자기 분야에 집중하라

실패하는 사람들을 보면 자기의 분야에서 성공을 누리다가 갑자기 분야를 바꾸는 경우를 너무도 많이 보았다. 그런데 그 사람들 대부분이 실패를 하고 있다는 사실을 아는가? 분야를 바꾸어서 성공하기란 결코 쉽지 않다. 그래서 옛 속담에 한 우물을 파라는 말이 있다. 하지만 이 시대가 멀티 시대가 되다 보니 전문 분야에 집중하는 것이 아니라 다양한 분야에서 성공하려는 경향이 많다.

비즈니스에서도 마찬가지다. 내가 만난 성공한 사람들의 대부분은 자기의 업무에 몇십 년 동안 집중적으로 주어진 일을 한 경우이다. 반대로 실패를 거듭하고 있는 사람들의 경우를 보면 여러 가지 일에 몰두하는 경향을 보았다. 물론 다양한 분야에서 성공을 한다면 얼마나 좋을까? 하지만 그런 경우는 드물다. 우리가 비즈니스 선교에서 알아야 할 부분이 바로 이것이다. 자기 분야에 집중하는 것이다. 주어진 일에 성공을 말하려면 최소 10년은 주어진 환경에서 전념해야 한다.

4. 때로는 위험도 감수하라

인생사의 모든 것이 쉽지는 않지만 사업에서는 위험이 늘 도사리고 있다. 이 위험을 무시하고 갈 수는 없지만 인정하고 가는 것이 성공의 지름길이 될 수도 있다. 나는 사업을 하면서 수없이 많은 위험을 감수하였다. 앞에서도 말한 대형 프로젝트를 수행하면서 수없이 실패를 거듭해 마음이 평안한 날이 하루도 없었다. 내가 취급한 170여 가지 중에 성공한 것은 4-5개 정도 밖에 되지 않는다. 하지만 이러한 위험도 감수한 결과, 위대하고 지속 가능한 사업을 만들었다. 성경의 수많은 인물을 보라! 수많은 인물이 어려운 고비 고비를 거쳐서 실패와 실패를 거듭하면서 성공한 모습을 보듯이 때로는 위험도 감수해야 할 필요가 있다. 위험을 감수하는 과정을 통해서 더욱 단단한 모습을 만들어 가기 때문이다.

5. 도전하지 않으면 미래가 없다

아무것도 하지 않으면 아무것도 할 수 없다. 우리의 인생은 하나님께서 만드실 때 도전하는 삶을 살도록 만드셨다. 그것은 창세기 2장에서 말씀하고 있는 것이다. 세상에 있는 형이상학적이든 형이하학적이든 모든 것은 우리가 점령해 우리의 것으로 만들 수 있다.

말씀 없이 당하는 고난은 생고생이며 견디는 것 외에는 의미가 없다고 볼 수 있다. 하나님은 세상에서 우리에게 일을 시키려고 부르신 것이 아니라 그리스도인의 가장 중요한 사명은 아버지 되시는 하나님을 바르게 알게 하려고 부르신 것이다. 그러므로 그리스도인의 가장 중요한 사명은 바로 도전하는 정신이다. 세상을 향해 과감하고 무례할 정도로 도전을 해서 세상 속에 하나님의 영토를 만드는 것이다. 비즈니스 선교는 결코 편안함을 추구하거나 과정을 무시하면 성공할 수 없는 것이다.

6. 가장 큰 자원은 당신 자신이다

하나님은 세상에 나를 보내셨다. 물론 부모를 통해서 세상에 오게 되었지만 하나님은 나를 통해서 보내신 목적을 이루시기를 원하신다. 나는 하나님을 위한 가장 중요한 자산이다. 하나님은 나를 통해서 당신이 계획하신 일을 이루시기를 원하신다. 하지만 그리스도인의 무기력함이 세상 속에서 지속적으로 나타나고 있다. 때로는 좌절하고 넘어질 수도 있다. 그러한 과정, 즉 연단의 과정을 거쳐서 하나의 자원이 되는 것이다. 비즈니스 선교에 있어서 가장 중요한 자산은 바로 나라는 사실을 잊어서는 안 된다.

7. 어떤 일을 하며 살 것인가?

세상 사람들은 자기를 위해서 모든 것을 사용하며 산다. 결과가 어떻게 나오든 상관하지 않는다. 오로지 자기자신만 만족하면 된다. 착하게 살려고 노력하고 선하게 살려고 노력한다. 때로는 크리스천보다 더 선하게 사는 사람도 많다. 많은 사람들이 하루 종일 책상에 않아 이런 생각을 한다.

"대체 내가 여기서 무엇을 하는 거야."

하지만 결국에는 자의로 그 자리에 머물고 만다. 왜 이렇게 하면서도 생각에 그치고 마는 것일까? 나는 가장 재미있게 할 수 있는 있는데 그것을 놓치기 때문이라고 생각한다. 우리는 우리가 좋아하는 것대로 생각하고 살지 않는다. 이유는 우리를 보내신 그분의 의지를 알기 때문이다. 그렇다면 우리는 이 시대의 부르심에 맞는 행동을 해야 한다. 이 시대의 부르심은 바로 선교사적 삶을 하나님께 드리는 것이다.

8. 비즈니스 선교의 걸림돌을 제거하라

비즈니스 선교의 걸림돌은 무엇인가? 나는 운동경기를 좋아한다. 특별히 축구를 좋아하고 레슬링을 좋아한다. 축구는 규칙에 의해 움직인다. 하지만 프로레슬링은 규칙에 의해 움직이지 않고 거칠다. 축구는 과정을 통해 경기를 하고 결과를 보는데 반해 프로레슬링은 과정을 거치는 것이 아니라 수단과 방법을 가리지 않고 이기기만 하는 되는 것이다. 다시 말하면 축구는 걸림돌을 제거하면서 경기를 하는 것이 아니라 팀워크를 중심으로 승리를 쟁취하는 반면 레슬링은 결과를 중시한다. 그러나 축구가 되었든 레슬링이 되었든 둘 다 치열하고, 재미있고, 흥미진진하다는 것은 같다.

운동과 비즈니스도 승리를 노린다는 점에서는 똑같다고 볼 수 있다. 운동에서도 걸림돌이 제거되지 않으면 승리를 맛볼 수 없다. 마찬가지로 비즈니스도 걸림돌을 제거하지 않으면 승리를 맛볼 수 없는 것이다. 그러므로 비즈니스 선교도 마찬가지로 걸림돌을 찾아 제거해야 한다. 여기서 걸림돌이란 얼라인먼트라고 할 수 있을 것이다. 얼라인먼트란 자동차의 타이어를 한 방향으로 가도록 조절하거나 전파를 송출하고 수신하는 방법의 방향을 맞추는 것을 의미한다. 그런데 이 얼라인먼트가 업무를 방해한다는 사실도 있다. 다시 말하면 고정관념이 목표와 행동을 고정시켜 버린다는 것이다. 이러한 요소들이 고착되어 있어서 선교의 새로운 패러다임을 바꾸는 데 걸림돌이 된다는 사실이다. 이러한 걸림돌을 과감히 제거해야 비즈니스 선교가 효과적으로 현장에서 적응될 수 있다.

9. 비즈니스와 선교 틈새를 공략하라

앞에서도 말했지만 비즈니스는 삶의 한 부분이고 돈과 직결되어 있다. 그러므로 전략이 필요하고 마케팅이 필요하다. 선교도 전략적으로 접근해야 실패를 줄이고 투자 대비 효과를 볼 수 있다. 무작정 투자만 하는 선교는 이제 마침표를 찍을 때가 되었다. 사업도 틈새시장이 있듯이 선교도 틈새시장이 있다는 사실이다. 다시 말하면 각 종교 간의 영역 싸움이 치열하다. 아니 치열할 정도가 아니고 목숨을 걸고 내가 살든지 적이 죽든지 하는 식이다. 얌전하게 해서는 영토를 확장할 수 없다.

모든 종교가 자기 고유의 영토를 확장하려고 치열한 전략과 방법을 동원한다. 불교는 불교답게, 이슬람은 이슬람답게 그리고 기독교는 기독교답게 한다. 하지만 우리는 그들이 하는 방법이 아니라 그들이 생각하지 못하고 계획하지 못하는 혁신적 방법으로 틈새를 공략하는 전략을 만들어야 하는 것이다.

이것이 하나님의 대의명령이고 지상명령이다. 이 대의명령을 완수하기 위해서 우리는 전략을 새우고 진행하는데 이런 와중에 선교도 틈새가 있다는 것이다. 각 종교들이 놓치고 있는 틈새가 있다는 것이다. 이 틈새를 찾아 전략적으로 접근해 하나님의 영토를 확장하는 것이다.

09

지속 가능한 비즈니스 선교 십계명

1계명_투명하고 정직한 사업가가 되라

내가 진행하는 사업과 진행되어 가는 과정을 아내, 팀원, 한국 대사에게 꼭 말하는 경향이 있다. 실제로 가족인 아내나 신앙적 형제애를 나누는 팀원은 이해할 것이고, 대사에게 알리는 이유가 궁금할 것이다. 그 이유는 내 실적이 대사의 실적이 될 수 있기 때문이다. 대사에게, 지금 내가 어떤 프로젝트를 어떻게 진행하고 있으며, 공사 현황과 작업 절차 등이 어떠한지에 대해 수시로 중간보고를 해 준다. 이렇게 하면 한국 정부를 대표하는 대사의 신뢰를 얻을 수 있을 뿐만 아니라, 내가 하는 모든 사업의 규모와 프로젝트가 한국 정부에 자연스레 보고가 된다. 나의 사업 보고로 인해 아제르바이잔과 한국이라는 양국 정부의 관계가 더 밀접하게 되고, 그 중간에서 나는 민간 외교관으로서 긍지를 가질 수 있게 된다. 아제르바이잔 주재 한국대사가 나를 가리켜 항상 행동하는 양심이라고 말하는 이유가 이 때문이다.

항상 직원 모두에게 사업과 이익의 규모를 알릴 필요는 없지만, 동료의식을 가지고 그들이 소외되지 않도록 한다는 것도 나의 사업 원칙 중 하나다.

"내가 일해서 회사가 커졌는데, 나한테는 혜택을 안 주고 끼리 끼리 해 먹는다."

이런 불만이 나오지 않도록 하는 게 좋다. 현지인들은 작은 것 하나로 속상해 하고, 불평하고, 시기하고, 질투할 수 있다. 그들 대부분은 항상 소외되고 있거나 정부에서 관심을 가져 주지 않는 집단일 수 있기 때문이다.

'우리의 역할은 그러한 사람들을 세워 주고 그들과 같이 하는 것이다.'

이런 마음을 가질 때, 우리가 경영하는 회사 또한 정직하고 투명해질 수 있다.

책의 앞부분에서 제자가 나를 고발한 이야기에서 밝혔듯이 그가 나에게 등 돌린 이유는 정말 사소하고 단순한 것이었다. 자신을 하나의 월급쟁이 직원으로만 취급하고, 일을 잘못했다고 직장에서 나가라고 했다는 이유로 나를 고발한 것이다. 일이 커진 후에 한 기업체의 리더로서 경솔한 행동이었음을 알고 엄청 후회하였다. 이미 엎지러진 물이 되고 말았고, 다시 옮겨 담을 수도 없었다.

사업의 예산 관리에만 정직하라는 것이 아니라 모든 행동 전반에 걸쳐서 정직해야 한다. 정직함이 몸에 배인 사람처럼 행동할 때, 직원들은 자동적으로 충성할 것이다. 회사를 운영하면서 회사는 나의 것이라는 마음을 비우면, 회사가 더욱 커질 수 있다. 한 배를 탄 가족들 중에서 당신은 운영자라는 자리에 앉아 있을 뿐이고, 다른 식구들도 모두 제각각 자리를 가지고 있는 동등한 입장이라고 생각을 바꾸면 일하는 행복이 배가 될 것이다.

그물은 베드로가 던졌지만, 그 옆에 많은 동료들이 있었기에 그 하나의 그물로 153마리의 물고기를 걷어 올릴 수 있었다. 우리의 사업에도 베드로의 동료처럼 힘이 되는 동역자의 마음이 필요하다.

"엄청난 고기가 잡힐 거야. 나 혼자 들어 올려 나 혼자 가져야지. 그래서 처자식도 먹여 살리고 돈 좀 벌어야지."

만약 베드로가 순간 이렇게 생각했다면 혼자 들어올리기는커녕 그물이 찢어져 물고기들이 다 도망갔을 것이다. 사업도 이와 같다. 함께하는 사람들과 힘을 합해 나아가는 것, 그런 조화를 만들어 내는 사람이 바로 훌륭한 CEO라는 사실을 기억하자.

2계명_현지에 기여할 일을 찾아라

당신은 사업가인 동시에 하나님의 전권 대사라는 사실을 명심해야 한다. 즉 비즈니스 선교사로서의 마인드와 역할을 가져야 한다는 뜻이다. 돈만 벌면 된다고 생각하는 사업가는 19세기의 정신연령을 가지고 있는 전근대적인 사람이다. 나는 아제르바이잔 공화국에서 여러 분야에 영향력을 주고 있다. 정치, 사회, 문화, 교육, 경제 등 각 분야에 영향력을 주고 있으며, 현지인들 또한 나의 노하우와 영향력을 알고 있다.

오래 전의 일이다. 아제르바이잔의 정보통신부 차관이 전화를 해 왔다.

"급히 만날 수 있습니까?"

"무슨 일이신가요?"

"전화로는 말하기 곤란하고, 지금 내 사무실로 와 주시면 좋겠습니다."

급히 도착한 나에게 그는 사정을 털어놓았다.

"대통령이 정보통신부 장관에게 전자정부에 관해 일목요연하게 정리해서 보고하라고 지시했는데, 정보통신부 내부에서 준비할 사람이 없습니다. 당신에게 부탁하면 가능할 것 같아 만나자고 했습니다."

"걱정하지 마세요. 언제까지 해 주면 되겠습니까?"

"며칠 여유가 있어요. 제발 잘 부탁합니다."

"친구의 부탁인데 잘 준비해야지요. 전혀 부담 갖지 마십시오."

부탁을 받고 나와서 적합한 사람을 찾았다. 마침 한국의 전자정부를 계획하고 설치하는 모 회사에서 근무하는 아내의 친구가 있어서, 자초지종을 설명하고 열흘 내로 보고서를 만들어 보내 달라고 부탁했다. 아내의 친구가 해 보겠다고 승낙하더니, 진척사항을 중간 중간 보고해 주었다. 그 보고 내용을 정보통신부 차관에게 전달해 주었더니, 표현하기 어려울 정도로 좋아하고 기뻐하는 모습을 확인할 수 있었다. 아내의 친구지만 회사에 소속되어 있는 상황이었기에 제안서에 관한 제작비를 제공했다. 내가 부담하기로 하고 영어로 만들어 달라고 부탁했고, 며칠이 지나 제안서를 받아볼 수 있었다. 그 제안서를 차관에게 주면서 검토해 보자고 했다. 프레젠테이션을 준비해 국장들과 차관 앞에서 직접 브리핑을 하였다. 반응은 완전 감탄 분위기였다.

"세상에 일주일 만에 어떻게 제안서를 만들었어요?"

이 사람, 저 사람에게서 고맙다고 인사를 받느라 정신이 없었다. IT 분야 담당국장에게 프레젠테이션 하는 요령과 방법을 알려 주고 정보통신부를 나왔다.

며칠이 지난 후, 차관에게서 다시 전화가 왔다. 정보통신부 장관이 나를 만나고 싶어 하니 장관실로 오라는 것이었다.

"어려운 부탁을 들어 주어서 고맙습니다. 덕분에 대통령께 후한 점수를 받았습니다."

미팅하는 자리에서 한 나라의 장관이 나에게 연신 감사를 표했다.

"차관이 나에게 둘도 없는 친구라 부탁을 거절할 수 없어 밤샘 작업해 만들었습니다."

"이렇게 도움을 입었으니, 앞으로 정보통신부 사업 건이 있으면 우선적으로 입찰에 참여하도록 해 주겠습니다."

현지에서 사업가는 선교적 마인드를 가지고 여러 분야에 영향력을 줄 필요가 있다. 영향력을 줄 때 돈과 결부시키지 말고, 비록 손해를 보더라도 영향력을 만들 수 있는 기회라 판단되면 감사하고 즐거운 마음으로 기꺼이 응해 보라. 바로 그곳에 엄청난 사업의 잠재력과 원동력이 기다리고 있다.

사업도, 선교도 장거리 마라톤이 되어야 한다. 당장의 손해가 아까워 호기를 놓치지 말았으면 한다. 금전상으로의 손해가 사실은 손해가 아니라는 사실을 인지해야 한다. 나의 영향력을 키우고 나의 사람을 얻기 위해 당연히 지불해야 하는 비용이라고 생각하면 전혀 아까워할 필요가 없다. 오히려 반가워해야 할 일이다. 일단 영향력을 얻으면, 그 영향력이 국가, 사회, 사람들을 변화시킬 수 있다는 보이지 않는 막강 파워라는 엄연한 사실을 지구촌 곳곳에서 목도하고 있지 않은가! 사업하는 당신도 그 영향력의 한가운데 우뚝 서기를 바란다.

이상한 예로 들릴지도 모르겠다. 내가 살고 있는 나라의 지방도시에 자주 가곤 하는데, 가기 전에 지방도시에 전화를 걸어 시장과 만날 약속을 한다. 지방도시에 가는 도중, 고속도로나 지방도로에서 교통경찰에게 제지당하는 경우가 간혹 있다. 차를 세우고 인사하면, 가벼운 교통위반에도 외국인이기 때문에 검문을 하겠다며 으르렁거린다. 그럴 때면 기사도 주눅 들게 마련이다. 대체로 경찰이

하자는 대로 응해 주지만, 순순히 응하다 보면 경찰의 대응강도가 점점 높아져 결국에는 노골적으로 돈을 요구한다. 심지어는 차에서 내리라고 엄포를 놓는 경우가 있다. 그 상황까지 가면 나는 참고 참다가 차 안에서 몰래 경찰 총수에게 전화를 건다. 그리고는 검문하는 경찰과 통화하도록 바꿔 준다. 영문도 모르고 전화를 건네받은 경찰의 표정은 금세 질리면서, '아이쿠, 잘못 건드렸구나!' 하는 기색이 역력하다. 경찰총수와 통화를 마치고 나면 경찰들 대부분이 굽실굽실하면서 목적지까지 친절하게 데려다 준다. 영향력의 예로 좋은 예는 아니겠으나, 말하자면 영향력을 가진다는 것은 그 사회가 가지고 있는 불편한 사실들이나 정당하지 못한 상황들 속에서 자신과 주변인들을 지켜 주는 보호막이 될 수도 있음을 하나의 예로 말하고 싶었다.

이렇듯 영향력을 가지기 위해, 사업만 열심히 하는 것이 아니다. 살고 있는 지역사회를 위해 기여하고 봉사할 수 있는 일을 찾는 데도 늘 열심이다. 그때마다 아내가 또 일을 벌인다고 야단이다. 하지만 내가 이곳에 왜 왔는지를 생각해 보라. 봉사하고, 섬기고, 나누어 주고 싶어서 온 것 아닌가! 그것을 위해 주님이 나를 사업가로 세우시고 선교사로 보내신 것 아닌가! 주님의 뜻을 실현하기 위해서라도, 사업가 선교사라면 여러 가지 방법을 통해 국가와 지역사회에 선한 영향력 주고 도움을 주는 사업가로 설 줄 알아야 한다.

3계명_ 모두에게 본이 되는 모범 사례를 만들라

사업가로서 현지에서 성공하기를 원한다면, 나의 경우처럼 모범 사례를 만드는 것이 지름길이다. 현지에 파송 받아 도착한 후에 참으로 열심히 일했다. 덕분에 많은 모범 사례를 남기며 성공한 사업가의 반열에 올랐고, KBS1 TV 프로그램 "글로벌 성공시대"에도 출연했다. 어느 교회에서는 그 방송을 주일날 설교를 대신해 틀어 주었다고 한다. 이후 그 교회에 방문하자 성공이야기를 간증해 달라는 부탁에 간증을 하기도 했다. 시카고 세계선교사대회에서도 나의 경험담을 간증했는데, 이를 듣고 수많은 선교사들이 새로운 도전의식을 갖게 되었다는 이야기를 전해 들었다. 사업가로서 비즈니스 선교를 시도하고자 한다면, 모범 사례를 만들어 다른 사람에게 영향력을 주고 도전하게 하라. 주님이 노리시는(?) 것도 그것이 아닐까 싶다.

모범 사례를 만드는 방법에는 여러 가지가 있다. 사회적 기업의 형태로 일하면서 거주하는 나라와 사회에 수익금을 환원하는 방법도 있고, 거주하는 지역의 여러 기관에서 봉사나 기부 형태로 참여할 수도 있다. 수익금을 수익금이 발생한 지역에 가치 있게 사용하면 그것이 곧 모범 사례가 되는 것이고, 이것이 곧 사업가와 사업의 가치를 올리는 길이 된다.

나는 수입의 일부를 현지의 가난하고 힘든 피난민들과 나누어 오고 있다. 작은 경제적 지원으로 그들에게 용기와 희망을 주고, 그들의 자녀가 공부하는 학교를 수리해 주면서 감사의 기쁨을 함께 누린다. 사업을 통해 얻은 이익의 일부를 사회에 환원한다는 것은 당신이 속한 사회에 선한 영향력을 행사한다는 것이고, 영향력이 쌓이면서 그 중심에 자연스레 서 있는 당신 스스로를 만나게 될 것이다. 또한 그 영향력이 당신을 신뢰하는 사람들을 불러들이고 당신이 해 나가는 일들이 쉽게 이루어지도록 해 줄 것이다. 현지에서의 영향력을 만드는 것도 당신의 몫이요, 그 혜택을 입는 것도 당신 자신임을 잊지 말고, 늘 베푸는 모범을 실천하도록 노력하자.

4계명_현지 국가와 현지인을 비판하지 마라

몇 년 전의 일이다. 한국의 내로라하는 대기업들과 중소기업들 그리고 공기업들이 아제르바이잔의 국가 프로젝트에 참여하겠다고 우후죽순으로 들어온 적이 있었다. 지금은 아제르바이잔이 한국 기업의 무덤이 되었지만, 그때만 해도 한국 기업들이 대단한 열정을 가지고 경쟁적으로 지사를 열며 소란을 피울 때였다.

"국가가 문제가 있다."

"사람들이 친절하지 않고 몰상식하다."

"담당자를 만나러 갔는데 만나 주지도 않고, 아주 비인간적 행태를 보인다."

아제르바이잔에 진출한 경제인들의 모임에 참석해 보면, 대기업과 공기업의 직원이라는 사람들이 비판을 자주 하곤 했다. 심지어는 입에 담지 못할 비난도 여러 번 들었다.

한 번은 전임대사가 그 한인 경제인 모임에 나와서 나의 사업과 성공 노하우를 식사 전에 이야기해 달라고 부탁해 왔다. 그 자리에서 한국 기업인들에게 간단명료하게 두 가지만 이야기했다.

"이 나라를 비판하지 마세요."

"한국이 최고라는 소리를 하지 마십시오."

대기업, 중소기업, 공기업들과 함께 주 정부나 회사 그룹미팅에 들어가면 자기네 회사 자랑을 얼마나 많이 하는지 모른다.

"우리나라 IT가 세계 최고다."

"IT는 역시 한국이 최고다."

"우리 회사가 이 분야에서는 최고다."

상대방에 대한 배려도 없이 최고만을 외치는 일이 빈번했다. 그 저변에는 사업을 하게 될 상대방 국가를 업신여기는 뉘앙스가 현저히 깔려 있는 모습을 수없이 보았다. 하지만 결과는 어떠했는가? 당시의 한국 기업들은 현재 아제르바이잔 어디에서도 성공한 예를 찾을 수 없게 되었다. 상대방을 무시하고 거만하게 구는 한국 기업들이 단 하나의 프로젝트도 진행하지 못하고 있는 현실을 보라.

비록 작은 기업을 운영하고, 그들보다 회사 자원이나 인적 자원도 부족하지만 매년 몇 억 달러씩 사업을 진행해 오고 있지 않은가. 현지인의 문화와 삶을 존중하고, 인격적으로 대하며, 조화를 이루어야 현지인처럼 현지에 자리 잡고 평안하게 살 수 있는 법이다.

또 그 집에 들어가면서 평안하기를 빌라(마 10:12).

예수님께서 열두 제자를 처음 파송하면서 당부하신 말씀이다. 당신이 정착하고자 하는 장소가 평안해야 당신의 사업도 평안할 것이고, 그곳의 경제가 발전하면 당신의 사업도 그만큼 발전할 것이다. 선교지에서 질서가 잡히고 안정이 되면, 당신의 선교 사역도 깊이를 더해 간다는 사실을 잊지 않기 바란다.

5계명_ 현지인이 당신을 돕도록 하라

현지에서 살다 보면 여러 가지로 답답한 일들을 많이 겪게 된다. 무질서한 현지인들, 되는 것도 없고 안 되는 것도 없는 현지의 상황들, 이런 환경에서 지내다 보면 속 터질 때가 한두 번이 아니다. 그렇다고 삶의 자질구레한 일들 때문에 철수할 수도 없는 노릇이다. 세계 어느 곳이나 그렇지 않은 곳이 없으니까. 심지어 한국에서조차 말이다.

아제르바이잔에 정착하던 초기의 일이다. 우리 집 근처에 있는 경찰서에서 경찰관 한 명이 밤에 찾아왔다. 정착하기 전이라 누구든지 경계할 수밖에 없었다. 두려워서 문을 열어 주지 않으려고 했으나 걱정 말고 열어 달라는 것이었다.

"당신들이 외국에서 온 사람인 줄 알고 있습니다. 앞으로 도움이 될 일이 있으면 나에게 연락하세요."

믿고 문을 열어 주자 그 경찰은 기꺼이 친구가 되어 주겠다며 자신의 전화번호를 건네주었다.

"무슨 일이 생기면 전화하세요. 언제든지 달려가 보호해 주겠습니다."

실제로 그 친구가 정착시기에 어려운 상황들을 여러 모로 많이 도와주었다. 가끔씩 선물을 주는 방법으로 감사한 마음을 전했다. 그럴 때면 경찰관 친구가 아주 기뻐하며 자신의 주변 사람들에게 나를 자랑하기도 했다. 물론 그 경찰관과 지금도 친구로 지내고 있다. 아주 단순하고 순수한 마음 하나를 실천한 덕택에 어려웠을 길도 쉽게 갈 수 있었던 셈이다.

현지에 정착해 살아가기 위해서 스스로 신변보호 수단을 갖추는 것은 중요하다. 현지의 주변 사람들을 이웃과 절친한 친구로 만들어 당신을 보호해 주는 바람막이 혹은 해결사 역할을 하도록 하는 것은 대단히 지혜로운 방법이다. 당연히 그들 모두 전도 대상이며, 당신의 삶을 빛나게 해 줄 보배들이다.

사실 이제 와서 하는 말이지만, 현지에서 사업하면서 많은 어려움을 겪었고 또 겪고 있다. 하지만 아내조차 나의 어려움을 잘 모르고 있으며, 현지에 사는 한인 교민들도 내가 어려움 없이 척척 사업하는 줄 알고 있다. 천만의 말씀이다. 나도 수많은 어려운 상황에 처해 힘이 들 때가 한두 번이 아니다. 물론 스스로 해결하기도 하지만 솔직히 혼자 힘으로 해결하지 못할 때가 더 많다. 그럴 때면 현지 친구들에게 전화를 하는데, 그들은 마치 해결사처럼 나에게 닥친 어려움들을 뚝딱 해결해 주곤 한다.

첫 장에서 말했듯이, 제자가 나를 고발해 자칫 출국 당할 처지인데도 당당할 수 있었던 것은 주변에 도와줄 사람이 많았기 때문이다. 아제르바이잔에서도 악명 높은 KGB 앞에서 누군들 작아지지 않겠는가! 나도 그들 앞에 서면 목이 타 들어가고 두려움이 앞선다. 하지만 그들은 나에게 호의적이었다. 사자가 출구를 만들어 놓고 내가 지나가기만을 기다리는 듯 가만히 서 있는 상황 같았기에, 나는 아무 일 없었다는 듯이 그저 순한 양처럼 굴면 되었다. 바로 내가 아제르바이잔에서 정직하고 영향력 있게 살았다는 증거가 아닌가 싶다.

6계명_사업의 실패를 두려워 마라

12년 간의 군 생활을 마치고 신학교에 복학했을 때의 일이다. 학과 미팅에 참석했는데, 의외로 나이 든 사람들이 많이 있었다. 자기소개를 듣다 보니, 그중 몇몇은 사업하던 사람들이었다. 사업이 망하자, 하나님의 은혜와 하나님의 뜻을 깨닫고 신학교에 들어왔다는 것이다. 그 몇 사람이 말을 맞춘 것 같지는 않은데 모두 똑같은 말을 했다. 그 말을 듣는 나는 속으로 화가 났다. 내가 믿는 하나님이 그정도밖에 안 되는 분인가? 사업이 망한 것이 하나님의 뜻이라니!

학기 내내, 기회가 있을 때마다 그들에게 어서 사업장으로 돌아가서 다시 사업할 궁리를 하라고 말하곤 했다. 사업하던 사람이 목사를 하면 안 된다는 법은 물론 없다. 하지만 목사 일이 잘 되면 몰라도, 잘 안 되면 성도가 돈으로 보일 수 있지 않을까 하는 우려 때문이었다. 사업하다가 실패할 수 있다. 하지만 내가 믿는 하나님이라면, 진실하게 사업을 하다 망한 사람에게 다시 일어설 기회를 분명 마련해 주실 분이라는 것을 믿는다.

현 그루지야 대통령의 모친과 만남을 계기로 그루지야를 여러 번 방문하면서 그곳 현지인들과 자연스럽게 인적 네트워크가 만들어졌다. 그루지야에서 호텔업을 하는 터키인을 알게 되어 호텔 전면에 전광판을 설치하는 입찰에 참여하라는 말을 전해 듣고 입찰에 응하게 되었다. 입찰에 참여하면서 제품의 샘플을 보내 주고, 직원을 파견해 제안서와 함께 브리핑도 해 주었다. 호텔 매니저와 사장도 제품에 대해 대단히 만족하였고, 그들이 그루지야 대통령 모친과 인적 관계도 있고 해서 다 따 놓은 당상이었다. 이제 마지막 계약서에 서명만 하면 25억 달러 규모의 계약을 성사하기 직전이었다. 계약하고 선수금 30%를 받는 데도 전혀 하자가 없었다.

그런데 복병을 만났다. 중국 회사가 이야기를 듣고 13억에 설치해 주겠다는 제안이 들어왔다면서 한국 제품은 너무 비싸서 중국 제품으로 결정하겠다는 것이었다. 직원을 급파해 마음을 돌리고자 온갖 설득을 다해 보았지만, 결국 중국에 계약을 빼앗기고 말았다. 당장의 저렴한 가격을 보지 말고, 그 가격에 부합하는 장기적인 제품

성량을 보라는 몇 번의 설득에도 경쟁자에게 계약이 넘어갔든 그 처절한 마음의 상처를 받은 것이 바로 1년 전이다. 이 계약은 이루지 못했지만 터키에서 좋은 파트너를 만나 투자할 수 있는 길을 찾았다. 너무 힘들고 속 쓰린 경험이었다. 하지만 거기에서 물러나지 않고 지속적으로 국가를 찾아 다니며 사업을 개발하고, 시도하면서 재도전해 나가고 있다. 그러다 보니, 이제는 세계 14개 국가에서 사업하는 대형 사업가가 되었다. 물론 지금도 언제 어디에서 문제가 발생할지 알 수 없다. 그래서 항상 실패를 대비하고, 실패를 반복하지 않기 위해 철저하게 확인하고 점검한다. 정직과 신뢰를 생명으로 하는 회사 경영방침을 위해 늘 직원들에게 하는 말이다. 그것만이 회사가 사는 길이고 직원들이 사는 길이다.

'사업이 잘되지 않으면 어떡하지?'

일단 사업 궤도에 들어섰다면 이런 걱정을 미리 가불하지 말라. 어려움이 있을 때는 떳떳하고 정직한 자세로 임하면 된다. 혹시라도 잘못된 일이 발생한다면, 그 책임은 절대적으로 사장의 몫이어야 한다. 직원들에게 잘못의 책임을 전가해서는 안 된다. 또한 사업이 무너질 지경에 처하더라도 직원들의 봉급만은 마련해 두고 크리스천의 마인드로 망해야 할 것이다. 그리하면 하나님께서 분명 다시 기회를 주실 것이다. 최선을 다한 사장의 섬김을 받아본 직원들이라면, 회사가 어려울 때 결코 냉정하게 떠나지 않을 것이다. 그런 직원들을 대하는 순간 당신의 사업 에너지가 재충전될 것이고, 그

힘으로 다시 반전의 기회를 잡을 수 있다.

7계명_먹고 사는 데 목숨 걸지 마라

사업가에게 선교지에서 사업에 목숨을 걸지 말라고 당부하곤 한다. 사업에 최선을 다하지 말라는 뜻이 아니다. 사업만을 위해서, 사업의 확장만을 위해서, 수익을 위해서 길이 아님에도 부당한 일에 목숨 걸지 말라는 의미다. 단순히 먹고 사는 문제만으로 회사에 목숨을 걸고 있다면, 속히 선교지에서 떠나기를 권하고 싶다. 먹고 사는 것이 해결된 사람이라면 최선을 다 하되, 직원들과 함께 회사를 발전시키고 그들에게도 책임을 주는 것이 좋다. 그렇게 하면 반드시 직원들이 자생적으로 기대 이상의 회사를 만들어 갈 것이다.

비자 문제 때문에 사업한다고 하면서, 가족이나 동료들에게 고통을 주는 사람들을 현지에서 많이 보았다. 사업한다고 큰소리를 쳐 놨으니 다른 이들에게 성공적인 모습은 보여 주어야 할 것 같고, 실제로는 진척이 안 되니 급한 대로 빚을 내어서 자금을 끌어대는 경우도 그중 하나다. 이래서야 되겠는가! 뭔가가 크게 잘못된 경우다. 본인만 고통 받으면 문제가 없겠지만, 본인으로 인해 주변의 여러 사람이 고통을 받아서는 안 될 일이다.

단지 먹고 사는 이유 때문이었다면 사업에 결코 발을 들이지 않았을 것이다. 여러 가지 사정 때문에 사업을 시작했지만, 나의 모든 것을 잃어버릴 만큼 사업에 올인하고 싶지 않았다. 사업을 통해 돈을 버는 것도 좋았지만, 무엇보다 영향력 있는 사업가가 되고 싶었다. 그 영향력을 바탕으로 더 나은 세상을 만들고 싶었다. 나누고 베풀면서 살고 싶었다. 더 많은 사람들이 나를 필요로 한다는 사실을 느꼈고, 먹고 사는 것을 넘어 나도 예수님의 나눔을 실천하고 싶었다. '무엇을 먹을까?', '무엇을 마실까?', '무엇을 입을까?' 염려하기보다 '무엇을 위해 살 것인가?', 항상 고민했다. 나의 필요가 다 하는 날까지 선교사로, 목사로, CEO로 그렇게 살고 싶었다.

8계명_ 직원들에게 섬김을 실천하라

"내가 제일이다."

"우리나라 한국이 최고다."

현지에서 성공하기 위한 금지어라고 해도 과언이 아니다. 그들이 최고라는 인정해 줄 때 최고가 되는 것이지, 내가 최고라고 말해 보았자 현지인들이 인정해 주지 않으면 무슨 의미가 있겠는가?

선교사로 온 사람들 모두는 섬김을 실천하려는 자들이다. 예수 그리스도의 제자로서, 예수님이 보여 준 모범을 배워 실천하고자 하는 선교자의 마음을 가지고 파송 받은 사람들이다. 현지에서 주변 사람들을 섬길 줄 알아야 한다. 직장이라면 직원들이 그 대상이 되어야 마땅하다. 직원들을 먼저 챙기고 아낀다면, 그들 모두 섬기는 자의 편이 되어 주고도 남는다. 그렇게 당신 편이 된 직원들이 회사나 당신이 어려움에 처했을 때 큰 도움의 손길을 내밀 것이다.

컴퓨터학원을 운영할 때, 전도한 사람들 중에 젊은 대학생이 한 명 있었다. 그 학생이 이혼녀 교사를 좋아해서 문제를 일으키는 바람에 내보낸 적이 있었다. 그 대학생을 전도한 후, 어려운 일이 있을 때마다 그의 집안일을 챙겨 주는 등 여러 모로 도와주며 지냈다. 그런데 문제가 발생하자, 나에게 모든 책임을 전가하는 것이었다. 자신은 잘못한 것이 없는데 사장이 자기를 내쫓았고, 회사가 어려울 때 얼마나 많이 도와주었는데 이럴 수 있는가, 불평하며 가만두지 않겠다고 협박까지 했다. 당시에도 주변의 많은 현지인들이 일을 수습하는 데 도움을 주었다. 이처럼 현지에서는 생각하지 못한 사소한 일로 인해 문제가 발생할 여지가 얼마든지 있다. 그러므로 평소에 주변 사람들을 잘 관리하고 섬길 필요가 있다. 특히 직장에서 근무하는 사람들을 잘 섬긴다면, 그들은 당신의 든든한 힘과 자산이 되어 줄 것이다.

브라질 어느 교회에서 설교를 마치고 나오는데, 한 성도가 나의 설교에 대해 지적하는 것이었다.

"선교사님의 설교는 이론상 좋은데요, 저도 그렇게 해 봤는데 도둑질을 하더라고요. 이론일 뿐 선교 현장의 현실과는 맞지 않습니다."

그의 주장이 너무 강해서 대답할 엄두가 안 났다. 그럴 수 있다. 하지만 직원들을 예수님의 마음으로, 존중하는 마음으로 대했는데도 그러했을까? 과연 그는 직원의 배고픔과 요구를 알고 도와주었을까? 직원이 아닌 가족이라는 생각으로 대했을까? 아직도 의문이 남는다.

가끔은 나도 현지 직원들을 종처럼 부릴 때가 있었다. 당장 진행해야 할 일들이 산더미 같은 상황 속에서, 직원들의 안위와 생활상태까지 살필 여유가 없을 때도 많다. 수많은 현장이 동시에 정신없이 돌아가다 보면, 쉴 시간도 없이 하루하루가 순식간에 지나가고 몸과 마음이 녹초가 되기 쉽다. 그런 상황에서 직원들을 돌본다는 것은 거의 불가능하다. 하지만 사장인 내가 그러하다면, 직원들은 거의 초죽음 상태일 것이다. 그럴 때, 위로나 격려를 잊지 않고 해준다면 직원들이 그 호의에 감동할 것이다.

나는 직원들을 위해 수시로 이벤트를 열어, 최고급 레스토랑에 직원들을 초대해 식사를 대접하곤 한다. 평생 가 볼까 말까 한 레스토랑에서 그들에게 최고의 서비스와 음식을 대접하면서 우리 직원으로서 긍지를 갖기를 바라며, 스스로가 대단한 사람이라는 자존감을 가지길 바라는 마음이다. 물론 나에 대한 직원들의 충성도가 훨씬 상승하는 것은 두말할 나위 없다.

사업하는 선교사라면 더욱더 직원들의 본보기가 되어야 할 것이다. 직원들을 감동시키는 이벤트를 진행하고, 직원 가족들까지 초청해 풍성한 삶을 함께 누리도록 하라. 그날만큼은 CEO 선교사가 무슨 말을 해도 다들 유쾌하게 받아들일 것이다. 회사 내의 직원뿐 아니라 직원들 가족 모두가 선교와 전도의 대상이다. 이 사람들과 평생 함께 갈 것이 아닌가! 직원의 가족이 어렵고 힘들 때 부모 같은 마음으로 위로해 주고 섬긴다면, 어느 누가 배반하거나 노동법을 갖다 대며 고발하겠는가? 그런 일들이 일어나는 것은 대체로 회사의 직원 대응방법이 잘못되었을 때 일어나는 일이다.

악법도 법이라 했다. 우리가 가는 곳은 창의적 접근 지역이다. 이곳에는 아직 국가질서도 잡히지 않은 지역이 많고, 사업을 위해 거주하기에는 상당히 제한적일 수 있다. 하지만 어찌하겠는가! 내가 선택한 일, 주님이 가라 하신 땅, 그곳을 치유하며 살아야 하는 것이 우리의 몫이지 않겠는가! 현지를 가슴에 품고 주님의 이름으로 치유하며 살아가야 한다. 그 시작이 당신의 주변인, 이웃들, 직원들, 직원 가족들이 되어야 할 것이다. 그들에게 정당한 대우를 해 주고 섬겨 주어야 한다. 결과적으로 당신의 보배를 반짝반짝 닦는 일이 될 것이다.

9계명_선교사처럼 살지 말고 사업가처럼 살아라.

"최고의 집에서 살아야 합니다. 그러고 싶습니다."

집을 선택할 때마다 늘 아내에게 말하는 내용이다. 그때마다 아내는 이렇게 반응한다.

"다른 선교사들이 보면 욕합니다."

"그래야 친구 사이인 정부 인사들을 집에 초대할 것 아닙니까?"

"밖에서 식사하고 집에 데려오지 마세요."

이런 문제로 아내와 자주 부딪친다. 지사에서 파견 나온 사람이나 대사관 직원, 한국인 선교사들이 운전하는 차들 중에서 나는 최고로 좋은 차만 탄다. 이것 때문에도 아내와 몇 번 다투었다.

"꼭 그래야만 하나요?"

"내 사회적 지위와 능력에 맞게 차를 타는데 왜 못하게 합니까?"

또 다시 아내가 말한다.

"다른 선교사들이 보면 욕합니다."

아내의 말이 맞을 수도 있지만 내가 왜 그들의 눈치를 보면서 살아야 하는지 모르겠다. '즐기면서 선교하면 되지 않을까?' 하는 것이 내 생각이다.

'왜 선교사는 늘 힘들고 어렵게 사는 모습으로만 선교해야 하는 것일까?'

그 문제도 나를 답답하게 했던 것 중 하나다.

"나는 걸어 다니는 종합병원입니다."

어느 선교사가 병이 너무 많은 자신을 가리켜 한 말이다. 시카고 세계한인선교대회 때 선교사들의 삶을 조사하는 분을 만났다. 조사 내용을 토대로 논문을 작성 중인데, 인터뷰에 응한 20명의 선교사 가족 중 80%가 암에 걸리거나 스트레스성 질환에 노출되어 있다는 것이다. 이 이야기를 듣고 마음이 답답했다. 왜 그런지 그림이 그려졌다. 비자 문제, 거주 문제, 현지인과의 문제, 동료와의 문제, 후원 교회와의 문제 등 얼마나 힘들고 어려웠으면 움직이는 종합병원이라는 말을 했을까 싶었다. 난 오히려 선교사들에게 차라리 즐기라고 말한다. 자신의 행복도 챙기지 못해 얼굴 찌푸리고 힘들어하는 사람이, 어떻게 기쁜 소식인 복음을 전할 수 있다는 말인가! 선교사라고 해서 선교에 찌들거나 얽매여 살지 말고, 자신의 시간도 가지면서 여유 있게 선교하기를 바란다.

"선교사처럼 살지 말고 사업가처럼 살아라."

"당신이 사업에 투자한 시간만큼 가족과 이웃과 직장 동료들에게도 시간과 물질을 투자하라."

사업하는 크리스천들을 만나면 이렇게 권면하곤 한다.

선교는 장거리 마라톤과 같다. 하루아침에 이룰 수 있는 일이 아니다. 내가 조바심을 내고 안간힘을 쓴다고 이루어지는 것도 아니다. 겪어 봐서 잘 알고 있을 것이다. 그럼에도 그러지 못하는 자신을 느낄 때마다 애써 힘 빼고 여유 부리며 웃는 연습을 했으면 좋겠다. 당신의 행복한 미소에 현지인들이 웃고, 당신 가정의 단란한 모습에 현지인들이 단란한 가정을 만들며, 당신의 여유 있는 모습에 현지인들도 마음이 넉넉해진다. 대화도 여유가 있어야 맛이 있다. 그래서 차 한 잔 하면서 대화를 나누는 것이다. 직장에서도 차 한 잔 앞에 두고 직원들과 마주 앉아 보라. 오손도손하게 진실된 이야기가 술술 풀려 나올 것이다. 그 장소와 그 시간에 금은보화가 있고, 성공의 열쇠가 있다.

선교사는 특히 사업하는 CEO 선교사라면 만나는 모든 사람에게 즐겁고 행복하며 여유 있는 모습을 보이는 것이 좋다. 그러기 위해서는 자신이 먼저 넉넉하고 풍요로운 마음이 있어야 한다. 그러할 때 선교의 삶이 더욱 아름답게 빛을 발할 수 있다.

10계명_안식년을 정확히 지켜라

사업하는 선교사라도 안식년을 꼭 지켜야 한다. 물론 나는 그렇게 하지 못했다. 늘 정신없이 사역과 사업을 병행했다. 지나보니 정신없이 세월을 보낸 것이 후회막심이다. 그것이 염려스러워 다른 선교사들에게 꼭 말한다.

"쉬면서 즐기면서 사역해."

나는 선교지에 들어간 지 17년이 되도록 안식년을 한 번도 지키지 못했다. 단지 2-3개월 수련회나 한국에 가서 쉰 것이 전부였다. 한국에 쉬러 간 동안, 후원 교회에 보고하러 다녀야 하다 보니, 휴식이 아니라 오히려 더 많은 일을 하고 다니는 것 같았다. 사역도 중요하지만 육체적, 정신적, 영적으로 충만할 때, 사역도 기쁨이 되며 감사가 된다. 그러므로 안식년을 챙겨 쉬는 것이 바로 사역이라고 생각한다.

때때로 쉬어야 충전이 되어 다음 일을 더욱 활기차게 해낼 힘이 생긴다. 휴식과 여유가 현지에서 더 능률적으로 일할 수 있는 조건을 만들어 주는 것이다. 사역에 대한 불안감, 후원 교회에 대한 불안감, 이러한 것들이 사역자를 잡고 있어, 쉼에 대한 불안을 가중시키는 것도 사실이다.

실제로 내가 겪은 일이기도 하다. 선교지에 들어간지 얼마 안 되어 한국에 갈 일이 생겼다. 그때 3개월 간 각종 강의와 보고 때문에 정신없이 돌아다니고 있었는데, 몇몇 교회에서 연락이 왔다. 물론 한국에 온 것을 알린 상태였지만, 한국에 들어와 있다는 이유로 선교비 후원을 끊겠다는 것이었다. 이런 일이 나에게만 발생하는 것이 아니다. 선교사의 환경 자체가 이러하다. 그래도 쉴 때는 쉬어야 한다.

선교사는 더욱 안식년을 지켜야 하며, 사업을 병행하는 선교사 역시 안식년을 지키기 바란다. 안식년을 지키며 자신을 먼저 충만하게 채울 때, 사역도 더욱 순조롭게 이루어질 수 있기 때문이다. 초록의 숲은 당신의 휴식을 위해 주님이 마련해 놓은 것이고, 그 숲에서 당신이 쉬기를 오늘도 주님이 기다리고 있을지도 모른다.

10

생생한 비즈니스 선교의 현장

1. 팀웍이 완벽하게 이루어져 있다

나는 비즈니스 목사 선교사 그리고 글로벌 사업가로 세계를 누비고 다니면서 선교 현장에서 기존의 선교사로서 또는 사업가 선교사로서 비즈니스 선교를 아주 대담하고 엄청난 영향력을 주고 있는 사람을 많이 만났다. 그러한 사람들을 보면서 내가 얻은 것은 참으로 대단한 선교사라는 것이다. 알다시피 한국에서 한국 사람의 주머니에 있는 돈을 번다는 것 참으로 쉽지 않다. 하물며 해외에서 돈을 번다는 것은 더더욱 어려운 것이다. 나 역시 이 부분은 실제로 세계 곳곳의 나라에서 체험한 사람이다. 하지만 다양한 나라에서 비즈니스를 성공적으로 수행하고 있는 사람들을 볼 때 참으로 감사하고 고마웠다. 내가 선교 현장에서 본 생생한 모습을 나누고자 하는데 이들은 다음과 같은 특성을 가지고 있다.

그렇다. 비즈니스 선교는 아시다시피 물건을 사고팔면서 선교하는 것이다. 이 일에 매진하지 않으면 성공보다는 실패를, 다시 말하면 손해를 보는 것이다. 나 역시 처음에는 두 날개, 즉 선교와 사업을 병행했다. 하지만 결코 쉬운 일이 아니었다. 하지만 내가 실패를 경험하면서 얻은 것이 팀 안에서 나를 위해 중보기도 하고 나는 사업에만 전념하는 것이었다. 그런데 성공적으로 사업을 수행하는 선교사들의 면면이 팀워크를 이루고 있었다는 것이다. 팀 안에서 사업을 잘하는 사람, 사업을 잘 알고 있는 사람, 팀 안에서 사업에 적극적인 사람을 선택해서 그 사람을 사업하는 사람으로 세워 주었다는 것이다.

2. 사업에 전념하고 있다

사업에 전념하도록 선교에 대한 부분을 공유하고 사역을 끝낸 것이 아니라 비즈니스만 하지만 실제로 사역하는 이상으로 사역을 공유해 주고 있다는 것이다. 이렇게 선교회나 교회에 선교 보고를 할 수 있는 사역을 공유하고 주일에는 주 사역을 할 수 있도록 여건을 마련해 주고 있었다. 나 역시 주일에는 특별한 경우가 아니면 예배를 인도하고 설교를 했다. 평일에 이루어지는 각종의 모임에는 참여가 불가능했다. 하지만 정보를 공유해 주고 중보의 기도를 바탕으로 공동체 안에서의 역할은 다했다.

3. 사업하는 선교사들은 굉장히 능동적이다

나는 글로벌 사업하는 관계로 각 나라를 다닐 때마다 사업하는 사람들을 만나고 특별히 사업하는 선교사들을 찾는다. 그런데 기존의 선교사보다 더 적극적이고 능동적인 모습으로 사역하는 선교사들을 여러 나라에서 보았다. 왜 그럴까? 이유는 다양한 사람들을 만나고 한 목적을 위해 필요로 하는 사람을 만나는 현장에서 살기 때문에 더 인생의 묘미를 느끼며 사는 것이다.

사업은 상대 속에서 이루어지는 것이기 때문에 적극적이고 능동적이지 않으면 안 된다. 사업은 파트너를 설득해야 하고 계약을 이끌어 내야 하기 때문에 대화의 방법, 감정, 다양한 기법이나 기술을 이용해서 상대를 나의 사람으로 만들 수밖에 없다. 그러한 삶은 선교에도 고스란히 적용되는 것이다. 그래서 각 나라에서 만난 사업하는 선교사들이 매사에 자신이 넘치는 모습을 보았다. 그 자신감이 선교에도 많은 영향력을 주고 있다.

4. 불가능을 가능하게 만드는 그들

나는 현장에서 비즈니스를 하면서 선교하는 사람들을 보면서 또 하나의 나를 보는 것 같았다. 나는 90%의 불가능을 100% 가능하게 만들었다. 그들은 각각의 나라에서 비즈니스 상황이 어려운데도 성공적으로 실행하는 모습을 보면서 너무도 감격스러웠다. 하나같이 고생한 이야기를 들으면 너무도 애처롭고 가슴이 아팠다. 나 역시 그런 과정을 겪었으니까! 하지만 어려운 고통도 감내하면서 선교와 사업이라는 두 개의 수박을 한 손으로 잡은 그들에게 얻는 영감과 힘은 나에게 엄청난 새로운 감동과 도전을 주었다. 그들은 바로 아브라함이고, 야곱이고, 요셉이며, 바울이며, 비단 장사 루디아가 아니겠는가?

5. 그들은 국가와 지역에 많은 영향력을 주고 있다

그들은 하나같이 고생의 시간을 이야기하면서, 다시 말하면 과거와 현재의 위치를 말하면서 영향력을 말하고 있다는 것이다. 그들이 여러 상황에서 선교와 비즈니스를 하면서 경험한 이야기는 국가와 지역에 엄청난 영향력을 주고 있다는 사실이었다. 나는 참으로 놀랐다. 세계 곳곳에서 고생을 무릅쓰고 성공해서 영향력을 주고 있는 모습 다시 말하면 빛과 소금으로서 영향력을 주고 있다는 사실이다. 성경의 말씀처럼 한 알의 열매가 썩어져 많은 열매를 맺는 것처럼, 그 사람으로 인해 많은 사람이 영향력을 받고 복음을 받아들이고 있는 현장을 보면서 이것이 진정 비즈니스 선교의 영향력! 이것이 21세기에 필요한 새로운 선교의 패러다임이구나 생각했다.

6. 현지에서 경험한 비즈니스는 귀한 것이다

현지에서 경험한 비즈니스는 참으로 귀한 것으로 말로 설명하기 어렵다. 하지만 이들이 만든 비즈니스 선교, 다시 말하면 비즈니스와 선교를 위해서 지난 시간에 흘린 고생과 땀은 귀한 열매로 남아 있는 것이다. 마음도, 몸도, 영혼도 그리고 열정도, 주어진 작은 값진 물질을 투자해서 만든 지금의 비즈니스 선교의 터, 나는 이들을 영웅이라 부른다. 이들은 자신들이 헌신해서 만든 비즈니스 선교의 터전 위해 하나님의 영토를 만들기 위해서 지금도 노력하고 있다는 사실이다.

7. 비즈니스 선교사들은 미래를 만드는 사람들이다

나는 그들에게서 또 하나를 보았다. 그것은 다름이 아니라 미래를 만들고 있다는 것이다. 현실에 안주하지 않고 더 나은 미래를 현지의 사람들, 성도들에게 만들어 주기 위해 정직하고 성실하게 사역하고 있다는 것이다. 그들은 국가의 청년들을 위해 미래를 만들고 있는 모습에서 자랑스러웠다. 현재 한국 교회의 청년대학생들을 보라! 그들은 취업과 결혼 그리고 신앙 속에서 우왕좌왕하지 않는가 말이다. 비즈니스 선교사들이 만들어 놓은 터전으로 달려갈 수는 없는가? 현지에 만들어 놓은 기회, 현지인들과 함께 만들어 놓은 그곳으로 가서 그들 속에서 벤처기업을 만들고 일터를 만들어서 사업도 하고 복음을 전하면서 살 수는 없다는 말인가?

11
21세기 비즈니스 선교의 화두와 지향점

1. 친환경을 지향하는 선교

21세기 비즈니스 선교는 무엇을 지향해야 하는가? 어떤 사업이 적당할까? 요즘은 어느 나라를 가든 친환경이 대세다. 자원도 아끼고 지구도 지키는 선한 개념으로, 이 흐름을 좇아갈 필요가 있다. 친환경적인 선교 세상을 만드는 데 동참할 수 있는 창업 아이템으로, 친환경적인 각양의 사업 아이템이 있으며, 재활용 의류를 수리 및 보수해 제3국에 수출하는 사업을 권한다. 요즘 세상에 떨어져서 못 입는 옷도 없고, 떨어질 때까지 옷을 입는 경우도 없다. 각 교회와 가정에서 협조한 옷, 동네마다 마련되어 있는 옷 수거함에서 수거된 옷, 크리스천 기업들이 기부한 옷, 바자회에서 판매하고 남은 옷 등을 세탁 및 가공하여 수출하는 방법이다.

각 선교지의 선교사와 연계해 사업장을 열면 현지 교회에 일자리를 창출하는 것은 물론 초기 투자금을 크게 들이지 않고 수익을

넬 수 있다. 아제르바이잔에 있을 때 아내와 자주 다니던 재활용 의
류매장인 MEMI라고 있었다. 독일에서 보내온 재활용 의류를 아
제르바이잔 정부가 민간에 위탁해 판매하는 식이었다. 그런 방식을
따른다면, 직원들에게 일자리 창출과 복음을 전할 수 있는 관문을
세울 수 있다.

2. 문화 및 예술 분야를 여는 선교

가수 싸이의 "강남스타일"이 세계를 놀라게 하는 이때에 훨씬
더 큰 조직인 교회는 어째서 이 시대의 문화를 이끌지 못하는가? 호
주의 힐송교회와 말레이시아의 홍이 목사가 이끄는 추수교회처럼,
한국의 선교사들도 얼마든지 문화와 예술을 이용해 교회 문화를 바
로 세우고 선교 문화의 혁신을 가져올 수 있다. 아프리카의 쓰레기
더미 속에서 살던 현지 아이들을 음악으로 모으고 훈련해 세상에 빛
을 주는 어느 선교사의 모습은 엄청난 감동이었고 영향력이었다.
불고기, 김치, 비빔밥, K-POP, 태권도, 싸이 등 세계를 주름잡는
한류 열풍 덕분에 한국의 이미지가 높아지고 있다. 한국 교회들과
선교사들이 그 기류를 놓치지 말았으면 좋겠다. 이 좋은 환경을 등
에 업고 한국 교회의 예술과 문화를 들고 나아가길 소망한다.

3. 사회 경쟁력을 좌우하는 시민사회를 통한 선교

단언하건대 21세기에는 시민사회 영역에서 새로운 직업이 어마

어마하게 많이 만들어질 것이다. 선진적인 사회일수록 세상을 부드럽게 통합시키는 시민사회가 발전할 수밖에 없기 때문이다. 따라서 앞으로는 NGO와 엔피오(NPO)가 얼마나 활성화되어 있느냐가 그 사회의 경쟁력을 좌우하게 될 것이다. 미국에는 60만 개가 넘는 시민사회단체가 있다. 이들 단체에서 만들어 내는 사회 경제적 비용이 미국 내 국민총생산의 10%에 달한다. 그러나 우리나라는 어떠한가? 비영리 단체에 대한 제대로 된 통계조차 없다.

교회, 선교단체, 크리스천 단체가 얼마나 많은가? 이들이 왜 교회의 대변인이 되어 사회적 역할을 다하지 못하는지 안타까울 뿐이다. 교회의 성장이 감소되는 지역에서 여러 기독 시민단체 등과 협의해 시민운동을 통해 교회를 재건하고, 사회활동을 할 수 있다. 단 미개발 국가나 창의적 접근 지역 혹은 이슬람 지역에서 잘못하면 비판과 추방의 대상이 될 수 있으므로 조심해야 한다.

4. 농촌이야 말로 비즈니스와 선교의 블루오션

언제나 중앙은 퇴행하게 마련이며, 변방에 있는 세력이 다시 중심부를 장악해 새로운 역사를 만들어 낸다.

역사학자 아놀드 토인비는 이 말과 더불어 농촌이야말로 블루오션이라고 덧붙였다. 아프리카, 중앙아시아, 중동 등 외지고 접근하기 힘든 지역에서 아름답게 사역하는 모습을 수없이 볼 수 있다. 버려지고 소외된 농촌 세력들을 규합, 21세기 선교 전략을 만드는 것도 새로운 비전이 될 수 있다. 한국의 선진적인 농촌기술을 이전하고 특화해서, 젊은이들이 도시로 가지 않고 농촌에서 성장할 수 있는 토대를 만들어 주는 것이다.

5. 전통을 현대화하는 비즈니스 선교 아이템

오래된 미래라는 말처럼 전통과 미래기술이 만나 새로운 고부가가치 산업을 만들어 내는 경우가 많다. 하늘 아래 새로운 것은 없기 때문이다. 전통문화, 자연환경, 역사 유물, 지역 특산물 등 기존 사회가 대물림하고 있는 삶의 유산에서 새로운 산업과 직업을 발굴해 낼 수 있다는 뜻이다. 소위 선교의 상황화가 바로 여기에 해당된다. 가령 지역 특산물 중 대나무가 있다면, 현지인과 현지 교회가 협력해 이를 활용한 전통 살림도구를 오늘날에 맞게 전통 수제품으로 고급화시킨다든가 하는 방식이다. 실제로 베트남, 캄보디아, 라오스 등에서 이런 식의 비즈니스 사역을 해 오고 있는 선교사들이 있다.

6. 선교도 융합과 소통의 힘이 필요한 시대

21세기에는 전문가의 개념이 달라진다. 과거에는 한 분야에 상당한 지식을 가진 사람이 전문가였지만, 복잡 다양한 이 시대에는 복잡하게 얽힌 문제를 효과적으로 해결할 다분야 전문가가 각광받는 시대가 되었다. 예를 들어 의사만이 질병을 치료하는 것이 아니라 연극, 음악, 미술 등의 예술 영역이 결합된 새로운 의료 전문가가 등장한다는 뜻이다. 하나하나의 기술이나 기능에 충실하기보다 세분화된 각 분야를 효과적이고 지혜롭게 결합시켜서 가치를 극대화하는 힘이 주목받는다. 융합과 소통이야말로 선교사가 가장 잘하는 일이 아닐까 싶다.

7. 창조와 혁신을 통한 선교의 시대

아이디어가 곧 직업이 되는 시대가 도래했다. 박원순 서울시장의 『세상을 바꾸는 천 개의 직업』이라는 책을 보면 무자본에 창조와 혁신만으로 도전할 수 있는 사업 아이템이 널려 있다. 비즈니스 선교에 이를 적극 활용했으면 좋겠다. 한국의 선진적인 삶 가운데 얻게 된 반짝이는 아이디어와 현지의 상황, 현지인의 문화 및 기능, 현지의 요구와 필요성 등과 결부시킨 창업 아이템 샘플들을 생각날 때마다 기록해 보는 것도 좋겠다.

8. 글로컬(Glocal) 시대에 선교를 대비하라

세계화(Global)와 지방화(Local)의 합성어 글로컬(Glocal), 즉 지구화가 진행되는 동시에 마을 단위의 경제 및 정치 공동체가 번성하는 투톱 체제가 이뤄지고 있다는 의미를 내포한 신조어다. 지역의 자원을 활용해 지역이 직면하고 있는 문제를 해결하는 커뮤니티 비즈니스가 대표적인 그 사례다. 말하자면 내가 세계 10여 개 국가에서 사업을 진행하는 것도 이러한 커뮤니티 네트워크를 활용한 것이다. 20세기에는 대도시와 글로벌 기업이 성공의 중심이었다면, 21세기에는 작은 마을과 커뮤니티에 기반을 둔 소기업이 경제의 핵심으로 떠오를 것이다. 사업가 선교사들은 지역별, 마을별로 많은 네트워크를 가지고 있다는 사실을 장점으로 부각시키면 될 일이다.

9. 창조적 자본주의를 통한 비즈니스 선교

수익금을 사업주가 독식하는 것이 아닌, 공공의 가치를 추구하는 착한 회사들이 많이 생겨나고 있다. 가난한 사람에게 일자리와 사회적 서비스를 제공하는 사회적 기업, 저개발국 생산자에게 정당한 가격을 주고 물건을 구매하는 공정무역 등이 대표적이다. 착한 비즈니스 모델의 등장 덕분에 세계 경제가 약육강식의 냉정한 자본주의에서 공존과 상생이라는 착한 개념의 창조적 자본주의로 변하고 있다. 사회적 기업이나 공정무역은 현지인들의 삶을 기반으로 하는 사업 아이템을 개발해내는 기준이 되고, 동시에 결과적으로 그 사회에 선한 영향을 미칠 수 있다. 이런 점에서 크리스천 정신과도 맞닿아 있어 비즈니스 선교의 지향점으로 잡아도 좋을 것이다.

현재 전 세계에 일어나고 있는 한국에 대한 바람은 멈출 줄 모르는 기관차와 같다. 이와 같은 현상을 선교지에서도 대단한 활용의 가치가 있다고 볼 수 있다. 이러한 현실적 감각을 가질 수 있는 것이 바로 비즈니스 선교의 장점이다. 여기서 전 세계를 지역으로 나누어 지역의 환경들을 보고 가고자 한다.

10. 비즈니스에는 국경이 없다.

현재 국가마다 최고의 경제적 이슈는 세계적인 경제인들을 어떻게 더 많이 끌어 오느냐이다. 그들에게는 자본이 있고, 국가의 위상을 높일 능력이 있으며, 국가 경쟁력을 높일 잠재력이 있기 때문이다. 그래서 국가마다 이들을 유치하기 위해 혈안이 되어 있으며, 이들은 어느 나라를 가든지 환영을 받는다.

지금까지 약 18년 동안 수많은 국가를 다녔다. 아주 짧은 시간 동안 지치고 피곤할 시간도 없이 국가들을 돌고 돌아 한 나라를 몇 번씩 방문하기도 했다. 이유는 세계 곳곳의 현장에 전광판을 팔고 싶었다. 그렇게 다니다 보니 만나는 사람도 수없이 많았고 명함도 쌓여만 갔다. 내가 다녀본 지역 나라들을 중심으로 사업할 수 있는 조건들이 나타나기 시작했고 '이 나라에서는 어떤 사업을 하면 좋을까?' 하고 아이디어가 나오기 시작했다.

나는 사업가로 변신한 후 어느 나라가 돈 벌기 쉬울까 찾기 시작했다. 그 결과 미국, 캐나다 그리고 유럽에서는 돈 벌기가 쉽지 않다는 것을 알았다. 물론 내가 말하는 이 나라에서 보란 듯이 사업을 성공시켜 돈도 벌고 명예도 얻은 사람들이 많다. 내가 아는 분들도 꽤 많다.

하지만 이들은 하나같이 이야기하기를 이들 국가에서는 대박을 터트리기가 쉽지 않다고 했다. 이유인즉 사업의 프로세스가 잡혀 있고 국가 시스템이 잡혀 있어 리치 시장에 들어가기가 쉽지 않아서라고 했다. 동포 중에 성공한 사람들을 보더라도 내가 말한 나라보다 제3세계 국가에서 성공했다는 사람들이 더 많았다.

나는 수많은 나라들을 다니면서 30여 년 전 대우그룹 김우중 회장이 느낀 바를 똑같이 느낀다. 세계는 넓고 할 일은 많으며, 사업을 할 수 있는 공간이 너무도 많다는 것을 보기 때문이다. 지금은 더 좋은 환경이 주어지고 있다. 내가 돌아다닐 때만 해도 한국 열풍은 없었다. 하지만 지금은 한국 열풍이 전 세계에 몰아치고 있다. 특히 제3세계 국가가 더 강렬하다.

제3세계 국가는 국가에서 제공해 주는 복지와 만족감, 행복감이 적기 때문에 다른 것을 통해 대리 만족하려고 하기 때문에 한국 열풍을 업고 그만큼 진입하기가 쉽고 가능성이 크다. 제3세계 국가와 비교해서 앞에서 언급한 미국, 유럽 등 안전한 사회보장과 사회체제를 유지하므로 상대적으로 새로운 물결에 대한 갈망이나 열정이 덜하니 세계 시장 분석이나 진출에 참고해야 한다. 이제 한국 젊은 이들이 제3세계 국가에서 얼마든지 영토를 확장하고 자기만의 영역을 구축할 절호의 기회이다.

11. 젊은이여, 당신은 한국이 얼마나 넓다고 생각하는가?

내가 볼 때 그리 넓은 영토가 아니다. 인구는 많고 땅덩어리는 좁다 보니 늘 치고받고 싸우는 모습이 넘쳐난다. 정치, 경제, 문화, 사회, 예술 어느 분야든 곳곳에서 시끄러운 소리가 끊일 날이 없다. 땅덩어리가 좁고 인구는 많으니 기회가 적을 수밖에 없고 그러다 보니 학연, 지연으로 연결될 수밖에 없는 나라가 한국이다.

당신은 그렇게 생각하지 않는가?

중앙아시아 구소련으로부터 독립한 16개 국가를 보라. 아직도 그곳에는 황금의 기회가 넘쳐 난다. 다시 말하면 기회가 많고 멍청한 돈들이 넘쳐난다는 뜻이다. 이곳에서 한류 열풍은 대단하다. 이 반열에 들어서는 순간 사업의 기회는 얼마든지 자리를 잡을 수 있다. 중앙아시아는 대부분 이슬람 국가이다. 이 종교적인 면이 오히려 사업에 더 장점이 있다. 물론 그들도 속이고, 믿기 어려운 부분도 있다. 하지만 내가 만난 중앙아시아 구소련의 16개 국가의 사람들은 손님을 왕같이 여긴다. 그리고 한번 맺은 관계는 내가 먼저 버리지 않는 한 절대로 그들이 먼저 관계를 무너트리는 경우는 없다.

그들은 또 너무도 가정적이고 정적이면서 한편으로는 동적인 면도 지니고 있다. 그러므로 그들을 사업의 파트너나 직원으로 채용해 같이 일한다면 전혀 문제가 없다. 내가 중앙아시아에서 성공할 수 있었던 것도 역시 그 사람들을 잘 만났기 때문이다. 내가 사람들을 잘 만나지 못했다면 나는 아직도 무명의 용사나 다름없을 것이다. 사업의 성공은 내가 만드는 것이 아니라 주변 사람이 만들어 준다. 나는 이 사실을 확실히 믿는다. 물론 내가 만들 수도 있다. 능력이 있고 관록이 있다면 말이다.

여기서 한마디하고 가겠다. 많은 사람들이 나보고 영어를 잘할 것이라고 여긴다. 나는 솔직히 영어를 그리 잘하지 못한다. 내가 세계 여러 나라에서 성공하는데 영어를 잘했기 때문이 절대로 아니다. 언어는 물론 중요하다. 하지만 언어보다도 진정성이 더 중요하고 열정이 더 중요하다.

동남아시아, 서아시아 이 지역 중에서 싱가포르, 인도네시아, 말레이시아는 어느 정도 자리가 잡혀 있는 국가라고 볼 수 있다. 하지만 아직도 멀었다. 특히 동남아시아를 주목하라. 우리가 잘 아는 베트남, 태국, 캄보디아 등 이런 나라들은 한국의 젊은이들이 사업의 자리를 잡을 수많은 기회를 가진 나라들이다. 이 나라뿐 아니다. 어마어마한 인도 시장도 마찬가지이다. 그 주변의 국가들도 보라. 얼마나 기회가 많이 있는지.

국가 시스템이 제대로 만들어진 곳이 별로 없다. 인도만 봐도 인구가 10억이 넘는다. 그곳에는 할 일이 태산같이 많다고 할까? 인도는 최첨단과 과거가 공존하는 세계이다. 그곳에서 당신의 날개를 펼치는 데 전혀 문제가 없다.

동남아시아 어느 나라도 당신이 간다면 그곳은 당신을 위해 준비된 곳이라는 사실이다. 단지 도전하지 못하는 당신이 문제이지,

그 땅과 그곳의 사람의 문제가 아니다.

아프리카 아프리카는 어떤가? 아프리카는 죽음의 땅인가? 아니면 저주의 땅인가? 당신이 젊은이로서 그 땅을 그렇게 봤다면 당신의 생각을 고쳐야 한다. 우리나라도 이렇게 선진국 문턱에 들어선 지 불과 얼마 되지 않는다.

아프리카에 가 보라! 돈이 넘치고 기회가 넘치고 역동성이 넘쳐난다. 그들은 기회를 찾고 있고 서구의 수많은 광고들이 넘쳐나고 젊은이들이 하나같이 최신 핸드폰에 열중하고 있다. 아프리카에 당신이 간다면 거기에 숨겨진 멍청한 돈은 당신이 다 가질 수 있다. 남아프리카, 북아프리카라고 상황이 다를 것 같은가?

남아프리카는 남아프리카공화국을 위시해 몇 나라만 질서가 잡혀 있을 뿐 사업의 질서는 아직도 멀었다. 그렇다면 당신이 그곳의 개척자로 나서면 되지 않을까? 북아프리카는 이집트, 모로코 등 자원이 풍부한 나라들이다. 관광산업으로 먹고사는 나라가 많다. 하지만 그들이 가지고 있는 잠재력을 무시하지 말라.

남미 열정의 나라 중남미 멕시코부터 브라질까지 찬란한 문화 역사를 가진 나라들, 그곳에 가면 나도 그들과 같이 열정의 사람이 된다. 그래서 나는 그곳이 좋다.

한국에서 또는 아제르바이잔에서 비행기를 타면 거의 30시간 이상 타야 그곳에 가지만 나는 그곳에 도착하면 피곤함을 모른다. 열정의 사람들 속에 같이 있으니까 나도 덩달아 힘이 난다. 그래서 많은 사람들이 나를 열정의 사람이라고 한다.

그들은 새로운 시대를 준비하고 있는 사람들 같았다. 새로운 시대를 준비하는 그들에게 불어 닥친 것은 대단한 한류 바람이다. 한국 제품은 없어서 못 판다. 여기저기 코리아라는 이름만 대도 융숭한 대접을 받는다. 나는 당신이 진정 사업을 하려고 한다면 남미에 가서 자리를 잡으라고 하고 싶다. 기회의 나라, 엄청난 보화가 있는 나라 그래서 엄청난 돈이 남미에 몰려 있다.

그들 역시 친절하기로 유명하다. 손님 대접 잘하고, 충성심이 강하다. 물론 혹자는 잘 속이는 민족이라고 말한다. 그러한 말에 속지 말라! 나는 전 세계를 다니면서 솔직히 한국 사람처럼 사기 잘 치는 사람들을 본 적이 없다. 나는 젊은이들에게 아니 도전의 의지가 있는 사람이라면 몇 년 고생할 생각하고 해외에 도전하라고 한다. 오히려 한국보다 기회가 더 있다.

앞에서 성공하려는 마음에서도 말했지만 남들과 똑같이 해서는 성공을 맛볼 수 없다. 남이 하지 않는 것에 도전해서 그것을 내 것으로 만드는 것이 진정한 성공이다. 나는 그래서 삼 년만 참으면 무엇이든 된다고 믿는다. 내가 2년을 고생하고 나니까 길이 열렸고 사람들이 주변에 모여들기 시작했고 그 사람들이 내 사업을 만들어 주었다. 옛날 군대 말에 거꾸로 매달아도 삼 년은 간다는 말이 있다. 성공을 위해서 자신의 모든 것을 걸 수는 없는가? 세상에 공짜는 없다. 내 것으로 만들려면 고생을 감수해야 하고 뜨거운 열정으로 밀고 나가야 한다. 그래서 열정은 배반하지 않는 것이다.

중동 중동은 알다시피 이슬람 국가를 중심으로 이루어진 지역이다. 이곳은 오래 전부터 종교와 무역을 통해서 영토를 확장해 온 나라들이 있는 곳, 그들은 상업과 무역 그리고 영토 확장에 목숨을 걸고 살아왔다. 지금도 이들은 종교를 중심으로 국가를 운영하며 사업의 영토도 종교 차원에서 확장해 나간다. 그러한 이유 때문에 이들은 정직과 신뢰를 최우선 덕목으로 삼는다. 중동에서 사업하려면 제일 중요한 것이 바로 종교라고 생각할지 모르지만 이들이 중시하는 것은 꼭 종교만은 아니다. 그들은 한국 사람의 빨리빨리 문화와는 거리가 멀다.

나는 2014년 6월에 카타르 도하의 왕세자가 불러 모든 것을 지원받아 다녀온 적이 있다. 이유는 2020년 월드컵 축구장 전광판과 신도시의 회전형 전광판 설치를 위한 초청이었다. 당시 대화 중에 그들이 제일 강조하는 것이 신뢰 부분이었다. 앞에서 못 믿을 사람으로 이란 사람 언급을 하였지만 숨도 거짓으로 쉬는 사람이라는 말을 들을 정도의 사람은 사실 소수에 불과하다.

내가 오랫동안 무슬림들과 같이 살다시피 하면서 배운 게 있는데 그들은 손님을 왕처럼 여기고 존경한다는 것이다. 그러나 한국 사람들은 어떤가? 해외에서 보는 한국 사람들의 평판은 그리 좋지 못하다. 중동에는 아직도 많은 기회가 있다. 모든 것을 수입에 의존하는 나라들, 그곳에서 얼마든지 틈새시장을 노리고 사업을 진행할 수 있다. 중동의 무슬림들도 이제는 글로벌 시대에 맞게 적응하고 있으며, 잠재력 또한 무한한 지역이다.

유럽 유럽에는 장장 약 40개 국가가 있다. 대부분 선진국이다. 물론 선진국 대열에 들지 못한 나라도 있다. 하지만 유럽에도 기회는 있다. 내가 알고 있는 유럽의 많은 지인 중에서 성공한 사람들이 많다. 유럽은 단일 통화 국가이고, 교통의 발달로 물류가 잘되어 있으며, 문화적으로도 많은 공감대를 가지고 있다. 유럽은 잘 발달된 복지를 바탕으로 문화 콘텐츠가 풍부하다. 유럽인은 자유분방하지만 절제력이 있어 소비적이지는 않다. 그렇더라도 유럽의 40여 개 국가는 굉장히 매력이 넘치는 곳임이 틀림없다. 그곳에서는 문화, 예술, 복지, 첨단기계 부분, IT 융복합 기술, 관광 등 다양한 분야에서 사업을 할 수 있다.

찬란한 문화가 넘치는 유럽에서의 사업은 문화를 알아야 한다. 사업에 문화를 접목할 수 있다면 대박도 가능하다. 문화적 자질과 사업의 기질이 있는 당신이라면 유럽은 이미 당신의 영토임이 틀림없다. 나는 2012년에 체육부장관 초청으로 알바니아를 세 번이나 방문했다. 알바니아 축구장 건설 때문이었는데 사람들이 너무 친절하고 다정다감했다. 축구장 공사를 위해서 방문을 했지만 성과는 이루지 못했다. 국가 재정이 너무 열악해서 공사를 하기엔 한계가 있었다. 이를 계기로 스페인에서도 축구협회로부터 어느 축구단이 축구장 리모델링을 하겠다고 지인을 통해 연락을 받기도 했으나 지속적인 관계는 이루지 못했다.

나는 마흔이 넘어서 세계를 향해 갔다. 물론 이전에도 여러 나라를 다녔다. 그중에서도 아제르바이잔에서 17년을 살면서 세계를 향한 날개를 펼칠 수 있었다. 내가 아제르바이잔에서 사업을 하면서 제일 역점을 둔 것이 돈을 벌어서 이 나라에 투자하고 교육 사업을 위해 나눔을 하겠다는 의지였다. 목적이 있으니까 더 열심히 일을 했다.

앞에서도 말했지만 사업 초년생이 겪은 아픔과 고통은 이루 말할 수없이 많았지만 이런 과정을 넘어설 수 있었던 것도 목적이 있었기 때문이었다. 2002년도에 사업을 시작해서 2004년도까지 실적 없이 상황에서도 "난 절대로 포기하지 않아."라는 말을 외치면서 사업에 몰두했다. 수없이 사업에 관한 책을 읽고, 방법을 찾고, 개척해 나갔다. 그 결과 서서히 사업의 문이 열리기 시작했고, 그것은 바로 사람이었다. 한 사람을 소중이 여기자 그 사람이 더 많은 사람을 소개했고 나는 사람 관리를 철저히 했다.

전 세계 어디를 가든 당신의 자유이다. 그곳에 당신이 자리를 잡을 수 있는 확률이 한국에서 자리 잡을 확률보다 더 높다는 사실이다. 한국에서 대학 등록금이면 그곳에서는 몇 년을 살 수가 있다. 그렇게 되면 당신은 그 나라의 전문가가 될 수 있다.

현지어를 잘하면 현지인으로부터 존경을 받는다. 나는 현지어를 완벽하게 구사하고 있다. 우스개소리로 아제르바이잔 대통령이 나에게 한 말이 나보다 아제르바이잔어를 더 잘한다고 말한 적이 있다. 대통령은 구소련의 지배 하에서 자랐고 러시아어를 배우면서 살아서인지 어딘가 모르게 어눌한 모습이 있다. 물론 대통령은 웃자고 한 말이겠지만 나는 기분이 좋았다. 내가 태어나지 않은 곳에서 영토를 만든다는 것처럼 희열이 있을까? 그것은 이루어 본 사람만이 그 맛을 안다.

12

비즈니스 선교의 위기관리 필요성

1. 위기는 모두가 겪는 과정이다

세상에 존재하는 모든 곳에는 위기가 있다. 국가, 사회, 집단 그리고 가정 이외에도 사람이 존재하는 곳에는 위기가 존재하고 있다. 그런데 위기를 잘 준비하고 있는 곳에는 위기를 위기로 보지 않는다. 오히려 위기를 또 하나의 기회로 볼 수도 있다. 마찬가지로 비즈니스 선교에도 위기가 있고 선교 자체에도 위기가 있다. 여기서 말하는 선교는 선교라는 항목과 선교사라는 항목 그리고 피선교지라는 것으로 나눌 수도 있을 것이다. 선교의 곳곳에 위기가 있는 것이다. 그래서 각 선교단체에서 위기관리 시스템을 만들고 대응팀을 조직하고 있는 것이라고 본다.

마찬가지로 비즈니스에도 위기가 있다. 내가 비즈니스를 하면서 수많은 위기에 봉착하였다. 처음에는 대응 능력이 없어 곤란한 경우가 너무도 많았지만 시간이 흐를수록 대응 능력이 생겼다. 이러한 과정을 거치면서 나는 비즈니스 현장에서 발생하는 많은 위기를 성공적으로 대응하였고 성공의 시나리오를 만든 것이다. 위기관리를 잘한 것이 바로 90%의 불가능을 100%의 성공으로 만든 것이다. 이것은 바로 위기관리 능력이 탁월하다고 볼 수 있는 것이다.

나는 선교와 선교사에게도 다양한 위기가 있다고 본다. 이러한 현장에서 특별이 비즈니스를 하는 선교사에게 위기는 더 많다는 사실이다. 비즈니스 선교사가 일반적인 선교사, 즉 전통적 선교사보다 더 위기가 많다는 것은 선교사 기본에 대한 위기와 비즈니스에 대한 위기가 있다는 것이다. 내가 만나 본 비즈니스를 하는 선교사들에게서 위기감을 느끼고 있는 모습을 많이 보았다. 이것은 내가 경험한 위기와도 같은 것이었다. 그래서 비즈니스 선교사에게 필요한 것이 비즈니스를 하면서 선교하는 선교사들에게 비즈니스 선교 위기관리 능력이 필요하다는 것이다.

비즈니스 선교사만 위기가 있는 것이 아니라 모든 선교사가 위기를 갖고 있다. 그러므로 비즈니스를 하면서 닥쳐오는 위기를 두려워해야 할 필요가 없다. 사실 비즈니스는 정해진 룰에 의해서 움직이지 않는다. 상대방에 의해서 결정되기도 하고 나의 주관에 의해 결정되기도 한다. 선교사가 비즈니스를 하면서 위기가 온 것에 대해 낙심하고 절망할 필요가 없다는 것이다. 위기는 비즈니스를 하는 선교사이든 전통적 선교사이든 누구에게나 다 온다는 사실이다. 비즈니스를 하면서 닥쳐온 위기를 내가 전통적 선교 방식을 버리고 비즈니스를 하기 때문에 오는 것이 아닌가 하는 생각에 두려워할 필요가 없다. 성경의 수많은 인물을 보라. 하나같이 위기를 겪고 있었다. 그 위기를 넘길 수 있었던 것은 위기를 위기로 보지 않고 넘어야 할 하나의 주체로 보았다는 사실이다.

2. 처음 24시간이 중요하다

나에게 위기가 닥쳐왔을 때 참으로 고통스럽고 넘기 어려운 산맥 같았다. 그 위기를 몇 날 며칠 끌어 앉고 씨름하고, 기도하고 별별 생각에 잠겨서 헤매던 시간이 있었다. 하지만 지나고 보면 아무것도 아니었다. 그러한 경험을 통해서 깨달은 것이 위기가 왔을 때 그 위기를 24시간 이상 다시 말하면 하루 이상 가슴에 간직하고 있을 필요가 없다는 것이다. 내게도 세계 여러 곳에서 사업을 하면서 위기가 거대한 파도같이 밀려왔다. 그런데 지나고 보면 하루 사이에 다 해결되는 것을 보았다. 많은 경험을 통해서 얻어진 것이 위기는 24시간 안에 해결 가능하고 해결되는 것이다. 물론 아무것도 안 하는데 스스로 해결된다는 것은 아니다. 위기가 닥쳤을 때 위기를 극복하고자 하는 마음이 있어야 하고 발생한 24시간이 나의 미래와 비즈니스의 미래를 좌우할 만큼 중요하다는 것이다. 다시 말하면 바둑에서 가장 중요한 것이 첫돌과 포석이듯이 위기관리도 마찬가지라고 말하고 싶다. 처음 24시간에 합리적이고 이성적으로 잘 준비하면 나머지는 자연적으로 해결된다는 것이다. 앞으로 닥칠지도 모르는 위기 상황을 대비해야 할 이유는 24시간이 중요하기 때문이라고 본다.

3. 위기관리팀을 만들어야 한다

위기가 발생하였을 때 위기관리에 대한 대책을 준비하지 않으면 우왕좌왕하다 모든 것이 실패하고 만다. 개인이든 단체든 언제든지 위기가 발생한다는 전제하에 준비해야 한다. 준비하는 사람에게는 당해낼 재간이 없다. 그러므로 위기가 발생해서 해결하기보다는 위기를 위해 준비하고 위기가 발생할 경우를 대비해서 준비팀을 만들어야 한다. 그래야 위기가 발생했을 때 조기에 위기를 해결할 수 있다. 혼자서 위기를 해결하려는 것보다는 팀 안에서 서로 위로하고 격려하면서 기도로 중보하는 과정을 통해 위기를 극복해야 한다.

위기가 발생하면 위기를 해결하느라고 정신이 없다. 이때 위기관리팀을 만든다고 가정해 보자. 얼마나 당황하고 혼란스럽겠는가. 하지만 위기관리팀이 만들어져 있을 경우 위기를 해결하는 과정이나 절차가 합리적으로 진행될 수 있는 것이다. 비즈니스에서 위기가 발생하면 많은 재정적 손실이 발생한다. 물론 인명 손실보다는 파생되는 문제가 작을 수는 있다.

하지만 비즈니스에서 발생하는 위기는 재정적으로 팀의 위기에 빠트릴 위험이 있다. 무슨 말이냐 하면 재정적 문제로 팀 안의 분위기가 깨지고 관계가 무너진다. 나는 이런 사례를 너무도 많이 보았다. 사람과의 관계에서 제일 우선순위를 둘 필요가 있는 것이 재정적 관계이다. 비즈니스에서 계약이 성사되면 기쁨이 배가 되겠지만 그렇지 못하고 재정적 손실이 발생하면 서로 간의 신뢰가 깨지고 은혜로 왔던 분위기는 삽시간에 지옥의 불바다가 되는 것이다. 이러한 상황을 대비해 위기관리팀을 만들어야 한다.

이러한 상황을 수습하고 해결할 수 있는 중보자를 만들어야 한다. 하나님과 우리 사이를 중보하는 멋진 중보자 예수 그리스도가 있지 않은가? 그 중보자를 향한 마음으로 위기관리팀을 만들어야 한다.

4. 위기관리 스토리를 만들어라

위기가 발생하면 모두가 혼란스럽다. 어디서부터 어떻게 해결할지에 대해 의견이 다양하고 서로의 주장이 앞서기 때문에 상황 해결이 더 늦어지는 수가 다반사이다. 이러한 문제를 해결하기 위해서 시나리오를 만드는 것이다. 다시 말하면 위기를 가상해 스토리를 만드는 것이다. 물론 위기가 스토리대로 발생하고 진행되는 것은 아니다. 하지만 스토리를 만들어 놓으면 적응하기가 쉽고 어려운 일도 쉽게 해결할 수 있다. 나는 사업 현장에서 위기가 발생할 때 나에게 다가오는 위기는 계약에 따른 문제나 공사 중에 발생하는 경우가 대부분이다. 처음에는 시나리오가 없어서 당황하고 두려워했지만 이제는 그런 문제에 직면했을 때 노하우가 있어 당황하지 않는다. 개인이든 단체든 위기가 발생하는 다양한 시나리오를 만들어서 대처할 방법을 만들어 놓으면 조기에 위기를 극복할 수 있다. 그리고 시나리오를 만들 때 아주 구체적으로 만들 필요가 있다. 다시 말하면 육하원칙에 준해서 만들면 더 좋다.

혼자서 시나리오를 만드는 것도 있을 수 있지만 여러 사람의 의견과 현장 사람들의 의견을 조합해서 만들 필요가 있다. 좋은 스토리는 전장에서 막강한 화력과 같다고 할 수 있다. 막강한 화력을 가진 부대는 전장에서 공격권을 가지고 있기 때문에 당연히 승리 할 수 있는 것처럼 성공적인 위기관리에도 훨씬 유리하다는 것이다. 우리가 어떤 사건이 발생했을 때 좋은 변호사를 원하는 이유는 무엇인가? 다시 말하면 재판에서 유리하게 말할 수 있기 때문이다.

이와 같이 좋은 스토리는 위기를 해결할 수 있는 좋은 증거가 되는 것이다. 좋은 스토리가 없다는 것은 그만큼 유리한 증거가 없다는 것이고 좋은 스토리가 많다는 것은 유리한 증거가 많다는 것이다. 이와 같이 좋은 위기관리 스토리를 만들어 놓으면 닥쳐오는 위기가 재앙이 아니라 오히려 복이 되는 것이다.

5. 절대로 거짓말하지 마라

거짓말하는 것은 위기관리에서 가장 흔히 일어나는 일이다. 다반사로 일어나는 사건들을 보라. 대부분 정직하지 못한 모습에서 나타나고 쉽게 해결할 수 있는 것을 더 큰 위기로 만들어 가는 모습을 수없이 보았다. 위기가 발생했을 때 정직하지 못하면 더 큰 위기를 만들 수 있다. 이것이야말로 위기를 해결하기보다는 더 해로울 수가 없다. 재판에서도 한순간의 거짓말이 탄로나는 순간 모든 것이 끝나는 경우도 있다. 마찬가지이다.

위기가 발생했을 때 정직해야 쉽게 해결할 수 있다. 이를 명심해야 한다. 정직하지 못하므로 쉽게 해결할 수 있는 문제들이 더 커지는 경우를 수없이 보았다. 위기가 닥쳤을 때는 용기 있게 정직해야 위기를 쉽게 극복할 수 있다. 바이어는 처음에는 한번쯤 속아 줄 수도 있다. 하지만 바이어와 관계를 맺는 것이 너무도 중요한 비즈니스에서 나의 진정한 바이어를 만들기 원한다면 절대로 거짓말을 해서는 안 된다. 나에게 주어진 환경과 문제를 정확히 진실하게 말하면 바이어는 이해를 하고 더 좋은 관계를 맺을 수 있다.

6. 끝맺음을 잘하라

한국 속담 중에 "말 한마디에 천 냥 빚을 갚는다."는 말이 있다. 이처럼 위기가 발생했을 때 끝맺음을 잘해야 한다. 다시 말하면 정리를 잘 해야 한다는 것이다. 다가온 위기를 해결하는 과정과 절차를 기록하고 파일화해 놓으면 그것은 귀중한 재산이 된다. 끝맺음을 잘하면 서로에게 위로가 되고 문제가 발생하지 않는다. 위기를 극복하고도 끝맺음을 잘하지 못함으로써 서로 간에 앙금이 생기는 경우가 다반사이다. 끝맺음을 통해서 서로 신뢰와 단결심이 생기고 위로가 되면서 팀 안에서 더 화기애애한 분위기가 형성되는 것이다. 끝맺음을 잘하므로 그것이 노하우가 되어 더 공고해지는 결과를 가져올 수도 있고 어떠한 위기가 닥쳐와도 해결할 수 있다는 자신감이 넘치는 것이다.

가장 중요한 것은 위기가 닥쳤을 때 개인이든 단체든 주체가 되는 사람이다. 다시 말하면 위기관리를 주관하는 사람이다. 위기관리를 주관하는 사람이 위기를 극복하겠다는 의지를 가지고 나아갈 때 위기는 극복되는 것이다.

3부

혁신적 비즈니스 선교
(Kingdom business)의 결론

01

선교사들을 비즈니스 선교사로 전환시켜라

1. 선교사들의 현실적 상황

나는 아제르바이잔에 입국해 초임 선교사 시절 자동차를 사려 할 때 모임에서 이슈가 되었다. 그 나라는 지금도 마찬가지이지만 외국 차들이 100%다. 그리고 벤츠가 60% 차지하는데 나는 중고 벤츠를 사고자 선임 선교사한테 말했다. 의외의 답이 돌아왔다.

"만약 벤츠를 사면 당신의 회장한테 말할 테니까 알아서 하십시오."

아니 차하고 선교회 대표하고 무슨 상관이란 말인가? 나는 할 말을 잃고 말았다. 나는 이때 선교사들의 생각, 즉 사고를 알 수 있었다. 나는 그 후 그 선교사한테 이러한 말을 해 주었다.

"당신은 오래된 선교사이기 때문에 더 잘 먹어야 하고, 나는 초임 선교사라서 더 오래 사역해야 하니까 더 잘 먹어야 합니다. 차도 마찬가지입니다. 그래서 내가 중고 벤츠를 사려는 것입니다. 결국 한국 중고차를 샀는데 고생고생하다 손해보고 팔아 치운 적이 있다. 벤츠가 더 좋다고 하는 것이 아니다. 내가 말하려는 의도는 선교사는 모든 것을 자기의 관점에서만 맞춘다는 것이다.

나는 이렇게 했으니까 당신도 이래야 한다는 고정관념이 있다. 선임 선교사들은 후임 선교사가 오면 자기가 경험한 것 이상을 말해 주지 않는다. 하지만 나는 후임 선교사들에게 늘 이렇게 했다. 좋은 집 얻고 좋은 환경에서 살아야 한다. 그래야 오래 선교할 수 있고 행복하게 선교할 수 있다. 물론 좋은 것만이 다가 아니다. 하지만 선교지의 환경 속에서 내가 원하는 대로 살 수는 없다고 해도 사역을 감당할 수 있는 여건 속에서는 살아야 한다. 이번 장에서는 나의 경험을 토대로 선교사의 형편을 알아보고자 한다.

신분이 자유롭지 못함 전체 파송 선교사 중 신분이 자유로운 사람은 얼마나 될까 싶다. 아마도 미국이나 유럽 기독교 국가에서조차도 신분이 자유롭지 못한 실정이다. 나는 선교지에서 신분에 대해 현지인이 물을 때 신분에 대해 거짓말을 하고 살았다. 내가 전도한 사람들과 모임에서도 신분에 대해 말할 수 없었다. 이유는 그들이 진정으로 예수 그리스도를 영접했는지 아니면 나의 모든 것을 파악해 경찰이나 KGB에 고발하지 않을까 하는 두려움이었다. 이러한 이유로 사업을 하게 되었고, 그 결과 나는 신분의 자유로움을 얻었고 사역에 날개를 달았다.

전 세계 어느 나라도 선교사와 목사를 환영하는 나라는 없다. 미국도 자국의 경제에 도움이 되지 못하는 사람들은 제한하는 환경이 되었다. 하지만 경제인들은 전 세계 어느 나라에서도 그야말로 대환영이다. 이유는 선교사와 목사는 표면적으로 자국에 이익을 주지 않지만, 사업가는 자국 경제에 엄청난 이익을 주기 때문에 어느 나라에서도 극진한 대접을 받는다. 그러므로 신분 또한 자유롭다. 하지만 선교사는 여러 면에서 제한적이고 자유롭지 못하다. 신분이 자유롭지 못하다는 것은 그만큼 활동의 제한성을 가지고 있다는 것이다. 신분이 자유롭지 못하다면 선교적 활동에도 제한적이고 위축될 수밖에 없다.

경제적으로 자유롭지 못함 나는 지금도 하나님의 공급하심 속에서 산다. 예수 그리스도를 나의 하나님, 구세주로 처음 고백한 시간부터 지금까지 하나님의 공급하심 속에서 사는 것이다. 내가 특별히 선교사이기 때문에 하나님께서 더 특별히 더 공급해 주는 것은 아니다. 하나님은 모두에게 공평하시고 자비로우신 분이다.

내가 초창기 선교사 때 가장 힘들었든 것이 생활비와 사역비 그리고 경제적으로 자유롭지 못한 것이었다. 항상 쪼들리고 여유가 없고 선교비가 조금이라도 늦게 오면 당황했다. 설마 하나님이 나를 이곳에 파송해 놓으시고 굶기시기야 하겠는가! 믿는 구석과 담대함이 있었지만 그래도 나는 사람이므로 염려와 걱정을 안 할 수 없었다.

내가 볼 때 많은 선교사가 경제적 여유를 가지지 못한다. 이유는 보내 주는 선교비는 한정되어 있고 현지의 경제 상황이 수시로 바뀌고 사역의 지출이 물가상승으로 인해 올라갈 수밖에 없는 것이다. 이러다 보니 생활적으로 안정되지 못하고 사역 또한 제한적일 수밖에 없는 것이다. 여기다가 비즈니스 선교를 하라고 강요를 받을 때는 태산이 무너지는 것 같은 마음이 아닐 수 없다.

많은 선교사들이 비자에 엄청난 시간을 소비한다. 선교사에게 비자는 양날의 검이다. 비자 없이는 아무것도 할 수 없다. 거주를 못 하는데 무슨 사역을 한단 말인가? 많은 선교사가 비자를 받기 위해 많은 애를 쓴다. 사실 본부에서는 이러한 사실을 알지는 못한다. 비자를 받기 위해 재정과 많은 시간이 투자되었는데 원하는 기간만큼 받지 못할 때 엄청 스트레스를 받는다.

나 역시 초창기에 그랬다. 아제르바이잔 외교부를 조석으로 갔다. 너무도 화가 나서 이러면 안 된다는 것을 알지만 담당 직원하고 소리를 지르며 싸운 적도 있었다. 왜 이럴까? 가진 자의 횡포인가? 아니면 그들이 선교사인 나를 알고 인내를 테스트하는 것일까? 비자만 받으면 사역의 반은 했다는 볼멘소리도 있다. 그만큼 선교 사역에 있어서 비자가 소중한 이유이다. 비자 비용이 올라갔지만 비자 기간이 축소되고 이럴 경우 사역의 모든 것이 무너질 수도 있다는 생각을 하면 잠이 안 온다. 오로지 하나님만을 찾을 수밖에 없는 것이다. 사람의 마음을 움직여 비자를 빨리 받을 수 있도록 해 달라는 기도 밖에는 뾰족한 수가 없다. 내가 그 나라에 어떤 경제적 이익이라도 주고 있으면 큰 소리라도 쳐 볼 것인데 그것도 아니고 게다가 신분을 속이고 선교하러 와서 무슨 권리를 찾을 수 있다는 말인가? 오늘도 많은 선교사가 비자 사역 일선에 있다는 사실을 알아야 한다.

사역과 추방에 대한 불안감 비자 문제가 해결되지 못하고 추방에 대한 불안감이 증가하면서 사역에 대한 스트레스도 증가하고 여러모로 피곤해진다. 사역에 있어서 제일 중요한 것은 정확한 현지 정착이다. 하지만 선교사들은 신분을 위장하고 사역을 하므로 내부에 어떤 자들이 있는지 알지 못한다. 전도된 사람 중에도 언제 어떻게 배반의 모습으로 나타날지 모르고 모임을 경찰에 신고할 수도 있는 경우가 다반사이다. 나도 이 부분에서 아주 진하게 경험한 바이다. 죽이고 싶을 정도로! 이러한 환경 속에서 현지인과의 관계는 늘 긴장 관계이고 피동적일 수밖에 없다.

하지만 추방에 대한 염려가 없는 나라에서는 이러한 문제가 없을 수도 있다. 이러한 경우 대부분은 이슬람 지역에서 비일비재하게 나타난다. 추방의 문제에서 벗어나려면 신분의 확실성과 현지인과의 상대에서 신분의 정확성을 가질 필요가 있다. 어정쩡한 상태의 신분은 더 노출되기 쉽고 신뢰가 될 만한 신분의 확실성을 가질 필요가 있다. 이러한 이유에서 비즈니스 선교가 신분의 불안에서 탈출할 수 있는 좋은 방안이다.

사역에 대한 부담 증가 선교사들은 사역에 대한 부담이 없을 수가 없다. 물론 자기의 사역을 누가 뭐라고 할 사람은 없다. 하지만 현지인과의 관계, 파송 단체나 교회와의 관계 속에서 부담이 없을 수 없다.

첫 번째 부담은 전도된 사람들이 성장이 더디고 전혀 변화가 일어나지 않는다는 것이다. 많은 수고와 인내를 하고, 많은 것이 투자되지만 실제 상황은 그다지 만족하지 못하다는 것이다. 나 역시 많은 이들을 전도해서 같이 학원과 회사를 만들어 운영했지만 초창기에는 기대 이상의 구체적인 성과를 만들어 내지 못했다. 몇 년이 지나서야 회사를 획기적으로 개편하고서 작은 성과들이 나타나기 시작했다. 하지만 회사 직원으로서 해야 할 역할은 충분히 했지만, 신앙의 관계에서는 참으로 힘들었다. 사역의 부담이 이것인데 현지인들이 신앙의 연속성이 없고 들쑥날쑥 하는 데서 오는 중압감이라고 할까? 아니 이 부분은 사역자들 자신의 문제일 수도 있다. 좀 더 기다려 주고 가르치면서 인내가 필요한 부분인데 사실 퍼주면서 같이 가는 처지라 뭐라고 말할 수 없는 부분이다.

나는 전도를 통해서 얻은 사람들을 회사에 취직을 시켜서 다양한 일을 하도록 해 주었다. 어떤 이는 영어를 가르치고, 어떤 이는 컴퓨터를 가르치고, 어떤 이는 책을 번역하는 등 나의 일을 분배해 주고 서로의 삶을 헌신하도록 하였다. 이로 인해 사역의 결과들이 나타났는데 20여 권의 책 번역과 예수 영화를 아제르바이잔어로 번역 그리고 아제르바이잔어 성경 앱 개발과 온라인 인터넷 사이트 운영 등 다양한 성공적 미션을 수행하였다. 하지만 사업적 요소는 성공했다고 볼 수 있지만 그들의 신앙적 관점은 여전했다. 사역자가 원하는 대로 성장해 주고 믿음의 깊이를 가진다면 얼마나 좋을까? 하지만 그리 쉽지 않다.

또 하나의 부담은(사실 이 부담이 더 클지도 모른다. 나도 매달 3개월마다 선교 보고를 하는데 참으로 힘들 때가 많았다.) 매달하는 선교 보고이다. 물론 선교사의 의무 중에 당연히 사역에 대한 보고, 즉 후원하는 교회와 파송한 기관에 보고하는 것은 당연한 의무이자 또한 권리일 것이다. 하지만 사역의 진도가 느리고 없을 때는 이것처럼 곤욕스러운 것이 없다. 많은 선교사가 이 부분에서 힘들어하는 모습을 보았다. 나는 새중앙교회 선교 총괄 목사를 하면서 파송한 선교사들에게 선교 보고를 재정보고와 함께 1년에 한 번씩만 보고하도록 했는데 너무도 좋아하는 모습을 보았다. 나 역시 사역을 하면서 정기적으로 기도편지와 사역 보고는 부담이 되었다.

영적, 육적 피로감 사실 어느 선교지이든 쉬운 곳은 없다. 미국이라고 선교가 쉬울까 싶다. 하지만 이슬람 국가나 창의적 접근 국가는 다른 지역에 비해 영적, 육적 피로도가 더 높다. 선교지에서 사람을 접촉해서 다시 말하면 사람들의 눈을 피해서 전도한다는 것은 쉬운 일이 아니다. 오랫동안 관계가 맺어져야 하고 관계가 맺어진 상태에서도 서로의 신뢰가 확보된 상태에서 복음을 전하는 환경이 조성되기 때문에 육적인 피로도가 높다.

우리나라처럼 처음 만나 복음을 전할 수 있으면 얼마나 좋을까? 하지만 그런 환경이 많지는 않다. 한번은 이런 경우가 있었다. 배우는 현지 언어를 연습도 할 겸 사람을 찾아 대화를 시도하려고 공원에 있는 중에 우연히 같은 동네에 사는 학생을 만나 반갑게 인사를 나눴다. 그렇게 대화를 하고 있는데 같은 동네에 사는 또 다른 친구가 다가왔다.

"데이비드, 여긴 웬일이야?" 하면서 또 반색하는 것이다.

이제 세 사람이 같이 앉아 대화를 하는데 먼저 온 친구가 나중 온 친구에게 물었다.

"너 데이비드가 바쿠에 왜 왔는지 알지?"

"응."

"데이비드가 나한테 언어 배우러 왔다고 했어. 맞지?"

"데이비드?"

"응."

"맞아."

그랬더니 먼저 온 친구가 화를 내며 말했다.

"데이비드, 너 나한테는 역사 공부하러 왔다고 했잖아?"

나중에 온 친구에게 한마디를 더하는데 이번엔 나도 어찌할 줄 몰라 식은땀을 줄줄 흘리면서 진퇴양난에 빠졌다

"야! 친구야 이거 봐! 데이비드는 선교사야!"

뭐라고 변명한 시간도 없이 내가 자리를 일어날 수밖에 없었다. 이러한 일들은 선교지에서 비일비재하게 일어난다. 이러한 사건들이 선교사들을 영적으로 육적으로 힘들게 하는 것이다.

자녀 교육과 노후에 대한 불안 선교사 자녀들은 대부분 하나님의 공급하심 속에 원하는 교육을 받고 있다고 본다. 참으로 넘치는 복이랄까? 하지만 선교사 자녀 대부분이 그렇다고 볼 수 없을 것이다. 원하는 대학에 들어갔다고 해서 선교사 자녀들이 행복할까? 글쎄 선교사 자녀들의 실상을 뭐라고 이야기할 수는 없다. 하지만 일부는 부모님과 떨어져 살아야 하는 환경 때문에 어려워하는 부분도 있을 것이다. 이러한 부분에서 선교사들의 자녀 문제도 힘들게 하는 요소 중의 하나라고 볼 수 있다.

그리고 또 하나는 선교사들의 평균 연령이 갈수록 높아지고 있다. 세대교체가 이루어지지 않으니까 선교사들의 나이가 많아지고 그러다 보니 노후 문제와 건강 문제가 발생하고 있다는 사실이다. 선교사들의 노후 문제는 이미 심각한 상황이다. 선교지에서 오랫동안 사역을 하다 보니 한국의 형편과 사정에 어둡고 그렇다고 파송 단체나 교회에서 노후 문제에 대해 관심을 가지고 싶어도 재정적 여건이 허락되지 않으니 참으로 안타까운 현실이 다가오고 있다. 그렇다고 누구 하나 뾰쪽한 대안을 내놓지 못하고 있다. 이러한 현실 속에서 사역도 힘든데 선교사에게 노후 문제는 하나의 사치일지도 모르겠다. 그저 하나님의 공급하심만 바라고 죽으라고 사역만 할 뿐이다.

선교사들은 자존심이 최대의 무기 선교사들은 세계 선교에 대한 뜨거운 열정과 부르심에 대한 자존심으로 자부심이 어떤 사역자들보다 강하다. 사실 선교사들은 어떠한 여건과 환경일지라도 자기에게 주어진 세계 선교에 대한 열망을 저버릴 수 없다. 이것은 어떠한 부르심보다도 강한 것이다.

주님의 지상명령에 대한 거룩한 순종이고 더 나아가 충성이다. 이러한 부르심에 대한 확고한 응답으로 어떠한 환경과 여건 속에서도 하나님이 공급해 주시는 자양분을 통해 살아가고 있다. 대부분의 선교사는 열악한 선교지의 환경 속에서 자기에게 주어진 선교의 대의를 위해 목숨 바쳐 일하고 있다. 이런 선교사들을 향해 한국 교회가 잠시 경제적으로 어렵다고 해서 비즈니스와 선교를 병행하라는 것은 한국 교회와 선교단체의 깊은 반성이 요구된다.

2. 선교사가 비즈니스를 할 수 있는 장점

내가 만난 많은 현직 선교사들이 비즈니스를 하고 싶어 한다. 이유는 재정적인 요소가 제일 크다고 볼 수 있다. 하지만 사업이라는 것은 그리 호락호락하지 않다. 그런데 나 역시 선교사에서 사업가로 바꾸어 가는 과정에서 발견한 장단점이 있었다.

언어를 잘한다 내가 아제르바이잔에서 사업에 성공할 수 있었던 요인 가운데 하나가 언어였다. 현지인과 늘 같이 살다 보니 누구보다도 생활 속의 현지 언어를 능수능란하게 구사할 수 있었다. 사실 아제르바이잔어에는 러시아어가 상당히 정착되어 있다. 하지만 나는 러시아어를 공부하지 않았지만, 현지인들이 사용하는 언어에서 전혀 문제가 없었다. 그리고 대통령과 영부인에게 완벽함에 가까운 현지 언어는 존경의 대상이었고 자기들의 고유 언어를 외국인이 현지인처럼 사용해 주는 것에 대한 감사의 마음도 읽을 수 있었다.

선교사들은 사실 언어를 몇 개 언어는 구사하고 산다. 나 역시 현지 언어와 약간의 영어를 구사하기 때문에 어디 가도 생존하는 데는 문제가 없다. 현지 언어를 완벽하게 구사한다는 것은 바로 비즈니스에 대한 감각도 있다는 것이다. 모든 비즈니스가 대화에서 이루어지고 대화를 통해서 서로의 공감 가운데 거래가 이루어지는 것이기 때문에 언어가 제일 중요하다고 할 수 있다. 물론 통역을 통해 할 수도 있다. 나는 많은 나라에서 통역을 통해 사업을 완성했다. 하지만 현지인과의 사업에서는 통역 없이 사업을 이루어 갔다. 현지 언어를 능숙하게 구사하는 데에 있어서 현지인에게 받는 프리미엄이랄까? 나는 그러한 상황을 수없이 경험하였다. 선교사들이 언어를 유창하게 구사하는 것은 비즈니스를 성공적으로 할 수 있는 조건이 된다.

정치 문화에 대한 이해도가 높다 선교사들은 선교지의 정치와 사회, 문화에서 이해도가 높다. 왜냐하면 시시때때로 변하는 환경을 주시하면서 선교지에 대처를 해야 하기 때문에 항상 뉴스에 민감하게 반응한다는 것이다. 나 역시 초기 사역 때에는 시간 있으면 현지 TV를 보았다. 언어를 배울 겸 그리고 현지에서 어떠한 상황들이 벌어지는지 늘 알아야 신속하게 대처할 방법을 찾을 수 있기 때문이다.

어느 날 TV를 보는 중에 지진이 발생해서 집이 흔들리고 있는데 아직 TV에서 방송하지 않고 있었다. 불안한 마음에 바로 현지 동역자들에게 전화를 했는데 연결된 사람이 없었다. 두 번째 여진이 발생하고 나서 TV에 중계되기 시작했고 우리는 아파트를 빠져나와 동네 마당에 대피했다.

이처럼 선교사들이 이런 상황을 포함해 정치, 경제, 문화, 사회 등에 이해도가 높은 것은 바로 비즈니스에도 엄청난 도움을 줄 수 있다. 비즈니스를 하는 사람들은 늘 이러한 환경에 민감하게 반응한다. 나 역시 마찬가지다. 내가 현지 국가의 뉴스를 늘 보는 것도 이러한 상황을 알아야 하기 때문이다. 그러므로 선교사들은 비즈니스에 대한 감각을 정치, 문화, 사회를 통해서 배우고 있는 것이다.

지역의 유지다 나는 지역의 모든 사람과 잘 어울려 지냈다. 나는 주머니에 늘 초콜릿을 가지고 다녔다. 만나는 사람에게 대화 중에 초콜릿을 주면서 대화의 분위기를 만들었고, 관공서에 갈 때도 늘 초콜릿을 가지고 갔다. 일을 진행하면서 공무원들에게 초콜릿을 주면 더 상냥하게 일 처리하는 것을 수없이 봤다.

내가 처음으로 중국에 가서 베이징 호텔에서 경험한 바이다. 겨울이었는데 상당히 날씨가 추웠다. 고급 호텔이었는데도 방이 어찌

나 춥든지 잘 수가 없었다. 데스크에 방이 춥다고 해도 어쩔 수 없다는 것이다. 그래서 하루는 관광을 마치고 들어오면서 선물을 샀다. 그리고 방을 청소하는 웨이터한테 선물을 주면서 특별히 방에 이불 하나를 더 주고 자스민차 보온병을 하나 더 줄 것을 요청했는데 웨이터는 선물을 받더니 하나가 아니고 3개나 더 주었다. 물론 팁도 주었지만 이처럼 하나의 선물은 사람을 감동하게 하고 원하는 것을 얻을 수 있다.

작은 정성을 베풀어 주는 것을 통해서 나는 지역의 많은 사람을 친구처럼, 형제처럼 알고 지냈다. 무슨 일을 할 때도 그들이 나서서 자기들의 일처럼 해 주었다. 그러므로 나는 지역의 유지처럼 살았다. 그들 또한 나를 자기들의 동료처럼 대해 주었다. 그러므로 나는 제일 먼저 컴퓨터 지원 사업을 내가 사는 동네 학교부터 지원하였다. 그 뒤로 나는 더 자연스럽게 동네의 유지가 되었다. 동네에서 무슨 일을 하든지 어려움을 겪지 않았다.

우체국에 한 달에 한 번씩 가야 한다. 인터넷 요금과 전화 요금을 내기 위해서이다. 가면 동네 사람들이 창구에 줄을 서 있다. 하지만 나는 그들의 양보로 늘 먼저 내고 온다. 그들이 나를 지역의 유지로 알아주고 받들어 주기 때문이다. 지역의 사람들이 늘 나에게 말한다.

"데이비드! 살면서 어려운 일 있으면 말하세요!"

사람을 좋아한다 선교사가 사람을 좋아하지 않는 사람이 있겠는가! 그렇다. 모두 다 사람을 좋아한다. 나 역시 사람을 좋아한다. 그러므로 사업도 할 수 있다. 사업을 하는 사람이 사람을 좋아하지 않는다면 어떻게 하겠는가?

사업은 사람과의 관계에서 이루어지는 것이다. 그런데 사람을 싫어한다면 할 수 없다. 비즈니스를 하면서 깨달은 것이 있다. 내 파트너가 나를 더 잘 안다는 것이다. 처음 만나는 파트너도 늘 나에게 호감을 느끼고 달려든다. 그것은 무슨 이유 때문일까? 내가 자기들을 좋아하는지 알기 때문이다. 사업하는 사람들은 수많은 사람을 만나기 때문에 그 사람의 표정만 보아도 호전적인지 아니면 우호적인지 바로 알아본다. 선교사들은 사람을 좋아하기 때문에 비즈니스의 성품을 가졌다고 볼 수 있는데 이것이 비즈니스 하는데, 최고의 강점이라고 볼 수 있다. 나는 어디를 가든지 사람을 찾았고 찾은 사람을 내 사람으로 만들었다.

정직하다 선교사들은 정직하다. 하나님 앞에서 그리고 사람 앞에서 정직을 무기로 산다. 그러므로 사업을 하는데 정직이 우선인데 정직한 성품을 지니고 있으므로 사업을 하는 데 있어 우선순위가 될 수 있다. 사실 비즈니스는 상대에게 속이고 속이는 것의 연속일 수 있다. 하지만 속인다는 것보다는 하나의 비즈니스 스킬에 속한다고 볼 수도 있는데 내가 비즈니스 하면서 수많은 사람을 만났는데 정직하지 못한 사람이 많다는 것이다. 상대방이 정직하지 못하다고 해서 나마저 정직하지 못하면 안 된다. 정직은 사업을 성공적으로 이끄는 절대 불가결한 요소이다. 나는 이 정직으로 어려운 비즈니스 세계에서 성공을 만들 수 있었다.

전쟁터에서 살고 있다 선교사들은 사실 영적, 육적으로 전쟁터에 살고 있다고 해도 과언이 아니다. 영적으로 늘 눌리고 살 때도 많고 육적으로도 시달리고 산다. 나는 이것을 일컬어서 전쟁터에서 산다고 말한다. 사실 그렇다. 선교지는 최전방이 아닌가? 주님이 보내신 최전방에서 영적, 육적으로 전략적 대결을 벌이고 있다. 선교사들은 최전방에서 전략과 전술을 바탕으로 생존하고자 최선의 공격과 방어를 하면서 살아간다. 이러한 전쟁터에서 생존하고 있는 선교사들이 비즈니스의 상황 속에서도 살아갈 수 있다고 본다.

3. 선교사가 비즈니스를 할 수 없는 단점

비즈니스 경험이 없다 이미 파송된 선교사들 가운데는 평신도 선교사들이 있는데, 평신도 선교사들은 비즈니스를 하다가 온 사람도 있다. 하지만 파송된 선교사의 70-80%가 목회자 선교사들이다. 그러다 보니 선교사로 파송되기 전에 비즈니스를 경험한 바가 없다는 것이다. 이러한 환경 속에서 자란 선교사들이 비즈니스 세계 속에서 비즈니스를 수행할 수 있다는 말인가? 내가 경험한 바로는 참으로 힘들다. 나 역시 평생 비즈니스를 해 본 경험이 없으므로 맨땅에 헤딩하면서 배운 것이고 더 힘들게 입문했던 것 같다.

내가 한국에서 비즈니스 선교 강의를 하면서 느낀 게 많은 강사들이 이론적으로는 무장이 되어 있는데 실전과 경험이 없다는 사실이다. 이러한 사람들이 한국 교회를 다니면서 한국 교회가 어렵다느니 하면서 이제는 비즈니스 선교가 필수요 대세라고 하는 모습을 보면서 참으로 안타까운 마음을 금할 수 없다. 물론 시대적 상황을 따라가지 않을 수 없다. 하지만 비즈니스를 수십 년 한 사람도 어려운데 선교지에서 목숨 걸고 선교하는 선교사들에게 교회가 어렵다고 선교와 비즈니스를 병행하라고 가르치는 교회나 단체를 보면서 하나님은 어떤 생각을 하고 계실까?

세상에 대해 모른다 선교지에 가서 느낀 게 있는데 내가 세상을 몰라도 너무 모른다는 것이었다. 그럴 수밖에 없는 것이 신학교를 졸업하고 목회 현장에서 살다 보니, 즉 목회라는 울타리 안에 있는 성도와의 관계가 전부이다 보니 세상이 어떻게 돌아가는지 몰랐다. 다시 말하면 세상과 단절되어 살았다는 표현이 더 맞을 것 같기도 하다. 비즈니스는 다른 게 아니고 사람과의 관계 속에서 이루어지는 것인데 교인과 목회자, 다시 말하면 수평적 사고의 원리가 아닌 수직적 관계 속에서 살다 보니 다양한 환경에 사는 사람들과 차이가 있었다.

비즈니스 현장에서 많은 어려움을 겪게 되었다. 매달 공급되는 사례비에 의존하다가 비즈니스의 현장에서 내가 벌어서 사역과 삶을 이끌어야 하는 환경 속에서 다양하게 만나는 사람들의 속성이 다름을 알게 되고 교회 안에서 만난 사람하고 전혀 다른 세상을 경험하게 되는 것이었다.

사회적 경험이 없다 세상에 대해 모르면서도 사회에 대해서도 경험이 없는 것이 문제였다. 다시 말하면 사람은 사회적 동물이라서 사회적 구성 속에서 살아야 하는데 특정한 집단 속에서 살다 보니까 사회에 대해 경험이 부족한 것을 실감할 수 있었다. 그러다 보니 선교지에서 비즈니스하면서 느낀 게 바로 내가 사회성이 떨어지는 것을 실감하였다. 물론 다른 선교사들의 경우는 어떨지 모르지만 내가 경험한 바로는 사회적 경험, 즉 다시 말하면 실패, 고통, 어려움, 아픔, 슬픔, 다양한 사회적 현상에 대한 이해가 부족하였고 경험이 부족하였다.

인적 네트워크가 없다 물론 내가 현지에서 비즈니스를 하면서 네트워크가 있을 리는 만무하다. 하지만 사업을 하면서 느낀 게 사업의 전후를 볼 때 사업 후에 만나는 사람이 다르다는 것이었다. 사업하기 전에는 만나는 사람이 나보다 약자일 수도 있고, 같은 레벨의 사람일 수도 있었다. 다시 말하면 복음을 들어줄 수 있는 사람을 나는 만나려고 했다.

하지만 사업을 하면서 내가 만나는 사람들이 달라졌다. 정부 고위층 인사 그리고 유명 기업인들을 만나는 등 인적 네트워크가 굉장히 넓어지고 있음을 느꼈다. 아제르바이잔에서는 사회 곳곳의 영향력 있는 인사들 약 3천 명 정도의 전화번호를 가지고 있는데 이 중에는 대통령 비서실장, 총리, 부총리, 장관, 국회의원 그리고 다수의 대학 총장들, 이런 사람들이 파트너다. 하지만 내가 비즈니스를 하기 전에는 핸드폰에 20여 명도 안 되는 현지인 명단이 전부였다.

새로운 환경에 적응을 두려워한다 내가 선교지에서 처음 사업을 하려고 할 때 두려운 것이 내가 과연 사업을 할 수 있을까? 두렵고 힘들었고 고통스러웠다. 내가 해 보지도 않은 일을 할 수 있을까? 하는 불안과 고민의 연속이었다. 선교사들은 주어진 환경과 여건 속에서는 맡겨진 사명을 잘 감당하는 편인데 새로운 환경에 적응하려면 주저하고 망설이는 경향이 있다. 이유는 목회라는 환경 속에서만 살아왔기 때문에 다른 여건의 환경, 즉 다시 말하면 새로운 사회적 환경에 적응이 어렵다는 것이다.

경제에 대해 모른다 나 역시 경제에 대해 문외한이었다. 세상에 나가 돈을 벌어 본 적이 없으니 부모가 주는 돈에 의지해 피동적으로 살았으니 경제에 관해 관심도 없었고 신앙생활하면서 그리고 신학교 다닐 때 배운 거라고는 하나님이 주시면 먹으면 되고, 안 주면 금식하라고 하신 신학교 교수의 말대로 살았다.

이 방법이 최고의 방법 아닌가? 난 그대로 살았다. 그러다 보니 가정은 생활이 풍족하지 못했다. 한마디로 늘 어려울 수밖에 없었다. 그때는 백 원을 천 원처럼 쓸 여유도 없었다. 한마디로 있으면 그때 당장 써야 할 때였다. 너무도 가난하고 힘들었으니까! 이런 상황 속에서 경제를 배워야 할 이유도 알아야 할 필요도 없었다.

사실 어디 나 뿐이겠는가? 나는 사업을 하면서 경제도 하나님이 주셨다는 것을 알았다. 경제를 잘 활용하면 그것은 하나님의 영토를 확장하는 데 우선순위가 된다는 것을 깨달았다. 선교사들이 경제를 모르는데 그들에게 비즈니스 선교를 하라고 몰아붙인다고 되는 것이 아니다.

4. 선교사 그들은 누구인가?

꽃으로도 때리지 마! 꽃보다 아름답다 나는 경제학이나 경영학을 공부한 사람도 아니지만, 끝없는 도전 정신으로 오늘의 나를 만들었다. 사업을 할수록 재미가 있었고 행복했다. 그렇다고 어려운 일 없이 승승장구한 것만은 아니라 수없이 실패하고 실패를 거듭했다. 실패 정도가 아니라 비참한 경험도 많이 했다. 수많은 고비와 인내가 필요했고 고통을 감내해야 했다. 그래도 나는 10%의 가능성을 100%의 현실로 만드는 일에 거침없이 도전했고 지금도 도전하고 있다. 나는 이런 도전을 통해 다른 사람들에게 용기를 주고 싶었고 롤 모델을 만들고 싶었다.

현재 수십만 개의 중소기업 파일 그리고 해외 인적 명함 4만여 개 그리고 교포와 동포들의 네트워크를 가지고 있으며, 2018년 평창 해외홍보단을 전 세계 80여 개 국가에서 운영하고 있다. 나는 이러한 네트워크를 통해서 수많은 중소기업을 지원하는 일을 하고 있다. 90%의 불가능을 100%의 가능성으로 바꾸는 일에 과감히 도전장을 내기를 바란다. 당신의 앞과 뒤에는 주님이 계시기 때문이다.

사업가가 도전하는 모습을 현지 직원이 보고 배우도록 하고, 그들에게 기업 경영에 대해 전수하라. 그들이 장차 그들 나라에서 당신의 복음의 후예가 되어 영향력을 행사하게 만들어라. 당신은 제 2의 리빙스턴이 될 수 있다. 오늘날 리빙스턴의 후예들이 아프리카에 얼마나 많은가? 비록 아프리카 대륙에서 숨을 거두었지만, 그의 믿음의 유산을 받은 수많은 크리스천이 지금까지 아프리카에 영향력을 주고 있다. 끝없는 도전을 계속하는 사업가는 참으로 꽃보다 아름다운 자라고 생각한다.

어려운 현지에서 사업을 열고 현지 사람들과 동고동락하면서 선교의 이정표를 세우기 위해 노력하는 당신이야 말로 꽃보다 아름답고 향기로운 존재다. 당신이 진정한 향기를 풍기는 선교사, 사업가의 꽃이 된다면 당신의 향기를 알아주는 응원가가 곳곳에서 당신의 이름을 기억할 것이다.

모든 것 희생하며 삶을 바치는 사람들 "당신은 행복한 선교사입니까?"

많은 선교사에게 물었다. 질문한 자체가 잘못일 수도 있다. 하지만 선교사들은 누구인가? 자신의 모든 것을 포기하고 정치, 경제, 문화, 사회적 환경이 다른 나라에서 오로지 복음 하나 들고 다른 국가에 가서 생명 바쳐 일하는 사람들 아닌가? 그들은 때로는 부모와 자식과도 아니 자신의 모든 것을 바쳐서 일하는 사람들이다.

"누군들 그렇게 일하지 않는 사람이 있나요?"라고 반문할지는 몰라도 사실 선교사처럼 헌신적으로 일하는 사람이 있는가? 나 역시 선교지에 유언장을 기록하고 들어갔기 때문에 더 절절히 열정적으로 일했다. 아무리 힘들어도 어려워도 그러려니 하고 담담하게 일했다. 왜냐하면 나에게 복음의 열정과 선교가 뼈 속 깊이 묻혀 있으므로 죽을 각오하고 일했다.

영혼에 대한 불타는 열정이 없었다면 내가 짧은 기간에 많은 사람을 전도해서 세례 주고 같이 한솥밥을 먹으면서 성장시키지 못했을 것이다. 그들은 나에게 세례를 받으면서 하나님의 음성을 들은 것을 말했고, 하나님이 그들을 통해서 역사하신 수많은 사건을 들려주었다. 그때마다 살아 계신 하나님을 찬양했고 평생 같은 마음을 가지고 주님 앞에 살자고 약속했다. 내가 희생하고 죽을 각오를 한 순간 나의 열정은 선교에 목숨 건 사람처럼 일하기 시작했다.

현지인과 선교사의 암묵적인 관계 내가 복음을 전한 사람들의 면면을 살펴보면 하나같이 내가 그들을 선택했지만 어떻게 보면 그들이 나를 선택했고, 그들이 나에게 필요를 느꼈고, 나에게 응답해 자신들의 필요를 채운 것이라고 볼 수 있다.

초창기에 전도가 잘된다고 생각했다. 이상하게도 언어가 잘 안 되는데도 만나는 사람마다 복음을 전하는데 쉽지는 않았지만 하나같이 복음을 받아들이고 나의 사역 안에 들어왔다. 처음에는 많은 무리가 들어오니 너무도 기뻤다.

"아, 선교는 이것이구나."

하지만 시간이 지나면서 그들이 내가 원하는 이상의 성장이 필요한데 그것과는 거리가 너무도 멀었다. 물론 전부가 그런 것은 아니었다. 시간이 지날수록 지출은 많아지는데 도저히 성장의 반응이 나타나지 않는 것이다. 왜 그럴까 싶어 나의 사역을 구체적으로 점검할 필요가 있다고 생각했다. 얻은 결론은 내가 퍼주기만 했기 때문에, 다시 말하면 저들의 필요를 채워 주었기 때문에 저들은 나를 찾았고 나 역시 그 합당한 대가로 그들을 얻었구나 싶었다. 그래서 나는 그때 '나의 선교 방식이 잘못되었구나!' 하고 직감했고 이런 선교는 아무런 영혼 구원에 의미가 없다는 것을 깨달았다. 물론 나중에는 이들 가운데 많은 이들이 진정으로 거듭나고 교회의 진정한 일원으로 되었고, 아직도 일하고 있는 사람들이 있다.

언더 미션(Under Mission)에서 탈출하라 나 역시 한동안 언더 미션에 목숨을 걸고 그들에게 최선을 다하면 언젠가는 변화되고 그들 가운데 진정한 예수의 제자들이 나올 거라고 생각했다. 맞는 말이었다. 하지만 한마디로 말하면 영양가는 없었다. 나는 선교지를 다니면서 수많은 선교사가 언더 미션(Under Mission)에 목숨을 걸고 대부분의 사역이 치중되어 있는 것을 발견하였다. 물론 예수님도 이 땅에 오셔서 병들고 가난하고 지치고 힘든 사람들과 같이 하셨다. 그들 중에 많은 사람이 예수님의 헌신적 제자가 된 것도 사실이다. 하지만 예수님은 그 사람하고만 일하신 것은 아니다. 사회에 영향력 있는 사람들하고도 대화하셨고, 그들에게 복음도 전하셨다.

나는 내가 행하는 언더 미션의 결과를 보면서 업 미션(Up Mission)을 할 수 없는가? 좀 더 영향력 있는 사람들에게 복음을 전하고 그들에게 영향력을 줄 수는 없는지 심각하게 고민하게 되었다. 그 결과 사업을 시작하게 되었고 사업을 시작하니 내가 만나는 사람들의 레벨이 달라졌다.

상위층의 사람들이 복음의 영향력으로 나의 언어와 행동을 보고 크리스천이 되어 가는 과정을 수없이 보았다. 나는 언더 미션도 필요하고 업 미션도 필요하다고 본다. 하지만 언더 미션보다는 업 미션이 더 많은 영향력을 만들고 주고 있다. 업 미션은 개인과 집단에 엄청난 영향력을 줄 수 있다. 그들뿐만 아니라 그들이 속한 집단에게도 영향력을 줄 수 있다. 언더 미션(Under Missions)에 집중하다 보니 황당한 사건들이 선교지에서 많이 나타났다.

곳곳에서 일어나는 황당한 사건들 현지인 사역자들과 기도 모임도 하고, 말씀을 나누며, 나의 사역의 모습을 보여 주면서 비즈니스와 선교를 통한 자기의 먹거리는 자기가 만들어 가야 한다고 자주 말하였으나 잘 먹히지 않았다. 이유는 여러 가지가 있으나 현지인 사역자 대부분이 일하면 안 된다는 너무도 보수적인 사고방식을 가지고 있었다.

그래서인지는 몰라도 내가 하는 사역을 이해하지 못하는 것 같았다. 현지인 사역자 모임이 자주 진행되면서 나의 생활에 대해 나눔을 요청할 때가 많았다. 즉 다시 말하면 나에게 공급되는 사역비

나 현지에서 수입이 발생하는 부분을 나누어 주기를 바라는 것이었다. 물론 나누어 같이 쓸 수도 있다. 하지만 나에게 공급되는 것을 어떻게 나눌 것이며, 내가 노력해서 번 수익을 어떻게 나누는 것에 대해 고민이 필요했다. 나는 사역비와 내가 벌어들인 수익을 통해서 섬기는 모임에 있는 자들에게 공급하기도 모자란다. 그런데 많은 현지인 사역자들이 대놓고 이야기할 때가 있다. 선교사님에게 공급되는 것은 하나님이 공급해 주는 것이니까 우리에게 나누어 줄 의무가 있다고 말할 때 나는 황당할 수밖에 없다.

필리핀에 있을 때 이야기이다. 한 선교사가 고국 사역 위해 3개월간 한국에 들어갔다가 집에 오니 모든 집기가 하나도 없이 도둑을 맞았다. 그래서 경찰에 신고했으나 범인은 잡지 못하고 그냥 지나가고 말았다. 원통하고 마음이 상하지만 현지 치안이 그런 것을 어쩌겠느냐 하고 마음을 삭이며 지나갔다. 그리고 몇 개월 지났다. 도둑맞은 선교사님이 섬기는 교회의 현지 전도사 집에 갈 일이 있어 갔는데 자기의 물건이 거기에 다 있는 것 아닌가?

"전도사님! 왜 나의 물건을 도둑질해 갔습니까?"

"하나님의 돈으로 주고 산 물건 내 집으로 옮겨 사용하는 데 무슨 문제가 있습니까?"

이런 황당한 소리에 미칠 것 같았다는 이야기를 듣고 나 역시 어안이 벙벙했다. 그런 비슷한 일들이 나만 겪는 일인가? 아니다. 내가 현지인 사역자들한테 들은 거나 내가 섬기는 사람들한테 들은 이야기와 별반 다르지 않다. 이러한 황당한 사건들이 선교사로 하여금 사역의 의지를 꺾고 마는 것이다. 물론 복음을 전하기 위해서는 이러한 일보다 더 많은 황당한 사건들이 있을 수 있다. 하지만 나는 내가 가장 아끼는 사람에게 배반을 당해 보면 이보다 더 가슴 아픈 것은 어쩔 수 없나 보다.

사역의 진전이 쉽지 않다 항상 그대로인 사역! 나는 세계적으로 비즈니스 선교 강의를 다니면서 많은 선교사를 만난다. 선교사들에게 비즈니스 선교 컨설팅을 하면서 하나같이 말하는 소리가 사역비와 사역의 문제들이다. 사역의 진도가 없어 고민하고 사역비 때문에 고민하는 선교사들을 많이 보았다. 몇 사람 데리고 씨름하다 보면 그 사람들마저도 성장할 여건이 안 된다.

"저희도 한없이 퍼주어야만 합니다."

이것은 바로 내가 경험한 요소들이다. 선교 활동은 하지만 성장하지 않는 성도들 그리고 도저히 희망이 보이지 않는 성도들의 모습을 보면서 애달아하는 모습! 나 역시 같은 경험이 있기에 더 찐하게 마음에 와 닿는다. 왜 사역의 진보가 없을까? 아니 사역에서 한 사람이면 어떻고 빨리 성장하지 않으면 어때요? 그런가 싶다. 나 역시 이런 딜레마에 빠져 힘든 과정이 있었다. 후원하는 교회는 성장해 가는 모습을 보여 달라고 요청하고, 사역이 늘어야 그나마 보내지는 선교비도 중단이 안 되기 때문이다.

사역을 힘들어하는 많은 사역자를 보면서 언제나 마음의 여유를 가지고 마음껏 사역할 수 있을까 생각이 많았다. 거기에 머무르고 있는 것만 해도 선교가 아닌가? 왜 이렇게 생각을 못할까 싶다. 거기에 머무르는 것만 해도 그 땅을 밟으며 중보 기도하고 그 땅에 아버지의 마음이 흘러넘치도록 기도하는 것만 해도 그 땅에 머무르는 목표를 이루는 것이 아닌가!

시행착오를 반복하는 선교 방법 나도 선교지에서 늘 시행착오를 반복하였다. 첫 번째의 시행착오는 다름이 아니고 한국적 방법이었다. 한국적 예배를 고집하고 그것에 벗어나면 안 된다는 생각이 지배적이었다. 하지만 현지 교회의 모습은 전혀 그렇지 않은데 처음에는 그것을 고집하였다. 아니 변화를 받아들이기가 쉽지 않았다.

두 번째는 현지인이 되는 것에 대한 두려움이 있었다. 그러다 보니 나의 독선적인 선교 방법이 시행착오를 반복하게 했다. 다시 말하면 내가 하는 것이 법이었고, 복음이었고, 하나님의 방법이었다. 현지인들과 수없이 부딪치고 힘든 일이 수없이 많았다.

세 번째는 현지 교회의 예배 방법은 도저히 받아들이기 어려웠다. 그것은 어딘가 모르게 복음의 진정성이 빠진 것 같고 어딘가 모르게 내 마음에 들지 않으니 하나님도 마음에 들지 않을 것이라는 생각이었다. 사실 현지 교회를 가 보면 사도신경이나 대표기도 그리고 여러 가지 예배절차가 다른 것을 볼 수 있다. 이러한 것이 나로 하여금 아니 많은 선교사에게 딜레마를 주는 현상이었다.

사실 내가 만나는 많은 선교사의 입장이 나의 입장이었다. 각 나라의 상황에 맞는 예배가 때때로 혼란이 왔고 전혀 복음적이지 않게 느껴질 때가 많다는 것이다. 현지인들에게 한국적 복음과 성장을 강조하다 보니 서로의 견해차가 커서 갈등과 아픔이 있었다는 사실이다.

갈등과 배반 속에 산다 나도 내가 전도한 사람들 속에서 엄청 고생했다. 나는 모두에게 똑같이 대해 주는데 차별을 받았다느니 대접을 다르게 했다느니 하면서 갈등이 발생한다. 사역이 커지면 커질수록 갈등이 더 많이 생기는 것을 경험했다. 다양한 사람들이 모이다 보니 서로 간의 갈등이 사역자에게 다가오고 그로 인해 오해가 발생해 반목과 시기와 질투 그리고 다툼이 발생해 나를 곤경에 빠지게 했다. 선교지를 방문하면서 뼈아프게 듣는 말이 이 부분이다.

잘해 주고 리더로 키우려고 했는데 서로 시기하고 질투하면서 사역자를 배반하고 시기하는 모습들이 다반사로 나타난다. 과거 속담에 자기 옆에 가장 가까운 사람이 가장 큰 적이라는 말이 있다. 나는 이 말을 아주 실감한 사람이다.

반복해서 나타나니 힘들어지고 때로는 현지인으로 인해 사역의 길에서 갈등과 고민을 하는 많은 사역자를 많이 만났다. 예수님도 사람들과 살면서 유다의 배반으로 인해 마음이 얼마나 아프셨을까? 사람이 제일 힘든 게 사람 속에서 사는 것이다. 나는 사업가로 살면서 사람을 소중히 여기지만 선교할 때보다 더 힘든 것이 사람 관계이다. 사람 관계 속에서 서로의 신뢰가 무너질 때 오는 파장은 엄청

나서 감당하기가 쉽지 않다. 정체성 혼란을 겪는 선교사나 비자 문제, 추방의 문제, 전도한 사람들이 성장하지 않고 수없이 반복되는 퍼주는 사역 속에서 정체성 혼란이 수없이 왔다.

　나는 전통적인 사역을 진행하면서도 사역의 혼란이 왔었고, 비즈니스 선교를 하면서도 갈등은 발생하였다. 정체성도 혼란이 왔고 또 하나는 외부의 환경이 혼란에 빠트리기도 하였다. 거기서 헤어나는 방법은 자기자신의 정체성을 만들고 늘 성령 충만 속에서 선교사의 본질을 찾고, 선교에 대한 사명 인식과 철저한 기도로 무장하는 것이다. 선교지의 환경과 그 외에 여러 환경에서 오는 갈등을 스스로 정리하지 못하면 자기 관리에 실패하고 만다. 그러다 보면 사역의 의욕은 떨어지고 건강을 잃게 되고 자기 관리를 못 하게 된다.

02
전통 선교사가 비즈니스 선교사로 가는 과정

1단계_비즈니스 개념 익히기

많은 교회와 선교단체가 재정적 어려움에 부딪치다 보니 비즈니스 선교를 강조하고 있다. 하지만 비즈니스 선교는 엄청난 위험과 부담을 가지고 있다. 실제로 10년, 30년 사업하는 사람들을 만나봐도 사업은 힘들고 어렵다고 말한다. 이러한 현실에서 한국에서도 사업이 어렵다고 하는데 그것도 한국은 물론 외국에서 사업해 본 경험도 없는 자가 외국에서 비즈니스와 선교를 병행한다? 이것은 소가 웃을 일이다. 그렇다고 안 할 수 없는 일 아닌가? 한국 교회가 어렵고 후원할 대책이 없는데 그리고 더 나아가 비자, 거주 문제를 이 방법이 아니면 해결할 수가 없다. 오, 하나님 어찌하오리까?

사실 목사 선교사는 전 세계 어디에서도 환영을 받지 못한다. 하지만 사업가는 어디를 가나 환영을 받는다. 이유는 무엇일까?

그렇다면 비즈니스를 통한 선교를 하려면 구체적 방법을 교육을 받아야 한다. 작금의 교회나 선교단체를 보면 비즈니스를 하는 선교사들이 비즈니스 선교를 이렇게 해야 한다고 강의를 하는 모습을 종종 보았다. 자기도 힘들어하면서 그리고 자기도 비즈니스 선교 모델도 없으면서 강의하는 모습을 보면서 안타까운 마음을 많이 가졌다. 그들 역시 나름대로 비즈니스 선교의 환경을 만들어 가고자 애쓰고 있음을 인정한다.

출국 전에 비즈니스하던 사람은 먼저 선교 훈련이 되어야 하고 다음은 현지 비즈니스 환경부터 조사해야 한다. 조사할 때 선교사의 도움이 필요하지만 그곳에서 사업하는 한인 동포나 교포들에게 의뢰해 도움을 받는 게 좋다. 선교사들에게 도움을 받으면 한정된 도움만 받을 수 있다. 사업을 시작할 때 현지에서 필요한 법인 등록 혹은 지사 등록 요건, 사무실 임대료, 직원, 각종 현지 정부의 요구 사항, 현지 시장 현황 그리고 나에게 잘 맞는 사업 종목 등을 고려하는 등 다각적 조사를 해야 한다.

'하나님의 일을 하니까 하나님이 다 해 주시겠지. 나는 기도와 몸만 가면 돼.'라는 안일한 사고방식은 아주 위험한 발상이다. 하나님이 일하시기 위해서도 사전에 철저한 준비가 필요하다. 나는 아무 준비 없이 선교지에 오는 수많은 선교사를 보았다. 그런데 그들의 상황은 어떤가? 하나님이 먹여 주시고 입혀 주시고 하는데 왜 그들은 비즈니스 선교에 목을 매는 것일까? 참으로 아이러니하다.

출국 후에는 현지 언어를 배우면서 사업을 바로 시작해야 한다.

이유는 언어를 배우는데 에너지를 소진하면 사업에 동력이 떨어져서 힘들다. 어느 정도 영어가 되기 때문에 사업을 준비하는 방법도 기존의 선교사 방식으로 하면 안 된다. 보통 선교사는 언어를 배우고 난 뒤 사역을 시작하는데 비즈니스 선교사는 사업이 우선이기 때문에 바로 사업을 시작해야 한다. 절대로 언어를 배우는데 기력을 소모해서는 안 된다. 언어를 배우되 영어로 소통하면서 사업을 바로 시작하는 게 중요하다. 여기서 이것이 포인트다.

한국에서 또는 현지에 가서 잠시 시장조사할 것이 맞지 않을 수도 있다. 그러나 실망할 필요는 없다. 당신의 사업의 필드는 한국이 아니라 현지이기 때문이다. 지금부터 선교와 사업의 전쟁터에 있다고 생각하면 된다. 다시 말하지만 전통적인 선교 방법을 따르면 당신은 중도에 포기하고 말 것이다. 현지에 도착하면 사무실을 알아보아야 한다. 로케이션이 중요하고 당신이 일하기 좋은 여건이라면 최상이다. 그 다음 직원은 어떻게 뽑을 것인가? 그리고 세무사, 변호사 등 직원을 채용할 때도 채용에 근거한 고용 계약서를 철저하게 작성해 계약해야 한다. 이 부분에서 정(情)이 들어가면 당신은 앞으로 계속해서 그에게 휘둘리며 살아갈 수밖에 없다. 법인이나 지사를 설립하는 과정은 변호사의 도움을 받아야 한다.

현지에 회사를 설립하고 사업을 진행하는데 답답하고 한국과 전혀 다른 환경에서 사업을 시작해야 하는 과정이므로 잘 견디면서 차근차근 준비하는 과정이 필요하다. 여기서 갈 길을 잃으면 당신은 앞날은 고생길이 훤하다는 것을 스스로 알게 될 것이다.

비즈니스가 무엇이라 생각하는가? 이윤을 남기는 행위인가? 단순히 이윤을 남기는 행위, 즉 돈을 버는 행위를 비즈니스라고 한다면 비즈니스 하는 모든 사람이 돈을 벌어야 한다. 실상은 그렇지 않다. 그 이유가 무엇일까? 여기에서 비즈니스의 본질을 짚어 볼 수 있다.

모든 비즈니스의 성립은 고객을 확보하는 것에서 시작한다. 상품 개발이나 자본금 확보가 비즈니스의 출발점이 아니라는 뜻이다. 혹자는 자본이 있어야 창업할 수 있다고 생각한다. 하지만 자본금이 탄탄하다고 비즈니스를 성공하는 것이 아니다. 대기업처럼 자본이나 조직력이 탄탄하다고 해서 실패하지 않을 것이라는 생각은 오산이다. 좋은 제품에 관해 초점을 두는 경우도 마찬가지다. 아무리 좋은 제품이 있다고 해도 그것을 사겠다는 고객이 없다면, 그 회사는 망한다.

자본과 좋은 상품이 없어도, 고객만 확보하고 있다면 어떤 제품도 팔 수 있다. 일본의 어떤 출판사는 책을 출판하기에 앞서, 대형 서점에 출간 예정인 서적의 주요 줄거리를 알려 주고, 구매 의향을 물어 책의 제작부수를 정한다고 한다. 즉 출고 수량을 미리 주문 받기 때문에 재고가 없다. 성공의 열쇠는 뛰어난 상품이나 풍부한 자본금이 아니라 고객을 확보하는 능력인 것이다. 고객을 확보할 능력만 있어도 당신의 비즈니스는 90% 이상 성공한 것과 같다.

소규모 업체의 비즈니스란? 잠재적 고객을 어떻게 저비용으로 모을까? 그들과 어떻게 계약할까? 그들을 어떻게 고정 고객 또는 충성 고객으로 만들까? 그들을 통해 어떻게 다른 고객들을 소개받을까? 새로운 고객들의 마음을 어떻게 붙잡을까? 그들과 어떻게 인간적이고 감정적인 연결고리를 맺을까? 이런 모든 고민을 어떻게 지속해 나가고 혁신해 나갈까? 이런 고민을 하는 것이 작은 회사의 비즈니스다.

비즈니스의 요체는 고객 확보다. 나의 상품에 관심을 두는 잠재 고객을 확보하여, 구매 고객으로 이끌고, 나아가 반복해서 상품을 구매해 줄 단골 고객으로 유지해 나가는 행위, 이것이 바로 비즈니스 핵심이다. 즉 고객을 확보하는 행위이다.

다음은 잘 새겨 두어야 할 성공적인 비즈니스의 10대 요소다.

1. 경제성, 즉 수익성이 좋아야 한다.
2. 시장 진입이 쉬워야 한다.
3. 분야의 시장이 성장하는 추세여야 한다.
4. 투자 비용이 적고, 대규모 선 투자 없이 진입 가능해야 한다.
5. 위험도가 낮아야 한다.
6. 지속 가능한 사업이어야 한다.
7. 고객과 함께 성장할 수 있어야 한다.
8. 단기, 중기, 장기적으로 수익이 나와야 한다.

9. 경쟁이 없는 새로운 시장을 창출해야 한다.

10. 경쟁사의 진입장벽이 높은 분야라야 한다.

"비즈니스는 본질적으로 격식이나 승부 혹은 총결산이나 이익, 거래, 장사 등 이른바 경영서에서 주장하는 것들이 아니다. 비즈니스란 사람의 관심을 사로잡는 것이다. 만일 당신이 무엇인가에 대해 깊은 관심을 두고, 어떤 일을 하고자 한다면 그것은 비즈니스를 하고 있는 것이다."

'괴짜 기업가'로 통하는 영국의 버진그룹 창업자이자 회장인 리차드 브랜슨(Richard Branson) 역시 돈을 버는 것이 비즈니스 전부가 아니라고 말한 바 있다. 경험자 관점에서, 새로운 고객을 사로잡는 일과 기존 고객들을 확실히 붙잡는 일이 비즈니스의 출발이라는 의미이다.

현재 국가마다 최고의 경제적 이슈는 세계적인 경제인들을 어떻게 더 많이 끌어오느냐이다. 그들에게는 자본이 있고, 국가의 위상을 높일 능력이 있으며, 국가 경쟁력을 높일 잠재력이 있기 때문이다. 그래서 국가마다 이들을 유치하기 위해 혈안이 되어 있으며, 이들은 어느 나라를 가든지 환영을 받는 것이다.

2단계_일반 선교적 비즈니스 개념 익히기

비즈니스 선교는 일반적 비즈니스와 다르다고 말할 수 있다. 하지만 이윤을 추구하는 사업체를 매개로 하여 하나님이 그 나라와 국민을 변화시키도록 하는 활동을 말한다. 비즈니스 자체가 하나의 선교 수단이 되어 현지인들을 영적으로, 경제적으로 도와주는 것이다. 비즈니스 선교는 영적, 경제적 필요를 모두 염두에 둔다는 사실이 중요하다.

1. 수익성과 안정성
2. 현지인들을 위한 일자리와 부의 창출
3. 현지 교회의 부흥

이 세 가지 목표를 반드시 충족시켜야 비즈니스 선교라고 할 수 있다. 헷갈리지 말았으면 하는 것이 비즈니스 자체가 기독교 색채를 띠는 게 아니라 그 안에서 일하는 사람이 그리스도인일 뿐이라는 점이다.

사업과 선교 중 우선순위는 사업이다. 대부분의 선교사는 후원 교회가 어려워져 선교비가 끊기면 머나먼 선교지에서 눈물만 먹고 살아야 한다. 그에 비하여 사업가, 즉 CEO 선교사는 자기의 사업을 가지고 나갔기 때문에 본인은 물론 파송한 단체나 후원 교회도 그런 면에서 비교적 자유롭다. 하지만 사업가 선교사가 자력으로 설 능력이 있다 하더라도, 초기에는 조심해야 한다. 새로운 곳에서 사업을 정착시키기까지 많은 시간과 투자와 노력이 필요하므로 자칫 잘못하면 어려운 과정을 이기지 못해 열정을 잃을 수 있기 때문이다.

이를 위해서 사업가 선교사가 우선적으로 최선의 노력을 기울여야 할 일은 사업을 정착시키는 것이고, 사업을 본격적인 궤도에 올려놓는 것이다. 아주 중요한 사항이다.

'나는 선교사로 왔기 때문에 사업은 하나님께서 알아서 해 주실 것이다.'라는 마음가짐으로 사업을 등한시 한다면 참으로 미련한 사람이 아닐 수 없다. 우리는 신념과 믿음을 분명히 구분할 줄 알아야 한다. 믿음은 신념이 아니다. 하나님을 믿는 것과 신념을 가지고 일을 추진하는 것은 다르다. 특히 사업하러 간 선교사라면, 아무리 선교훈련을 잘 받고 선교 마인드가 강해도 일의 우선순위를 잊어서는 절대로 안 된다. 나는 직원들에게도 믿음과 직장에서 일하는 것을 혼동하지 말라고 가르쳐 오고 있다.

'나는 성도니까 일을 잘못해도 용서해 주겠지.'

'믿음으로 하는데 일을 잘 안 해도 괜찮겠지.'

'중요한 것은 믿음의 열정이니까.'

사업 현장에서 이러한 마음가짐은 대단히 위험하다. 일과 믿음 사이에서 그들이 중심을 잃지 않았으면 한다. 아니 결코 그런 일이 있어서는 안 된다. 우리 회사에서는 애당초 이런 습관을 만들어 주지 않기 위해서 회사의 정확한 규정을 만들어 규정대로 적용한다. 잘못하면 그에 대한 응분의 대가를 치르게 하고, 잘하면 그만큼 포상을 주며, 동시에 직원들의 복지 향상에 최선을 다하고 있다. 사실 이율배반적이라고 할지도 모르겠다.

'크리스천이 믿음의 식구들과 믿음의 직장 안에서 일하는데, 어떻게 일 따로 믿음 따로라고 가르칠 수 있는가?' 할지도 모르겠다. '크리스천의 삶에서 우선순위는 당연히 믿음이 먼저 아닌가?' 할지도 모르겠다. 하지만 명심하라. 앞서서 기도와 믿음으로만 돌아가는 사업 현장은 어디에도 없다. 그 정도는 누구나 다 아는 상식이다. 물질이라는 가치와 교환이 이루어지는 사업 현장은 프로페셔널한 움직임이 일어나는 세계다. 상대가 크리스천이든 아니든 그들이 지불하는 재화에 준하는 수준으로 대응이 이루어져야 한다. 거기에 실력은 없고 믿음과 열정만 가득한 아마추어의 자세로 대응한다는 것은 사업 세계의 질서에 어긋날 뿐 아니라 경쟁력이 떨어져 낙오되기 딱 좋다. 나아가 일의 수준과 품격에 대해 정직과 신뢰로 승부를 걸어야 하는 크리스천 사업가로서의 태도와 수준에도 미달하는 것이다.

그렇기에 사업가라면 우선 사업에 충실해야 한다. 이익을 남겨야 하고, 사업체가 그 지역에 안정되게 기반을 잡도록 힘써야 한다. 사업체가 이익을 내면 많은 걱정과 염려와 문제들을 수월하게 해결할 수 있다. 사업체가 성장하면 직원은 물론 직원 가족들에게도 풍성한 영향을 미칠 수 있다. 자연스레 사업체에 대한 직원들의 충성도가 높아지게 마련이고, 그 열정으로 사업체가 성장하기 더욱 수월해진다. 바로 자연스럽게 선순환이 이루어지는 것이다.

반대로 사업체가 안정되지 못하면 심적, 물적으로도 여유가 없다. 당연히 CEO는 물론 직원과 그 가족들까지 활기가 없어지고 힘들어진다. 인간인 이상, 자신의 몸 하나 가눌 여력도 없는 상황에서 선교를 이루기가 현실적으로 불가능하다. 또한 선교를 위해서 혹은 선교를 위한 터를 만들기 위해서 비즈니스를 이용만 한다면 비즈니스도 안 될 것이고, 비즈니스가 흔들림에 따라 선교의 길도 아득해지고 만다. 선교에 목적을 둔 비즈니스는 언젠가는 발각의 대상이 되고, 많은 문제를 야기시키며, 제한적일 수밖에 없기 때문이다. 비즈니스의 세계는 관념적으로 접근해서는 안 되는 리얼 버라이어티 전쟁터라는 것을 다시 한 번 강조하고 싶다.

이런 까닭에 사업가는 먼저 사업을 정착시키는 데 최선을 다하고 비즈니스 자체에 집중하는 것이 옳다. 그로 인해 얻어지는 심적, 물적 여유로 사역에 힘쓰는 것이 현실적인 순서라 하겠다. 이러한 생각이 기존 이론과 어떤 차이점이 있는지, 배치되는 점이 있는지, 잘 모르겠다. 보다 정확히 말하자면 개의치 않는다. 다만 100% 경험을 통해 인지한 사실이기 때문에 선교 제한지역에서는 가장 현실적인 방법이라는 것에 확신한다.

사업도, 선교도 이론보다 중요한 것이 경험이다. 아무리 이론으로 무장이 되어 있다 하더라도 시장에서의 경험이 없으면 현실적 어려움에 봉착하게 된다. 게다가 우리가 하는 사업은 국내 시장에서 하는 사업이 아니라 해외파들과 치열한 경쟁 상황 속에서 이루어진다. 마치 이름 없는 전쟁터에서 벌이는 전투와 같은 것이다. 이 상황에서 이론만으로 무장된 선교사가 사업체를 운영해 수익을 낼 수 있을지에 대해서는 의문이 생긴다. 선교사 역시 자신이 과연 비즈니스로 성공할 수 있을지, 비즈니스 한다고 정체성이나 잃어버리는 것은 아닌지 걱정이 앞설 것이다.

다시 말하지만 비즈니스는 선교지 입국을 위한 신분 위장용 수단이 되어서는 안 된다. 그렇다고 단지 사역을 펼쳐 나가기 위한 통로가 되어서도 안 된다. 비즈니스는 비즈니스대로 가치를 존중하며 운영해 나가야 하는 것이고, 그 자체가 창의적 접근 지역을 여는 열쇠이자 그 사회를 복음의 영향권 아래로 추수해 나가는 것이다.

3단계_비즈니스 선교사로 활공준비

사업 입문에 1-2년을 투자하기 가장 먼저 어떤 비즈니스가 적성에 맞는지 자신의 소질과 성향을 살펴봐야 한다. 다음 시장조사를 거쳐 어떤 전략과 내용으로 비즈니스를 할 것인가를 고민해야 한다. 경제적 여유가 있는 선교사들은 투자 사업을 통해 수익을 낼 수도 있다. 하지만 나는 반대다. 현실적으로 선교사가 투자사업을 하면 백이면 백 실패하기 쉽고 사기 당하기 딱 좋다. 실제로 선교 현장에서 그런 경우를 많이 봐 왔다.

가장 강조하고 싶은 것은 시간을 투자하라는 것이다. 사업은 단기전이 아니라 장기전이다. 제대로 사업하는 사람치고 단기간에 돈 번 사람은 극히 드물다. 적어도 1-2년 동안 철저히 계획하고 준비해야 한다. 이 준비기간 동안 다른 사업가들과 접촉을 통해 정보와 견문을 넓히고 인간관계를 넓히는 것도 필수다. 현지에 이미 들어와 있는 사업가들은 동지가 되기도 하고, 적이 되기도 한다는 사실을 명심하며 관계를 가져라. 사업이란 누가 얼마나 시장을 잠식하느냐의 게임이기 때문에 다른 사업가들이 당신을 경쟁자로 생각해 비협조적일 수 있다. 그렇더라도 동지와 함께 적도 알아야 한다.

견문을 넓히는 또 하나의 방법은 크리스천 사업가를 찾아가 도움 받는 것이다. 같은 생각, 같은 목표를 바라보는 크리스천이라는 동질성이 있기 때문에, 선교사로서 사업을 해야 하는 당위성을 말해 준다면 당신의 사업 입문에 기꺼이 많은 도움을 줄 것이다.

행동에 앞서 중소기업들 바라보기 어느 정도 시장분석과 앞으로의 행보에 대한 정리가 되었다 싶으면 행동에 나설 때이다. 이 시기에도 자만은 금물이다. 나 역시 3년이라는 시간을 이 과정으로 보내면서 이루 말할 수 없는 아픔을 겪었다.

역설적으로 들리겠지만 최근 한국에 경제적 위기가 온 것에 대해 하나님께 감사하는 사람이다. 오히려 한국이 살 길이기 때문이다. 국내에서 지지고 볶으며 살아가는 국내 기업들을 보면서, 왜 이리 해외시장으로 나가려 하지 않는지 늘 의문을 가졌기 때문이다. 한국에 중소기업만 수백만 개가 있는데, 작은 내수시장과 대기업의 등살에 비빌 언덕이 없다. 그렇다면 믿음과 신념의 사람들인 선교사들에게 기회가 온 것이 아닌가 싶다.

대한무역투자진흥공사(KOTRA)가 각국의 지사와 작업을 하는 이유도 중소기업들의 해외 지사화 사업을 돕기 위함이고, 세계한인무역협회(OKTA)도 코트라와 함께 지사화 사업을 같이 하면서 중소기업의 해외 진출을 돕고 있다.

중소기업이 해외시장 진출에 어려움을 겪는 이유는 이것이다.

언어 통역가를 통해서만 사업이 이루어질 수 있다면 참으로 좋겠지만, 내가 경험한 바로는 한계가 있다. 물론 한국어를 구사하는 현지인을 고용해 사업을 진행할 수도 있지만, 사업을 하다 보면, 내면의 저의를 읽어야 할 때나 마음과 마음을 주고받아야 할 때가 있다.

어디로 가야 할지 알지 못함 미국으로 가야 할지 중남미로 가야 할지 아니면 유럽으로 가야 할지 판단할 수가 없다는 것이다. 내 경험에 의하면 선진국에서는 돈을 벌기가 쉽지 않다. 이유는 이미 거물급 상권이 틀을 만들어 놓고 있어 뚫고 들어가기가 쉽지 않다.

현지에서 누구를 만나야 할지 모름 수많은 사업가들 중에서 자기 성향과 사업 내용과 방향에 맞는 파트너를 찾기가 어디 그리 쉬운가! 하늘의 별 따기만큼 어려운 것이 파트너를 찾는 것이다. 사업의 관건이 파트너에 달려 있기 때문에 더욱 신중하게 고민할 문제다.

현지 사회 및 시장 상황을 알지 못함 아무리 네트워크 세상으로 세상이 하나를 이루었다고 해도, 사업은 사람과 사람을 통해 이루는 것이다. 그것도 오프라인 현장에서 얼굴 마주보고 말이다. 현지의 실제 상황을 파악하기 위해서는 현지인을 통해 실시간으로 확인해야 하고, 발품을 팔아 직접 시장을 조사하고 파트너들과 교류해야만 가장 정확하게 확인할 수 있다.

해외 사업에는 불확실성과 위험요소가 많음 위험 요소를 줄이는 것이 사업의 관건인데, 현지의 위험도를 한국에 앉아 인터넷으로 알 수는 없다.

현지에 일을 맡길 사람이 없음 누군가가 현지에서 일을 성사시켜야 하고, 부지런히 사업을 확장해야만 한다. 그래야 해외시장에서도 매출이 일어나고 성장할 수 있다.

중소기업과 선교사의 매칭 사업 중소기업들이 안고 있는 한계들을 선교사들은 단번에 해결할 수 있다. 현지화가 잘 되어 있어서 사업을 위한 최적의 여건을 갖춘 인력이라고 볼 수 있다. 선교사와 중소기업이 손을 잡는 매칭 사업을 권하고 싶은 이유가 여기에 있다. 중소기업은 후원 교회를 통해 기업과 선교사를 선택할 수 있다. 교회 안의 중소기업을 통해서도 사업 프로젝트를 기획하면, 교회 안의 중소기업 입장에서는 회사의 한쪽 날개를 얻은 것이나 다름없고, 선교사 입장에서는 사업의 모회사를 얻는 것과 다름없다.

또한 교회 안의 중소기업은 해외지사를 여는데 필요한 물적, 인적 투자비를 줄이면서 신뢰할 만한 선교사를 사업 대리인으로 세울 수 있고, 선교사는 자비 부담의 사업 위험을 덜고 명확한 신분을 확보할 수 있다. 양쪽 모두 욕심만 부리지 않는다면, 상호 원원하는 전략을 통해 상부상조하는 관계만 지켜 나간다면 정말 이상적인 매칭 사업을 성공시킬 수 있다.

4단계_본격적으로 사업에 뛰어들기

비즈니스로 인도되는 여건 나는 군대에도 오래 있어 보았지만, 소위 제대로 된 맨땅의 삽질은 아제르바이잔에서 사업을 시작하면서부터 하였다. 지금부터 18년 전이었으니, 인터넷도 메일도 어려운 환경이었다. 사업 파트너와 급하게 미팅을 해야 하거나 의문사항이 있을 때는 오로지 전화로만 문제를 해결해야 했다. 한국 기업과의 전화요금이 만만치 않게 들자 배보다 배꼽이 더 크다는 생각에 몇 번이나 포기를 생각해 봤다.

사업 파트너가 나와 코드가 맞지 않아 힘든 적도 많았다. 여기에 사업자가 만나 주지 않는 상황, 무시하는 상황, 터무니없는 가격 흥정, 제품을 믿지 않는 사장, 구매 의사를 정확히 말하지 않는 상황, 한없이 기다리게 만들고 힘 빠지는 상황 등 수많은 각양각색의 상황들이 나를 지치게 했다. 하지만 뒤로 물러설 수 없었다. 그만 두었다 가는 비자 문제와 신분 문제가 걸려 있었기 때문이고, 생존과 거주가 걸려 있었기 때문이다. 물을 등지고 진을 치고 결사적으로 싸움에 임한다는 배수진이 딱 들어맞는 형국이었다.

선교사로서 사업하면서 내가 겪은 바로는, 사업을 안 해도 되는 여건이라면 안하는 게 좋다. 그래서 선교사들에게 비즈니스 선교 강의를 하면서 다섯 가지 사항에 해당되지 않으면 비즈니스에 발을

들이지 말라고 경고한다.

1. 비자 문제, 거주 문제가 없다.

2. 제자 양육, 교회의 자립 문제, 현지 교회 이양 등 문제가 없다.

3. 영향력이 있다.

4. 자녀 교육에 문제가 없다.

5. 노후 문제에 대해 해결방안이 있다.

이것이 해결되어 있었으면 부디 비즈니스에 들어가지 말고, 그렇지 않다면 하루 바삐 비즈니스의 세계로 진입하라고 말하고 싶다. 그것이 선교사와 현지인들에게 행복한 길이기 때문이다.

나 역시 여건에 맞추다 보니 비즈니스 선교를 하게 된 경우다. 애초에 비즈니스가 무엇인지도 몰랐던 사람이고, 선교하러 가서 사업을 하리라고는 생각해 본 적도 없는 사람이다. 아제르바이잔에서 선교하려니 무조건 정착해야 했고, 정착하려니 비자가 있어야 했으며, 비자를 발급 받으려니 신분 확인과 보장을 위해 사업을 선택해야 했다. 그렇게 여건에 따라 움직이다 보니 비즈니스 선교를 하는 비즈니스 선교사의 길로 들어선 것이다.

Business for Me 사업에 들어섰다면 우선 자신을 위해 사업하기를 바란다. 정신적으로 Business for Me가 우선되어야 한다는 뜻이다. 어떤 비즈니스 선교 이론가는 이를 경계해야 한다고 말한다. 비즈니스를 통해서 이루어진 것을 본부에 보고해야 하고, 철저히 본

부의 통제를 받아서 비즈니스를 하라고 충고한다. 비즈니스가 자리 잡은 후, 이윤이 발생하면 그 내용과 사용내역을 본부에 보고하고 통제를 받으라고 말한다. 나는 반대다. 내가 비즈니스를 위해서 모든 것을 희생하며 사업에 뛰어들었는데, 나를 경계해야 한다고 하면 누가 비즈니스에 목숨을 걸겠는가! 이는 우리가 사업을 여는 장, 즉 자본주의 시장경제의 가장 기본을 무시하는 처사라고 본다.

사업은 현실이고 실제 상황이므로 실제적인 것에 목숨을 걸어야 한다. 그렇게 해도 성공할까 말까 한 것이 사업이다. 사업가 자신, 즉 나를 위해 비즈니스를 해야 재미있게 몰입하며 빠져들 수 있고 보람도 있다. 그 재미를 즐기고 본인이 행복해야 그 영향력이 현지인과 현지인 동역자들에게도 미칠 수 있다. 나아가 자신의 윤택한 사업 결과를 통해 행복과 이윤을 기꺼이 나눌 수 있다. 그런 면에서 믿음생활과 마찬가지다. 자신이 먼저 믿음에 대한 확신이 있을 때 하나님의 기쁨이 될 수 있고 자기자신에게 충실한 자가 하나님께도 충실할 수 있는 것 아닌가! 믿음과 확신도 없이 하나님의 기쁨이 될 수는 없다. 이를 도외시하는 처사는 사업의 경험이 없는 자가 하는 탁상공론에 불과하다.

5단계_ 연단을 낳는 인내를 사수하라

수많은 사업가들이 이구동성으로 하는 말, 바로 사업은 인내다. 성경에도 인내는 연단을 낳는다고 하지 않았는가! 사업은 어느 날

갑자기 이루어지지 않는다. 노력과 땀방울이 쌓이고 쌓여 이루어진다. 사업은 누구나 다 할 수 있다. 하지만 누구나 다 성공하지는 않는다. 사업을 뒤따르는 수많은 실패, 좌절, 아픔, 고통을 이겨 내지 못하면 낙오되고 마는 것이다. 이런 것들을 극복할 각오가 되어 있다면 도전하라. 하지만 그럴 만한 용기가 없다면, 오로지 선교에만 전념하라고 당부하고 싶다.

사업하기 원하는 사람은 누구나 결정하는 대로 바로 시작할 수 있다. 1–2년 정도 준비하고 점검하는 시간을 반드시 투자하라고 강조하는 데는 이유가 있다. 그 시간을 인내하지 못하면 그 다음 단계의 산을 넘기 어렵고, 그 피해가 당사자는 물론 가족과 후원 교회, 주변의 많은 사람에게 고스란히 옮겨 가기 때문이다.

사실 나는 준비 과정을 거칠 시간조차 없었다. 그러다 보니 수많은 시행착오를 겪었고, 불필요한 시간과 고생을 사서 했다. 물론 그것이 돈 주고도 못 사는 값진 경험이 되었던 것은 사실이지만, 어떤 길이 쉽고 나은지를 알게 된 지금에는 다시 가라고 하면 못 갈 길이다. 당시에는 누군가에게 도움을 요청할 수도, 받을 처지도 못되었다. 혼자 고민하고 판단하며 결정해야 했다. 고통과 어려움과 외로움으로 눈물과 기도와 처절한 몸부림 속에서 걸어가야만 했다. 누구 한 명 격려의 말이 없었고, 누구 한 명 위로의 말이 없었다.

선교사가 사업한다는 핀잔과 힐난 때문에도 몹시 외로웠다. 그럴수록 주님과 대화의 시간을 늘려 갔지만 응답도 자각할 여유가 없을 정도로 심신이 늘 지쳐 있었던 것 같다. 본격적으로 사업에 뛰어들면 들수록 자신과의 싸움이 지속되었고, 정체성의 혼란이 가중되었다. 하지만 한 번 뛰어든 이상 돌아갈 수 없는 강을 건너온 것처럼 앞으로 나아갈 수밖에 없었다. 성공이냐 실패냐 나를 바라보고 있는 사람들에게 줄 수 있는 유일한 대답이었기 때문이다. 그런 상황에서 비즈니스가 성공하리라고는 나 자신도 짐작하기 어려웠다.

비즈니스 선교 이론가들은 많은 이론을 이야기하지만 현장에 대한 이론은 말하지 못한다. 이유는 비즈니스를 경험한 적이 없기 때문이다. 현장에서 처절한 고통을 겪어 보지 않았기 때문에 이론만 강조하게 되는 게 아닐까 싶다. 하지만 경험자로서 비즈니스는 결코 이론이 아니다. 현실이며 결코 녹록하지 않은 전장 그 자체다. 그곳에서 살아남는 방법은 오직 인내뿐임을 강조, 또 강조한다.

내 생애 처음 비즈니스맨 되기

한국 교회가 경제적으로 어려움을 겪는 과정에서 모든 교회와 실업인들, 선교사들까지 비즈니스 선교를 말하고 있다. 하지만 비즈니스는 과연 쉬운가? 세상에서 제일 어려운 것이 비즈니스가 아닌가 싶다. 나는 앞에서 비즈니스는 삶을 살리는 자양분이라고 했는데 자양분을 만들기가 과연 쉬운가? 그렇지 않다는 사실이다.

비즈니스는 전쟁터 같은 곳에서 내가 살든지 아니면 적을 죽이든지 둘 중의 하나이다. 이러한 전쟁터에서 사업의 경험이 없는 선교사를 사업의 현장으로 가라고 해서 갈 사람이 어디 있을까 싶다. 한국에서 사업을 해 본 사람이면 다 알듯이 사업이라는 것이 돈만 있다고 해서 되는 것이 아니다. 돈만 있어도 될 것 같으면 모두 다 성공을 해야 하지 않는가? 하지만 수많은 사람이 사업을 하지만 다들 힘들어 한다. 그 이유는 무엇일까? 답은 간단하다. 결코 쉬운 일이 아니라는 것이다.

그런데 선교 현장에서 사업의 사자도 모르는 선교사에게 사업을 하라고 한다. 물론 선교지의 상황도 바뀌고 한국 교회의 현실도 그리하니 해야만 한다면 어쩔 수 없다. 그렇다면 준비하는 과정이 필요하다고 보는 까닭에 아래의 내용이 선교사들에게 비즈니스에 입문하는 과정으로서 기본적인 사항을 말하고 싶다.

구습을 벗어라 나는 사업을 시작하면서 참으로 엄청 고생하였다. 누구한테 어떻게 해 볼 방법이 없이 혼자서 배웠다. 혼자서 씨름하고 혼자서 결정하고, 길이 있는데도 길을 몰라 헤매는 양처럼 다녔다. 그때 많은 선교사들이 미쳤다고 할 정도로 무모하게 달려들었다고 본다. 현지인들을 만나면서 왜 안 만나 줄까? 하는 생각이 자주 들었다. 사실 현지인을 만나려고 다녀도 잘 만나 주지도 않고 오래 기다리도록 하고 자기들의 업무가 우선이고 나는 항상 뒷전이었다. 왜 그런지 이유를 몰랐다.

의상을 바꾸어 입어라 나는 늘 현지인처럼 살아야 한다고 해서 운동화에 티셔츠, 청바지를 입고 다녔다. 뭐 특별히 잘 입어야 할 옷도 없을 뿐만 아니라 별로 중요하게 생각하지 않았다. 나중에 깨달았는데 아제르바이잔 사람들은 늘 양복을 입고 다닌다. 그들은 옷을 아주 중요한 삶의 요소로 보고 있다는 것을 당시에는 몰랐다. 그리고 항상 정중하게 입고 다닌다는 것을 깨달았다. 문화도 모르면서 사업을 한다고 다니고 있었으니 그들의 처지에서 보면 내가 얼마나 한심했겠는가 싶다. 그래서 사업을 하면서 번 돈으로 양복을 구입했고 깔끔하게 입고 다녔다. 만나는 사람들의 시선이 달라졌고 생각과 마음가짐도 달라졌다. 다시 말하면 의상이 내 생각과 인격까지도 바꿔 주는 것 같았다. 의상을 정중하게 입고 가면 그들의 대우도 달라지는 것을 보았다.

선교사들이 사업에 진입할 때 구습을 벗어야 한다고 생각한다. 현지에 선교하러 왔으니까 현지인처럼 옷 입는 것은 선교사로서는 가능할지 몰라도 사업가로 나서려고 한다면 속히 구습을 벗어 버리고 새 포도주는 새 부대에 담으라는 말씀처럼 새 부대를 입을 필요가 있다. 그렇지 않고서 구습에 사로잡혀 당신이 비즈니스 선교사로 나선다면 당신은 비즈니스 선교를 해야 할 준비가 되어 있지 않은 것이다. 나는 예배 때는 늘 양복을 입었다. 그런데 현지인들은 나와 부인이 준 옷을 입고 온다. 그런데 나는 양복을 입고 예배를 인도한다. 늘 생각하기를 '나도 청바지를 입고 그들과 똑같은 옷을 입으면 안 될까?' 하고 고민했다. 그러던 어느 주일날 나는 과감한 변신을 시도했다. 티셔츠에 청바지를 입고 사람들을 기다리고 있었다. 하나둘씩 예배 참석인원들이 보이기 시작했다. 하나 같이 놀라기 시작했다.

"웬일이세요? 무슨 일 있으세요?"

내가 주일에 그것도 거룩한 예배에 양복을 입어도 부족할 판인데 티셔츠에 청바지를 입고 예배를 드린다는 모습을 그들은 상상하기 힘든 일이었을 것이다. 그런 복장으로 예배를 마치고 내가 선언했다.

"전 앞으로 주일에는 간편한 옷차림으로 예배를 드리겠습니다."

"네. 너무 좋습니다."

그래서 나는 주일에는 청바지와 티셔츠를 입고 평일에는 양복을 입고 다녔다. 그랬더니 더 상황화되는 것 같았고 모두에게 평안함을 주는 것 같았으며, 대접을 받는 것 같았다. 그러므로 사업을 하려면 속히 구습을 벗어버려야 한다.

구태의연한 자세를 바꾸라 '나는 선교사인데 내가 어떻게?'라는 생각을 버려야 한다. 나도 초창기에는 그랬다. 내가 선교사인데 어렵다고 사업을 하는 것이 용납되지 않았다. 하지만 상황이 상황인만큼 어떻게 할 방법이 없었다. 하지만 나의 갈등은 계속되었다. 사업을 어디에서부터 시작할 것인가? 어떤 사업을 할 것인가?

선교지에 오기 전 경험이라도 있었다면 좋았으련만 그런 경험도 없었고, 사업에 대해 전혀 모르니까 더 답답할 뿐이었다. 아내와 의논하니 "당신은 컴퓨터 전문가이니까 전공을 살리면 어떨까?" 라고 제안했고 그것은 자신 있었다. 그래서 시작한 것이 컴퓨터학원이었다. 사실 처음에는 선교사로 왔지 여기 돈 벌러 오지 않았다는 생각이 너무도 강했다. 그래서 더 힘들었고 감당할 수 없을 것 같았다.

결국 오랜 고민과 기도 끝에 생각을 바꾸었다. 구태의연한 사고방식에서 벗어나자고 나 스스로 말했다. 얼마 오지 않는 선교비에 목매서 선교하느니 차라리 자유롭게 자신의 경제 문제를 해결하면서 선교의 방법도 바꾸자! 언제까지 퍼주면서 저들이 성장하기를 바라고 기다리는 것보다 저들에게 일과 일터를 주면서 그 일터에서 스스로 일하면서 생활의 여유를 가지고 스스로 예수를 알아가고 예수의 제자로 살기를 바랄 뿐이었다.

언어를 바꾸라 여러 가지 환경이 발생하면서 배운 것이 하나 있다. 나의 언어 구사가 성경적 언어에 국한된다는 것이다. 사업을 하면서 성경적 언어에서 사회성이 있는 언어로 바뀌는 것을 알았다. 여기서 사회성 언어는 다름이 아니고 그냥 생활용어다. 나는 사회성이 부족했던 경험들이 있다. 어릴 때부터 목사가 꿈이었기에 모든 행동 반경은 성경이었고 교회였다. 그러다 보니 사회에 들어가 부딪치면서 살아 본 경험이 없었다. 그러니 당연히 교회 용어가 중심이었지만 사업하기로 시작한 때부터 나의 용어는 폭이 넓어졌다. 그리고 사용하는 단어에는 힘이 있었다. 다시 말하면 열악한 선교지에서 살다 보니 선교사적 언어는 힘이 없었지만, 사회학적인 용어는 나에게 용기를 주고 그로 인해 함께 살아가는 식구들에게도 용기를 주었다.

처음에 그들에게 매일 성장해야 한다는 소리를 수도 없이 말했지만 돌아오는 것은 메아리뿐이었다. 하지만 그들에게 자립과 성장의 방법을 가르친 뒤에는 스스로 성장하기 시작했고, 그들이 변화되는 모습을 볼 수 있었다. 그들의 언어는 요구의 언어에서 이제는 나눔의 언어로 변화되는 과정을 볼 수 있다. 난 언어도 피곤을 주는 언어가 있고, 기쁨을 주는 언어가 있음을 깨달았다.

생각을 바꾸라 비즈니스 선교를 하려면 기존의 선교 방식으로는 할 수 없다. 여기서 분명히 말하지만 한 손으로 두 개의 수박을 잡을 사람은 없다. 그러므로 전통적인 선교 방식이냐, 비즈니스 선교 방식이냐를 놓고 선택해야 한다. 그렇지 않으면 둘 다 죽을 수도 있다.

다시 말하지만 작금의 한국이나 외국 선교단체에서 말하는 비즈니스 선교는 차원이 다르다. 한국의 비즈니스 선교는 이론에 가깝다. 사실 비즈니스 선교를 강의하는 사람이 현지에서 비즈니스를 성공시켜 본 경험이나 적응해 본 사람이 있는가 묻고 싶다. 비즈니스는 이론이 아니다. 이것은 도전이고 힘든 과정을 거치는 혹독한 경험이 요구된다. 그런데 비즈니스 선교가 만능인 것처럼 하는 것은 비즈니스를 통해서 선교하는 사람들에게 과오를 범하는 것이다. 생각을 바꿔야 행동히 바뀐다. 구태의연한 사고방식으로 비즈니스를 성공시켜 선교한다는 것은 하나의 사상누각이다. 절대로 생각이 바뀌지 않고는 비즈니스를 성공적으로 만들 수도, 할 수도 없다. 단지 비즈니스를 이용해서 선교하는 하나의 과정일 뿐이다. 물론 부정적인 결과가 나올 가능성도 크다.

선교에 대한 마인드를 바꾸라 선교사만 선교하는 것 아니다. 선교는 모두가 하는 것이다. 선교는 선교사만 한다고 착각하면 안 된다. 하나님이 아브라함을 가나안 선교사로 파송했고, 요셉을 통해 이집트를 변화시킨 것을 보라. 하나님을 나의 구주, 나의 하나님으로 부르는 사람은 모두가 선교사이다. 그러므로 생각을 바꾸어야 한다. 선교사에게 주어진 특권일 수는 있어도 선교사만이 선교한다는 착각에서 하루 빨리 깨어나라. 선교도 다양한 방법을 통해서 할 수 있다는 유연한 사고방식을 가져야 한다. 그래야 통 큰 선교를 할 수 있다.

통 크게 생각하고 선교하라 선교를 작은 울타리에 가두고 우물 안에서 노는 선교는 이제 버릴 필요가 있다. 선교는 다양한 방법을 가지고 다양하게 이루어져야 한다. 이 방법만이 옳고 다른 방법은 틀렸다고 생각하는 것은 편협한 생각이다. 선교는 다양한 방법을 가지고 통 크게 해야 한다. 그래야 선교의 지속성이 생기고 효과적 선교가 될 수 있다. 그래서 나는 전통적인 선교 방법과 비즈니스 선교를 통합하여 기업을 통해서 통 큰 선교를 꿈꾸어 왔고 그 방법을 롤 모델로 만들어 왔다. 나는 통 큰 선교를 위해서는 통 큰 비즈니스 선교가 더 좋은 방법이라고 말한다.

매달 지원되는 선교비에 의지하지 마라 나는 비즈니스 선교하면서 벌어서 산다고 생각하고 받는 선교비는 생활비로 일체 쓰지 않고 다른 선교사들에게 전부 이양했다.

"내가 벌어서 먹고 살고 선교한다."라는 원칙을 세웠다. 그리고 후원 교회에 후원금을 다른 선교사들에게 보내도록 하였다. 매달 지원되는 선교비를 다른 선교사한테 보내고 이제는 실제적 상황에서 사업과 선교를 병행해야 하는 현실이 되었다. 하지만 불안하거나 걱정하지 않았다. 내가 선택한 이상 후회는 안했고 당당히 내 길을 가리라 다짐하고 줄기차게 밀고 나갔다.

그 결과 나는 남들이 말하는 성공을 만들었고 한마디로 교포들 사이에서 유명인사가 되었다. 선교비를 의지하고 양다리 걸치면서 하는 비즈니스 선교사들을 많이 보았기 때문에 나는 그러한 길을 가고 싶지 않았다. 나는 당당히 벌어 선교하고 비즈니스 선교의 모델을 만들기로 작정하고 그 방법만 생각하고 계획대로 밀고 나갔다. 그 결과 나는 오늘의 이론과 경험 그리고 실전을 겸비한 비즈니스 선교의 모델을 만들었다. 사실 나와 같은 경험과 모델을 가지고 있는 사람들이 얼마나 있을까 싶다.

사업가처럼 행동하라 사실 선교도 전쟁터에서 하는 것이고 사업도 전쟁터에서 하는 것이다. 하나는 영적 전쟁이라면 후자는 육적 전쟁이라고 할 수 있는데 전쟁은 어디까지나 전쟁이다. 이 전쟁터에서 생존하려면 훈련이 되어야 하고 다양한 무기들을 가지고 있어야 한다. 군인이 전쟁터에서 생존하기 위해서 수많은 훈련의 과정을 거치는 것처럼 선교사도 선교의 훈련을 통해서 생존하는 것이다.

비즈니스 선교를 해도 비즈니스는 비즈니스다. 그렇다면 사업하는 사람처럼 행동해야 한다. 비즈니스 선교를 하면서 선교사처럼 해서는 백 번 해서 백 번 실패다. 사업하다 안 되면 보내오는 선교비를 의존하게 되고 의지가 박약해서 할 수 있을까? 기존의 선교사는 기존의 선교사들이 하는 방법을 따르면 된다. 선교사처럼 사업하면 안 된다는 것이다. 이유는 선교사는 퍼주고 나누어 주면서 선교하는 것이 기정사실로 되어 있다. 하지만 비즈니스는 그런 관계가 아니다. 파트너와의 관계 속에서 나의 이익을 만들어야 하고 거기서 삶의 모든 것이 나오기 때문이다.

현지 상황을 글로벌 정신으로 바꿔라 선교사는 현지 상황화 속에서 선교한다. 사업하는 사람도 그렇다. 하지만 사업가는 글로벌 마인드를 가지고 사업한다. 다시 말하면 기업을 통해서 사업을 한다는 것이다. 기업이 사업을 한다는 것은 현지에 회사를 세워서 그 회사를 통해 이익을 창출한다는 것이다. 그러므로 선교사는 현지인의 상황에 맞추어서 살아가지만, 사업가는 현지인의 상황에 맞추는 것이 아니라 글로벌 상황화 속에서 사업한다는 것이다. 그래서 글로벌 사업 마인드를 가져야 하고 글로벌 정신에 입각한 회사를 운영해야 한다. 글로벌 사업가가 지켜야 할 내용으로서 글로벌 사업가만 아니라 사업하는 사람들이 아니더라도 알아야 할 내용들이다.

자신에게 엄격하기 백 달러짜리 화폐에 그려진 인물인 벤쟈민 프랭클린은 자신의 원칙과 기준을 명확히 세워 놓고 엄격하게 지켜 나갔다. 그는 '절제, 침묵, 질서, 결단, 절약, 근면, 정직, 정의, 중용, 청결, 평정, 순결, 겸손'의 1세 가지 덕목을 작은 수첩에 적어 두고 날마다 실천 여부를 검사하였다.

세상을 넓게 보기 1984년 사우디아라비아의 술탄 벤살만 알 사우드 왕자는 쿠바인, 러시아인과 함께 우주 비행을 마친 뒤 이렇게 말했다.

> 첫날 우리는 각자 자신의 나라를 가리켰다. 사흘째인가 나흘째되던 날에는 모두 자신의 나라가 속한 대륙을 가리켰다. 닷새째 이후에는 대륙에도 관심이 없었다. 우리 눈에 보이는 것은 오직 단하나, 인류 공동의 행성은 지구뿐이었다.

하고 싶은 일 마음껏 하기 "같은 방향으로 뛰면 일등은 하나밖에 없다. 그러나 동서남북으로 뛰면 네 사람이 일등을 한다. 둥글게 뛰면 360명의 일등이 나온다."

건강한 자아 만들기 "소리에 놀라지 않는 사자처럼, 그물에 걸리지 않는 바람처럼, 진흙에 더럽혀지지 않는 연꽃처럼, 무소의 뿔처럼 혼자서 가라."

이처럼 건강한 자아를 만드는 것이 바로 글로벌 마인드이다. 건강한 자아가 건강한 정신을 만드는 것과 같다.

의사소통 능력 키우기 싱가포르를 세계적인 금융과 물류의 중심지로 탈바꿈시킨 리콴유 전 총리는 한국을 방문했을 때 이렇게 말했다.

> 지금 같은 세계화 시대에 한국인끼리만 알고 지낸다는 것은 불행한 일이다. 글로벌 인재가 되기 위해서는 무엇보다 영어를 비롯한 외국어에 능통해야 한다.

물론 영어만 잘한다고 해서 글로벌 사람이 되는 것은 아니지만 리콴유 총리가 한국 사람들에게 말한 것은 소통을 강조한 것이다.

올바른 고집쟁이 되기 헨델은 어릴 때부터 음악을 하고 싶어 했으나 의사였던 아버지는 아들을 법관으로 키우고 싶어 했다. 어린 헨델은 아버지의 눈을 피해 한밤중에 다락방에서 달빛에 악보를 읽고 연주법을 익혔다. 마침내 헨델의 재능은 주위 사람들에게 알려졌고, 그들은 아버지를 설득했다.

알맞은 환경 갖추기 공동묘지 근처에 살았던 맹자는 매일 곡을 하며 장사지내는 놀이를 하였다. 이 광경을 본 홀어머니가 시장 근처로 이사하자, 맹자는 장사치 흉내 내며 놀았다. 이번에는 서당 근처로 이사했다. 이제 맹자는 공부하는 흉내 내었고, 마침내는 끊임없이 공부해서 대학자가 되었다.

꿈을 구체적으로 가지기 우리나라 학생들은 장래 희망 직업을 묻는 말에 교사, 공무원, 회사원, 연예인 등으로 답한다. 반면에 미국 청소년들의 꿈은 매우 구체적이다. 공기를 오염시키지 않는 태양열 집을 짓는 건축가가 되겠다는 식으로 해당 분야의 전문가가 되겠다는 목표를 분명하게 나타낸다.

글로벌 매너 갖추기 선진국을 여행하다 보면 길거리에서 사람들이 질서를 지키며 기다리는 모습을 늘 본다. 레스토랑, 공연장, 미술관, 하다못해 길거리 가게에서도 줄을 서서 기다린다. 기다린다는 것은 자기 차례가 올 때까지 인내심을 갖고 차분히 견디는 가장 도덕적인 행위이다.

만나는 층을 바꾸라 앞에서도 말했지만 내가 만나는 대상은 나와 같은 부류의 사람들이었다. 하지만 비즈니스 하면서 만나는 대상의 폭이 엄청 넓어졌다. 대통령부터 기업인까지 다양한 부류의 사람들이다. 이렇게 되기까지 많은 시간이 필요했지만 이렇게 된 이유는 개인의 영토가 확장이 되니까 가능했다. 내가 다양한 계층의 사람들을 만나니까 그들에게 많은 영향력을 줄 수 있었고 그들은 하나같이 최웅섭하면 정직한 크리스천이라는 인식을 하고 있다. 나는 전 세계를 다니면서 4만여 장의 명함을 모았다. 그것이 바로 내가 만나는 대상이 바뀐 이유이다.

내가 기존 선교 방식으로 할 때 받은 명함은 단 한 장도 없었다. 나 자신도 명함이 없었는데 그들에게 명함을 요구할 수도, 줄 수도 없었다. 하지만 지금은 어떤가? 나는 두 종류의 명함을 가지고 다닌다. 하나는 선교사 명함, 하나는 글로벌 명함, 이것이 내 개인의 영토이고 이것을 통해서 기업의 영토를 만들었다. 사실 나 외에 다른 사람들이 개인의 영토, 기업 영토 이런 용어를 사용하는 사람이 없다.

사업가를 만나라. 그들에게 답이 있다고 말한다. 나는 그렇게 했다. 아주 멋있고 비즈니스는 선교의 꽃이라고 말하고 싶다. 선교 대상을 만나서 무엇을 하겠는가? 그들과 무슨 비즈니스를 하고 사업에 관해 이야기하겠는가? 선교의 대상과 사업의 대상을 구분해야 한다. 그렇지 않으면 어떻게 사업의 진보가 있을 수 있는가? 나에게 의지해 사는 그들을 통해서 무슨 사업을 한다는 말인가? 천만에 아니올시다. 사업은 사업가와 해야 한다. 사업은 경제적 이익을 위해서 하는 것이지 나눔을 위해 하는 것이 아니다. 나눔은 차후의 문제이다.

03

비즈니스 선교 훈련과 현지 정착 과정

1. 인원 선발

각 선교단체들이 비즈니스 선교를 해야 하는 처지에서 비즈니스 선교를 어떻게 해야 하는가에 대해 고민이 많다. 단체 속에 성공한 비즈니스 사역자가 있으면 그나마 도움이 될 터인데 그렇지도 못한 상황이다. 비즈니스를 하는 선교사들을 요청해 강의를 듣고 자문을 구하는데 현실적으로 강의는 듣는데도 감이 잡히지 않는 것이다. 물론 세계 여러 곳에서 성공적으로 비즈니스와 선교를 수행하는 선교사들을 알고 있다. 하지만 많은 선교사가 사업과 선교를 한다고 해서 비즈니스 선교 이론이 정립되어 있는 것은 아니다. 어떻게 하다 보니 여기까지 온 경우가 많다. 이러한 경험을 가지고 비즈니스 선교를 단체에 이론적으로 경험적으로 실천적으로 적용시켜 주는 데는 한계가 있다. 나는 이러한 현실을 보고 각 교회와 각 선교단체에 비즈니스 선교에 대해 정확히 이론적 근거와 실전적 근거를 알려 주고 싶었다.

기존 비즈니스 선교의 문제점은 교회의 경제적 어려움과 현지의 정착의 문제 등 여러 가지가 겹치다 보니까 기존의 선교사들에게 비즈니스를 권면하는 과정에서 문제가 발생하고 있다. 한국에서 파송한 전체 선교사의 비중을 볼 때 목회자 선교사가 많은 비중을 차지한다. 목회자 선교사 파송 비율이 많은 현실 속에서 비즈니스 선교를 수행하는 과정이 만만치 않다는 사실이다. 나 역시 목회자 선교사였기 때문에 비즈니스와 선교가 상당히 어려웠던 부분이었다. 하지만 기존의 선교사들은 그렇다 치더라도 앞으로의 선교를 통한 하나님의 영토를 확장하는 당면 과제 속에서 비즈니스 선교를 멈출 수는 없다. 그렇다면 지금부터라도 비즈니스를 통한 선교를 위해서 준비하고 인력을 양성하는 과정을 거쳐야 한다.

사실 지금도 여러 선교단체에서 비즈니스 선교를 시행하고 있는 단체도 있다. 하지만 많은 시행착오를 겪고 있는 것이 현실이다. 우리는 한 번의 시행착오도 많은 결과를 초래한다. 그래서 철저한 준비를 거쳐서 시행하지 않으면 많은 아픔과 두려움에 직면하게 된다. 이러한 실수를 범하지 않기 위해서 우리는 철저한 교육과 준비를 해야 한다. 이러한 과정을 거치기 위해서 제일 먼저 시행할 것이 인원 선발이다. 인원 선발이 중요한 이유는 비즈니스는 많은 경험과 노력이 수반되고 인내가 따르기 때문이다. 인원을 선발하는 과정에서 전통적인 목사후보생을 선발할 것인가 아니면 사업을 하는 사람, 즉 전문인을 선발할 것인가를 설정해야 한다.

기존의 목회자는 비즈니스를 훈련하는데 많은 시간과 노력이 필요하고 현지에서 목회적 관점으로 비즈니스를 과연 할 수 있는지도 판단해야 한다. 다시 말하면 목회자 선교 후보생은 비즈니스에 태생적 한계를 가져올 수 있다. 물론 제2, 제3의 최웅섭이 나오지 말라는 법은 없지만 말이다.

나는 비즈니스 선교를 통한 하나님의 영토 확장에 중점을 둔 비즈니스 선교라면 기존의 사업을 하는 사람과 전문인을 선발하는 것이 당연하다고 본다. 그래야 현지에 적응이 빠르고 쉽게 비즈니스와 선교의 다리를 놓을 수 있다고 본다.

2. 한국 교육 과정

일반 선교에 관한 이론은 선교 실무자들이 현재대로 이론 교육을 담당하고 비즈니스 부분에 대해서는 현지에서 실제로 비즈니스와 선교를 하는 사람이 최고의 강사이겠지만 현실적으로 찾기 어려운 상태에서 경험 있는 사람이 좋다. 그리고 사업의 전반적인 무장이 필요하므로 사업의 절차를 가르칠 필요가 있다. 다시 말하면 비즈니스 코치라고 할까? 비즈니스 이론, 비즈니스 실무, 비즈니스 대화 요령, 계약서 작성, 유통 과정 등 다양한 실무를 배울 수 있는 과정이 필요하다. 이외에도 무역 실무, 신용장 개설, 현지에서 필요한 법인 설립 과정이나 직원 채용 등 다양한 프로그램을 구성이 필요하다. 현지에서 아이디어 찾기 샘플 개발과 상품 개발, 펀드 조성, 마케팅 전략, 고객 관리 등 다양한 프로그램을 준비해야 한다. 한국에서의 교육 과정은 회사를 통해서도 배울 수 있고, 단체 내의 회사를 운영하는 사람들에게 배울 수 있다. 이 과정에서 제일 중요한 것이 현지 조사이다.

알다시피 현지 시장은 국내 시장과 달라도 한참 다르다. 훈련과정 속에서 현지에 대해 철저히 공부하고 현지의 상황을 완벽하게 준비해야 한다. 과거에 많은 선교단체에서 현지에 비즈니스를 통한 선교를 위해서 엄청난 재정적 투자와 인력을 투자했지만 성과는 미지수다. 왜 이런 결과가 나왔을까? 그것은 현지에 대한 철저한 조사와 준비 소홀 그리고 서두름이 먼저 앞서 갔기 때문에 이러한 졸속의 결과를 가져온 것이다.

재정은 하늘에서 떨어진 것이 아니라 수많은 헌신과 눈물의 결과이다. 이러한 재정을 효과적으로 합리적으로 사용해야 할 책임이 있다. 그렇다면 현지에 사업장을 개설할 때도 철저히 시장 분석, 현지 사장 조사, 다양한 경로와 시스템을 통해서 조사를 해야 한다. 이리해도 성공의 확률은 극히 낮다. 혹자는 사업을 위해서 하는 것이 아니라 선교의 발판을 놓고자 하는 것이기 때문에 사업은 적당히 유지할 정도로만 하고 선교에 전념해야 한다고 가르치고 이렇게 하고 있다. 결과는 어떤가? 이런 사람들, 이런 단체는 사업도 못하고 선교도 못하는 결과를 너무도 많이 양산해 놓고 있는 것이다. 우리는 어떤 것을 진행할 때 프로세스를 무시하면 안 된다. 특별히 비즈니스 선교에서는 더욱 프로세스를 갖추고 진행해야 하고 철저하게 교육되어야 한다.

3. 해외 현지 교육 과정

국내 과정을 마친 후 파송될 나라에서 여건이 안 된다면 그 주변 국가에서 비즈니스 과정을 수행해 보는 것이다. 앞에서 말한 것처럼 직접 현지에서 비즈니스를 체험하는 과정을 통해서 자신감을 얻고 현지에 투입되었을 때 신속이 현지에 적응하면서 비즈니스 모판을 만들 수 있도록 하는 것이다.

현지에서의 교육 과정은 정말로 중요하다. '사업은 사업이고 선교는 선교'라는 마음가짐이 필요하고 사업하면서 선교적 욕심으로 접근하면 100% 패한다는 사실을 알아야 한다. 현지 교육 과정, 즉 시장조사서를 정확히 준비해 철저하게 조사하고 그 바탕 위에서 모든 것이 진행이 되어야 한다. 이때 조급성이나 서두름, 하나님의 은혜로 될 것이라는 다분한 미래 지향적인 생각은 철저히 배재해야 한다. 현실을 직시하고 하나님이 주신 지혜대로 철저하게 준비해서 작성하여 조사하고 또 조사해야 한다. 이 조사를 바탕으로 현지에 파견될 준비가 되어야 한다. 만약에 이런 과정에서 필요하면 최웅섭 비즈니스 아카데미를 통해서 지원을 받을 수 있다.

4. 비즈니스 선교사 파송

국내와 해외의 교육 과정을 거쳐서 파송하면 된다. 파송된 선교
사는 선교사로 활동보다는 철저한 비즈니스맨으로 활동을 해야 한
다. 이러한 과정을 무시하면 또다시 기존의 선교사를 파송하는 과
정이 되고 기존의 선교에 실패한 비즈니스 선교의 실패 사례를 만들
고 말 것이다.

5. 현지 정착 과정

나라별로 다 상황이 다르고 비즈니스의 환경도 다르다. 하지만
비즈니스는 환경도 중요하지만 본인의 의지가 더 중요하다. 본인의
의지에 따라 고아가 될 수도 있고, 엄청난 영향력과 영토를 만들 수
있다. 비즈니스 선교사는 기존 선교사의 과정을 거치면 안 된다. 물
론 현지에 적응하기 위해서 언어도 배워야 하지만 비즈니스에서 현
지 언어와 영어도 필요하다. 그리고 요즘 한국의 대부분의 사람은
어느 정도 영어는 할 수 있다.

영어를 전제로 현지에 도착하자마자 회사나 지사를 설립하는 것
이 좋다. 기존의 선교사처럼 언어를 배우기 위해서 시간을 투자할
여력이 없다. 현지에 도착하자마자 현지의 한인회, 지상사 그리고
선교사들을 통해서 영어가 되는 사람을 지원받아 회사나 지사를 속
히 설립에 들어가야 한다. 그렇지 않고 기존의 선교사들처럼 언어
를 배우고 나서 회사를 설립하고자 하면 더 어려울 수도 있다.

6. 현지 회사 설립 과정

현지에 단독적인 법인을 세울 수도 있고 지사를 설립할 수도 있다. 그것은 현지에 맞게끔 하면 된다. 나라마다 회사를 설립하는 조건들이 다르다. 이러한 문제 때문에 비즈니스 선교 훈련의 과정에서 현지에서 훈련이 필요한 이유이다. 훈련 과정에서 현지 정탐을 통해서 필요한 것들을 준비하면 시간과 재정이 절약되는 효과를 볼 수 있다. 어느 나라는 외국인이 법인을 설립하는 데 자국의 사람과 50:50의 지분을 요구하는 나라도 있고, 또 어느 나라는 독단적으로 설립을 허가하는 등 나라마다 다르기 때문에 사전에 미리 정보를 파악하여 준비해야 한다.

7. 언어 연수 과정

앞에서도 잠깐 언급했지만, 언어는 모든 것에서 우선순위이고 아주 중요하다. 언어를 배우려면 최소 1-2년 정도의 시간이 필요로 하는데 사업하는 사람이 거기에 시간을 뺏긴다면 에너지를 잃어버리는 것과 같다. 언어를 배우면서 회사를 설립할 수도 있고 회사를 설립하면서 언어를 배울 수도 있다. 나의 경우는 초창기 비자 문제가 해결이 안 되어서 언어를 배우면서 회사를 설립하러 다녔는데 나중에 경험한 것이지만 그때 상황 판단을 잘못했다고 생각했다. 내가 권하는 방법은 회사를 설립하면서 언어를 배우는 것이다. 자문해 주는 사람이 베트남에서 사업을 시작하려고 하는데 회사 설립에 들어가면서 언어를 배우라고 자문했다. 그 결과 회사를 설립하는 과정부터 현지인과 대화를 하는 시간이 많아지니 자연히 언어 공부도 하고, 회사의 설립 과정을 직접 몸으로 체험하면서 하니 이보다 더 좋은 결과는 없는 것이다.

8. 직원 채용 과정

나의 경험으로 보았을 때 참으로 힘든 것을 경험했다. 해외에 지사를 설립하는 과정에서 지사를 설립하는 것이 자연스럽게 노출이 되다 보니 많은 선교사가 직원 채용을 부탁하는 것이다. 처음에는 당연히 그렇게 해야 한다고 판단했다. 하지만 오래 가지 않아 서로가 힘든 과정을 겪게 되었다. 이유는 현지 선교사가 추천한 직원이 문제가 발생할 때마다 선교사에게 연락을 해야 하고 그것도 한두 번은 좋은데 나중에는 선교사와 갈등의 요소로 작동하는 것이었다.

선교사와의 갈등 뿐 아니라 현지 직원과 갈등들의 폭이 깊어질 수밖에 없다. 이유는 선교사와의 관계도 그렇고 현지인 관계도 그렇고 문제들이 발생한다. 출퇴근 문제, 급여 문제, 업무의 무능력, 관계성 등 다양한 문제를 노출할 때 그때마다 선교사에게 해결을 요구하다 보니 선교사와의 관계와 현지인과의 관계도 심각해지는 경우가 너무도 많았다. 그러한 경험을 한 후에는 아예 모르는 현지인을 주변에서 추천을 받아 직원으로 채용했다. 그런데 그 경우가 더 편하고 업무면에서도 더 수월함을 느꼈다.

9. 사업 시작 단계

철저한 시장조사한 것을 바탕으로 자기에게 맞는 사업의 종류를 선택해야 한다. 그렇지 않으면 되돌릴 수 없는 문제를 만들 수 있다. 현지의 비즈니스의 여건이 그리 호락호락하지 않다는 것이다. 그리고 누구의 도움을 받을 수 없다. 현지에서 사업하는 한인이나 지상사 사람도 잘못하면 당신을 원수로 여길 수 있다. 그러므로 틈새시장을 잘 파악해 접근해야 한다. 이 부분은 뒷부분에서 구체적으로 다루었다. 참고하기 바란다.

4부

기업인들을 비즈니스 선교사로 전환시켜라

01

하루아침에 이루어지지 않는
비즈니스 선교

 1. 사업가(CEO) 선교사 양성 프로젝트: 사업가, 전문인이 선교사로
가야 하는 여섯 가지 이유

 확실한 신분으로 비자, 거주 문제가 해결된다 이 시대, 집중적인 선교
대상이 되는 지역은 창의적 접근과 필요지역, 특히 이슬람 국가가
아닌가 싶다. 창의적 접근 지역에서는 아무래도 목사 출신 선교사
나 전문 선교사가 선교만을 목적으로 거주하고 정착하는데 어려움
과 한계가 많다. 거주해도 좋다는 공식적인 서류인 비자와 거주증
획득이라는 가장 현실적인 문제를 해결하기가 쉽지 않기 때문이다.
거주 문제가 풀려야만 선교든 뭐든 할 수 있기 때문에, 비자를 얻기
위해서는 특별한 대책이 수립되어야 하는 지역이다.
 물론 답이 있다. 책을 통해 누누이 설명해 오고 있듯이 선교사가
사업가가 되면 된다. 더 쉬운 길은 사업가가 선교사로 가면 된다.

사업가는 세계 어느 나라를 가도 문제가 될 것이 없다. 사업가에게는 신분을 공식적으로 보여 주는 회사의 명함이 있고, 명함에 나와 있는 홈페이지를 검색하면 어느 나라에서나 신분을 확인할 수 있어서 의심할 여지가 없다. 또한 비즈니스 비자는 세계 여러 나라에서 호의적으로 발급해 준다. 나를 보면 된다. 나는 이미 아제르바이잔, 터키, 카자흐스탄, 투르크메니스탄, 브라질, 미국, 그루지야 등에 사업가 최웅섭의 이름으로 터를 잡았다. 이들 나라에서 영향력을 행사하고, 주정부 인사와 교제를 나누며, 그리스도의 향기를 은은하게 풍겨 오고 있다.

회사나 단체에 소속되지 않은 개인 신분의 목사 선교사나 전문 선교사들은 회사를 세우지 않는 이상 이슬람 지역이나 비협조적 국가에 들어가기 어렵다. 파송 받은 후에 여건이 여의치 않으면 그때 회사를 설립하고 사업가가 되겠다? 결코 만만치 않다. 그 어렵고 속 끓는 과정을 겪어 본 사람이 나다! 말이 쉬워 회사지, 그러한 지역에서 회사를 하나 세우려면 회사 공증, 세금 확인서 등 제출해야 하는 서류가 한두 가지가 아니다. 이 서류들을 어디서 만들고 어디서 발급받아야 하는지도 막막하고 만든다고 해도 받아 준다는 보장도 없다. 그 과정에 사기 당하지 않으면 그나마 다행이다. 게다가 정의롭지 못한 장애물들이 곳곳에 도사리고 있다.

어느 날, 한 단체의 목사 선교사가 답답한 심정에 나의 사무실을 찾았다. 비자 문제를 위해서 회사를 설립하려고 서류를 제출했는데, 정부에서 세금 납부증명서 3년 분, 회사 보험증서 등을 제출하라는 것이었다. 목사인 자신이 어디에 가서 그런 서류를 구해 올 수 있겠느냐며 하소연하는 소리를 들었다. 회사를 설립해야 비자를 받을 수 있기 때문에 한국의 아는 지인들과 파송 교회의 여러 사람들에게 부탁하였지만, 하나 같이 회사에 직원으로 채용된 적이 없기 때문에 서류를 만들어 줄 수 없다는 대답만 들은 것이다.

사실 오래 전에 주 정부의 회사 설립법이 바뀔 것이라고 귀띔해 주었지만 듣지 않았던 사람이다. 정보를 주었을 때는 방심하고 있다가 정부의 법이 바뀌어 비자 문제가 발생하니까 발등에 불이 떨어진 것이다. 비단 그 선교사 한 사람의 문제가 아니다. 나 역시 똑같은 문제로 고생한 바 있다.

몇 달 전, 베트남을 방문한 적이 있다. 베트남에서 사역하는 선교사들과 CBMC(한국 기독 실업인회) 회원들에게 비즈니스 선교에 대한 필요성을 강의하고 나눔을 가지기 위해서였다. 그곳에서 여러 사역자들을 만나 사역에 대한 소감과 비자 문제 등에 대화를 나눌 기회가 있었다. 베트남에는 한류 문화가 성황을 이루고, 한국과 베트남 양국 사이도 우호적이라고 판단해서 선교사 비자 문제에 대해서 호의적일 것이라 생각했다. 실상은 정반대였다. 3개월마다 비자를 연장하는 것부터 시작해 여러 가지 여건이 너무 힘들다는 것이었다. 우리와 동반자적인 국가에서도 비자 문제가 쉽지 않다면, 이보다 더한 나라에서는 상황이 어떨지 짐작해 보라. 여건이 이러하니 파송 받은 선교사들이 가장 먼저 겪는 일이 피가 마르는 것이다. 오죽하면 사역한 것은 없고 비자 사역만 했다는 말이 다 나왔겠는가! 이 고통을 가장 지혜롭고 현실적으로 해결하는 방법이 사업가를 선교사로 보내는 것이고, 선교를 비즈니스 선교로 전환하는 것이다.

이슬람 지역에서의 생존은 결코 만만치 않다. 오래 전 중동선교회에 참석해 한 선교사를 만났다. 그 역시 오랫동안 이슬람 국가에서 사역해 왔으나 한계에 부딪치면서 현재는 미국에서 다문화 사역을 해 오고 있다고 했다.

"내가 목사가 아니었더라면 정말 좋았을 것입니다."

그가 털어놓은 솔직한 심정이었다. 목사이다 보니 이슬람 지역에서 할 수 있는 것이 아무 것도 없다는 것이다. 오로지 '어떻게 하면 교회를 세우지?' '어떻게 하면 십자가를 세우지?' 하는 생각뿐이었고, 목사의 거룩한 언사들만 흘러나와 사람들 만나는 일이 힘에 부쳤다고 한다. 크리스천은 숨소리조차 내기 힘든 사우디아라비아에서 말이다.

기존의 선교사들은 숨어 지낸다고 할 정도로 숨도 못 쉬고 사는 곳이 이슬람 지역이다. 몇몇 선교사들은 신분을 속이고 학생으로 들어가 공부하며 사역한다. 그것으로 끝이 아니다. 교육기간이 끝나면 거주 문제에 대해 본격적으로 고민을 시작해야 한다. 많은 크리스천들이 이슬람은 철옹성이라고 생각한다. 미안하지만 그렇지 않다는 것이 나의 답이고 경험이다. 사업가가 사업할 지역에 들어

가서 사업하겠다는데 누가 뭐라고 한단 말인가?

사업자 등록을 하고 나라가 정한 법에 맞추어 합법적으로 사업한다는 것에 대해 방해하거나 모함할 사람은 이슬람 지역에도 없다. 그 정도로 막히거나 합리적이지 않은 나라가 아니라는 뜻이다. 기업을 세워, 일자리를 창출하고, 수익금에 대해 나라에 꼬박꼬박 세금을 내며, 기술과 경제를 발전시키며 사회에 기여하는 일을 하니까 오히려 존경 받고 환영 받을 일이다. 이런 당당한 자부심을 가질 수 있는 여건이 살기에도, 선교하기에도 좋은 환경 아니겠는가? 사업가를 선교사로 보내야 하는 이유가 여기에 있다.

선교사 노후대책의 대안이 된다 사업가에는 자생 능력이 있다. 사막 어디에 내놓아도 견딜 수 있는 지구력과 강한 인내심, 능동적이고 적극적인 마인드라는 살아 있는 재산이 있다. 그래서 그들을 보내야 한다. 이제 한국 선교사들 노후 현상이 나타나고 있다. 선교 초창기에는 생각하지 못했던 새로운 문제가 주목되고 있는 것이다. 수많은 선교사를 파송했지만, 그들의 노후에 대한 대책은 어디에도 없다. 선교사들의 노후대책을 한국 교단이 해결하겠는가? 파송 단체에서 해결하겠는가? 아니면 선교사가 파송 조건으로 노후대책이 수립되었는지 물어보고 갈 것인가? 솔직히 답이 없다. 사업가를 선교사로 보내면 이 문제마저 해결된다. 많은 문제에서 자유로울 수 있는 방법이다.

만남의 폭이 훨씬 넓어진다 사업가의 만남에는 그야말로 한계가 없다. 기업의 직원들을 비롯해 사업 파트너들, 바이어들, 세일러들 등 사업가들은 누구든지 만나 교제를 나눌 수 있다. 그중에는 정치 및 사회적으로 영향력을 끼치는 정부 주요 인사도 있고, 경영인들, 각계각층의 문화 인사들도 있다. 수익금을 사회에 환원하는 활동들을 통해 사회적 약자들과 어려운 사람들도 자연스레 접할 수 있다. 만날 사람도 많고 대화를 나누고 공감을 나눌 사람도 많으므로 영향을 끼칠 대상의 폭도 그만큼 훨씬 넓어지는 셈이다.

선교 현장의 분위기가 밝아진다 사업하는 선교사는 비자 문제와 거주 문제가 해결되니 비교적 편안한 마음으로 정착을 이루어 갈 수 있다. 덕분에 선교사 자신이 편안하고 행복하다. 본인이 편안하니 가족과 성도들도 편안하고 여유로우며, 파송 교회도 큰 근심을 덜 수 있다. 본인의 비자 문제뿐만 아니라, 팀원들의 비자 문제도 여유롭게 해결해 줄 수 있으니 더할 나위 없다.

이듬해 선한 나비 효과라고 할까! 물론 사업가 선교사라고 해서 만능은 아니다. 그들도 어려움에 부닥칠 수 있고, 대처하지 못할 상황이 발생할 수 있다. 그러나 기존의 선교사들과 판이한 다른 방식으로 선교할 수 있다. 자신도 영향력이 있고, 영향력 있는 인적 네트워크 또한 풍부하므로 현실적인 도움을 청할 길이 많다.

다방면에서 영향력 있는 선교를 한다 기존의 파송 선교사들의 모습으로는 분명 한계가 있다는 것을 많은 이들이 인정한다. 그렇다면 새로운 대체 공급자들을 준비해야 하는 것이 옳다. 그 대안으로 사업가들을 충원하기를 강조하는 것이다. 선교 훈련만 제대로 한다면 그들은 잠재력 있는 선교사로서 자질이 충분하다.

이슬람 선교 역사에 선교사를 파송하였던 흔적이 있는가? 그렇지 않다. 이슬람교도들이 자발적으로 정착한 지역에서 삶을 통해 이슬람 문화와 이슬람교가 전파되었고, 때로는 강압적으로 전파되기도 하였다. 그들이 가는 곳마다 사업과 삶을 통해서 이슬람의 문화, 교육, 사업 등이 패키지로 삶 속에 저절로 스며들어 영향력을 행사하는 것을 볼 수 있다. 그 정책을 그대로 모방하자는 것이 아니다. 기존의 선교 방식을 완전히 바꾸자는 것도 아니다.

현실적으로 어쩔 수 없이 나오게 되는 기존 방식의 선교 사각지대를 비즈니스 선교를 통해 채우자는 것이다. 이슬람 국가에서는 선교 사각지대가 선교 대상보다 훨씬 크다는 현실을 고려한다면, 교육, 경제, 문화, 사회, 기술 등 다양한 분야에서 영향력을 끼칠 수 있는 몫을 사업가 선교사가 많이 담당해 줄 수 있다는 것이다. 기존의 선교 방식에 사업가 선교사의 영향력을 더하는 셈이다. 사업가들은 한국의 국력을 바탕으로 얼마든지 거주 국가의 모든 부분에 영향력을 줄 수 있다. 가랑비에 젖는 옷이 얼마나 촉촉하게 젖는지 생각해 보라. 일상생활에 알게 모르게 스며드는 영향력으로 보이지 않는 선교의 틀을 다져 나갈 수 있다.

"키르기스스탄 정부에서 정부를 대신할 사람으로 일반 기업인을 택하지 않고 선교사를 택한 것은 정직과 신뢰를 바탕으로 일하는 것을 알기 때문입니다."

키르기스스탄에서 사역하는 한 선교사에게 전해 들은 말이다. 이처럼 사업하는 사람들은 자신의 인격을 바탕으로 각국에 영향력을 줄 수 있다. 이는 참으로 소중한 하나님의 재산이며 선교적 자산이 아닐 수 없다. 물론 일반 선교사들도 모두 가지고 있는 주님 주신 성품이다. 여기에 사업하는 사람은 일반 선교사보다 노출에서 벗어난다는 장점이 있다. 사업가는 애당초 사업을 위해 왔기 때문에 문제가 발생해도 사업가로서 문제를 해결할 수 있다.

하지만 사업하지 않는 선교사라면 문제가 발생했을 때 어떤 방법으로 해결하겠는가? 추방당하는 수밖에 없다. 사업가는 정직하게만 사업하면 문제가 발생할 일이 없다. 채용한 직원에게 삶을 통해 복음을 전하고 영향력을 준다고 해서 무슨 문제가 발생하겠는가? 1장에서 언급했듯이, 제자이자 아끼는 직원이었던 현지인이 나를 선교사라고 당국에 고발하긴 했지만, 국가 및 사회 발전에 이바지한 공을 인정받아 아무 일 없이 계속해서 사업을 할 수 있었다. 이러한 이유로 사업가 선교사가 문제 해결 능력과 영향력을 더 가질 수 있다.

기업인은 무궁무진한 선교 자원이다 한국에는 수백만 개의 중소기업과 개인 사업자들이 있다. 정확한 통계는 알 수 없지만 한국 인구 4명 중 1명이 크리스천이다. 결론적으로 말하면 수많은 개인 사업가들과 중소기업 사업가들이 교회 안에 있다는 것이다. 그들은 무궁무진한 선교 자원이자 한국 교회의 미래를 책임질 선교 자원이다. 개인이 한국에서는 기업을 경영하기가 하늘의 별 따기처럼 어렵다고 한다. 그것은 오늘날의 대한민국 현실을 보면 알 수 있다. 한국의 중소기업은 대기업에 치여 죽을 맛이다. 죽기 살기로 개발해 놓으면 대기업의 제물이 되고, 그 제물마저 되지 못한 기업은 생매장되어 사라진다. 약육강식이 지배하는 곳이다. 게다가 좁은 내수시장도 한계로 작용한다. 그래서 개인 사업가들 모두가 세계에 진출하고자 꿈꾸는 것이다.

오히려 이런 현상이 한국 교회의 선교적 차원에서는 더 환영할 만한 일이 아닌가 싶다. 국내의 수많은 개인 사업가들이 얼마나 많은가? 그들 중에서 선교 마인드가 있는 사업가를 찾아 훈련하고 격려해 선교지로 내보낸다면 어떨까? 좁은 땅덩어리 안에서 치고받고 사느니 선교단체와 사업하는 사람들이 효과적으로 연구하고 집중적으로 공략할 거점들을 표적으로 삼아 그들을 선교사로 보낸다면, 지금보다 더 효과적으로 선교 거점에서 영향력을 만들 수 있다.

한국인의 끈기와 인내력은 세계에서 인정받고 있다. 특히 요즈음은 전 세계에 한류 바람이 불어 비즈니스를 하기에 더 없이 좋은 환경이 만들어졌다. 세계 어디에 가든 한국 상품과 한국 사람들은 인기몰이를 한다. 그래서 더욱 자신한다. 사업가 선교사들은 무궁무진한 선교 자원이 될 수 있다고! 지금까지 선교는 그 역량을 목회자 선교사와 전문인 선교사에서만 찾다 보니 개발을 못 하고 있는 것뿐이다. 호랑이처럼 포효할 날만을 기다리는 사업가가 얼마든지 있다는 사실은, 한국 교회의 선교를 다시 세우시려는 하나님의 깊은 뜻으로 받아들였으면 좋겠다.

요즘은 세계 어디를 가든 중국 상품이 판을 친다. 하지만 품질에 관한 신뢰도가 너무 낮아 골머리를 앓는 사람들이 대부분이다. 이런 현상 역시 한국 제품을 위주로 사업하는 사람들이 호기로 이용할 수 있는 천혜의 틈이다. 정상적인 시장경쟁 속에서 신뢰를 통한 틈새시장을 공략할 절호의 기회들이 얼마든지 있다는 뜻이다.

또 하나 제시하고 싶은 것은 세계 도처에서 활동하고 있는 해외 경제인들, 즉 재외 한인 동포들을 활용하는 방안이다. 총 8백만 명에 달하는 그들 중 60%가 크리스천이라고 한다. 실제로 내가 3년 동안 한인회장을 하면서 만났던 많은 한인회 회장들과 임원들도 크리스천이었다. 그들 모두를 잠재적 선교사로서 충분히 바라볼 만하다는 뜻이 아닐까! 선교에 관한 동기부여와 훈련만 제대로 된다면 그들은 어마어마한 비즈니스 선교의 동력이 될 수 있다. 실제로 나 역시 선교사이자 해외동포 사업가이기 때문이다. 사업하면서 선교 못할 이유가 없다.

오랜 시간 외국에 거주하면서 그들은 이미 국제화되어 있다. 언어, 문화, 정치, 경제 사업 등 여러 다방면에서 누구보다도 우수한 준비가 되어 있는 자들이다. 한국 교회가 그들에게 관심을 표명하고, 사업가 너머 선교사로서 잠재성과 능력을 인정한다면 충분히 날라질 수 있지 않을까 하는 것이 개인적인 생각이다.

2. 사업가를 선교사로 보내기

CEO 선교사로 누구를 보내야 하나? 선교대회에 청년이나 대학생들이 비전을 품고 많이 모이는 것도 중요하지만 이런 자리에 중소기업 사업가들, 개인 사업가들 그리고 각지에 흩어져 있는 크리스천 한인 동포 사업가들 모두가 참석하는 선교대회를 열 수 있기를 소원해 본다.

2012년 시카고 한인세계선교대회에 주 강사로 참석했을 때의 기억이다. 물론 대단한 행사였고 개인적으로도 은혜를 받은 좋은 경험이었지만, 한편으로는 마음이 아팠다. 여러 가지 포럼이 열리긴 했으나, 선교에 동원될 가능성이 큰 재미사업가들의 참석이 저조했기 때문이다. 또한 대부분의 참석자들이 교회의 여성 직분자나 강사들을 따라다니는 성도들이어서 여느 부흥회와 다름없어 보였다. 한마디로 선교라는 전문성이 도드라져 보이지 않았다. 대회를 폄하하려는 것이 아니다. 필력이 모자란 탓에 혹시라도 그런 의미가 전해졌다면 용서를 구한다. 말하고자 하는 바는 선교대회라는 주제에 적극적으로 호응하고 관심 있어 하는 성도들의 참여가 낮아 안타까웠고, 보다 효과적으로 사업가 성도들을 모을 수는 없었을까 하는 아쉬움이 남았다는 것이다. 이러한 현실적 문제를 해결하기 위해 한국 선교의 코디네이터들이 한자리에 모여 기도하고 고민한다면,

이 시대를 장식할 사업가들을 선교사로 불러 모아 얼마든지 선교지로 보낼 수 있지 않을까 생각해 보았다.

선교사로 가는 사업가는 검증이 필수 CEO를 선교사로 보낼 때는 반드시 검증된 사업가를 보내야 한다. 선교지는 사업을 시험하는 무대가 아니기 때문이다. 서로 물고, 뜯고, 할퀴며, 죽기 살기로 덤비는 경쟁자들이 득실대는 곳이기 때문이다. 국내 시장보다 훨씬 더 살아남기 어려운 생존경쟁이 치열한 전쟁터와 같은 곳이기 때문이다. 그곳에서 생존해낼 수 있는 자생력을 갖추고 있어야 하기 때문이다.

기존의 사업가 선교사들이 비즈니스 선교를 하는 모습을 보면, 사업을 마치 테스트하는 것처럼 보인다. 실제로 그 수준에 만족하며 지내는 사람도 많다. 그러나 선교 현장은 그리 한가하게 사업을 시험할 시간적, 물질적 여유가 있는 곳이 아니다. 사업은 적재적소에 투자하거나 투자를 받아야 하는 상황이 순간적으로 일어나는 곳이다. 그렇다고 크리스천 사업가라는 사람이 나의 이익을 위해 상대방에게 치명적인 피해를 입힐 수 없는 일이다. 어떠한 상황에서도 크리스천 사업가로서 바이어에게 상품 및 각종 정보를 정직하게 전해 주면서 최선의 서비스를 해야 한다. 바이어들은 사업가의 모든 것에 대해 주시하고 확인하기 때문에 언제나 크리스천다운 언행과 마음을 갖추고 있어야 한다. 조금이라도 빈틈이 보이고 가치가 없다고 판단될 때 매몰차게 돌아서는 것이 사업의 세계다.

사업가 비자를 받기 위해 비즈니스 선교사를 흉내 내는 사람들이 있다. 그들이 이해되지 않는 것은 아니나 그런 꼼수는 위험하고 반드시 경계해야 한다. 사업의 규모를 확장하고 싶어도 돈이 없고, 사업에 본격적으로 뛰려고 해도 사업할 만한 실력이 안된다. 나는 이들을 사업을 흉내 내는 사업가 또는 사업 비자에 목매는 선교사라고 부른다. 이런 현실적 문제가 없어지려면 CEO 선교사일수록 사업 능력이 입증된 사람을 보내는 것이 안전하고 옳다.

검증되어도 선교 훈련은 필수 모든 선교사는 훈련을 받아야 한다. 훈련 받지 못한 병사가 전장에서 승리를 기원할 수는 없다. 군대에 있을 때다. 부대원들에게 실제 수류탄 훈련을 실시하라는 지시를 받고 병사들을 모아 훈련장으로 나갔다. 대부분 고참 병사들이었고 단 한 명만 신병이었다. 수류탄 잡는 방법을 가르친 후, 계곡 깊숙이 던지라고 지시하며 수류탄을 쥐어 주었다. 첫 수류탄을 손에 든 신병이 너무 긴장한 나머지 배운 대로 하지 못하고 계곡이 아닌 부대원들이 서 있는 바로 앞의 교통호 너머로 수류탄을 던지고 말았다. 순간적으로 소대원들에게, "엎드려!"명하고 나도 즉각 엎드렸다. 죽었다 싶었다. 수류탄이 교통호 바로 위에서 터져 버린 것이다. 정말 아찔한 순간이었다. 다행히 모두 무사하였다. 소대원들이 그날을 제2의 생일로 해야 한다며 난리를 피웠고, 그 신병은 고참들에게 반쯤 죽었다 살아났다. 훈련되지 않은 선교사는 이 신병과 다를 바 없다.

군인이 훈련소에서 교육을 받듯, 선교사는 선교단체를 통해서 훈련되어야 한다. 사업가 중에는 훈련되지 않은 개인으로 가서 선교사 역할을 하는 사람들도 있다. 물론 훈련 받지 못해도 선교를 할 수 있고, 어쩌면 더 헌신적으로 예수님의 모범을 따라 살면서 선교할 수 있을 것이다. 고마운 일이긴 하다. 하지만 훈련 받지 못한 병사가 전장을 어지럽히고 무질서하게 만들 확률이 높듯이, 훈련 받지 못한 사업가의 선교 역시 그럴 여지가 높다. 잘못하면 모로 가도 서울만 가면 된다는 식의 무작위 선교를 낳을 수 있기 때문이다. 선교사의 성품이 좋지 않아서가 아니라 훈련된 선교나 질서 잡힌 선교에 대한 무지가 잘못된 의지나 방향을 만들 수 있다는 것이다.

선무당이 사람 잡는다는 말이 있다. 한국에서 파송되어 사역하고 있는 선교사 중에는 이름 없이, 빛도 없이 자기에 주어진 일에 생명을 걸고 사역하는 사람들이 많다. 하지만 일부는 선교지에서 많은 문제를 일으키고 있다. 왜 이런 문제가 나타나는가? 문제는 훈련이 되어 있지 않고 훈련이 되어 있어도 단체의 규정대로 하지 않고 어기기 때문이다. 이와 같이 훈련되지 않은 병사처럼 훈련되지 않은 선교사는 문제를 발생시킬 소지가 많다.

물론 선교는 열정에 불타 선교훈련 없이도 사역을 할 수 있다. 하지만 훈련 받지 못한 선교사는 아마도 선교지에서 거하면 거할수록 피눈물 나는 체험을 감당할 때가 있을 것이다. 내가 새중앙교회 선교목사로 부임해 사역하는 동안 부목사로 섬기다 지교회를 개척해 섬기던 목사들이 있었다. 2명의 목사가 하나님의 부르심이 있어 선교지로 나가기를 원했다. 그들은 훈련을 받지 않고 선교지에 미리 간 선교사가 자기의 사역을 준비해 주었기 때문에 가기만 하면 된다는 식이었다. 하지만 나는 단호히 거절했다.

"결코 훈련 없이는 보낼 수 없습니다."

선교회는 목적하는 바와 정책이 뚜렷해야 한다. 그것은 파송한 단체에서 나오는 것이므로 파송한 단체의 리더십에 순종해야 한다. 그렇지 않으면 선교지는 난장판이 될 것이다. 훈련을 받고 서약을 하고 가서도 서로 못 잡아먹어서 불협화음이 발생하는 선교사와 선교지가 얼마나 비일비재한지 모른다. 선교단체에서 훈련할 수 없는 상황이라면, 각 교회에서 담임 목사 책임 하에 훈련시켜 보내는 것도 하나의 방법이다. 담임 목사가 사업이 진행되어 가는 것을 수시로 보고 받고, 기도해 주며, 교회의 소식을 전해 주어 외롭지 않도록 해 준다면 서로에게 위로가 되고 용기가 될 것이다.

경영 능력의 세 가지 원천

믿음과 기도의 힘 나는 이제 겨우 17년차 새내기 사업가다. 수십년 해 온 사업가들이 보기에는 짧은 기간이라 할 수 있는 17년 동안 수많은 어려움과 고통을 겪었다. 사업가는 결코 만능 파워맨이 아니다. 그도 사람이기 때문에 힘들고 외로울 때가 있다. 그 고비마다 견딜 수 있었던 것은 믿음이 있었기 때문이다. 나 스스로도 기도를 열심히 했지만, 많은 이들의 격려와 중보기도자의 격려가 큰 힘이 되었다.

사업 현장을 발로 누비는 열정과 노력 인내하고 견디는 것으로 힘을 얻는다 하더라도 현실에서 실질적인 힘을 발하는 경영 능력은 어디에서 나오는 것일까? 경험을 떠올려보면, 주어진 사업에 열정을 다해 임할 때 속에 잠재되어 있는 무엇인가가 스스로 끌어올려지기도 하고, 주님의 마음이 동하기도 한다. 무엇보다 불꽃같은 눈동자로 현장을 지켜보며 모든 에너지를 소진하고 끊임없이 노력하는 사람을 이겨 낼 재간이 없다는 것이 내 경험이다.

나는 건축을 전공한 사람도 아닌데 2만8천 석 규모의 축구장을 초현대식으로, 그것도 3만2천 석으로 확장하는 공사를 1년 만에 완벽하게 마무리했다. 브라질, 알바니아, 스페인, 러시아, 여러 나라에서 축구장 건설과 관련해 러브콜이 들어온다. 그런데 과연 가능한 일이었을까? 당연히 수많은 사람들이 의심의 눈초리를 보내며 불신했다. 심지어 하도급을 받는 회사들도 최웅섭이라는 사람이 할 수 있을지 반신반의하는 마음으로 시작했을 정도다. 하도급을 줄 테니 계약하자고 하면 우리 회사가 당신을 어떻게 믿을 수 있냐고 반문하고, 선수금으로 40% 주겠다고 해도 반신반의 하면서 대사관에 확인하고 난리를 피우며, 정말 가능한지를 수시로 확인하곤 했다. 그런 반응들에 나는 한 번 시작하면 끝을 본다는 생각으로 뚝심과 의지로 대응했고, 불굴의 의지와 남모르는 노력을 필사적으로 기울였다.

하도급을 받은 기업들은 내가 도면을 볼 줄 모른다는 생각에 속이면서 작업하기도 했다. 하지만 나에게는 통하지 않았다. 하루에 두 번씩 작업현장을 방문하였다. 현장에서는 담당 회사의 책임자를 대동하고 작업을 확인한다. 작업이 이상하게 되었다고 지적하면 하도급 회사의 책임자가 언성을 높인다.

"무슨 소리입니까? 도면대로 작업했습니다."

고집을 부리는 것이다. 그러면 나는 사무실에 연락해 도면을 가지고 오라고 해서 직접 대조한다. 전혀 다르게 공사가 되어 있다고 잘못된 곳을 지적하면, 오히려 그쪽에서 더 난리다.

"회장님이 무슨 도면을 볼 줄 압니까?"

큰소리로 나를 기선 제압하려 한다. 사실 책상에 산더미처럼 쌓아놓고 도면을 보고 있는 나다. 그렇게 노력하는 나를 속일 수 있다고 생각하는 그들이 어리석은 사람들이다. 경영 능력은 머리에서 오는 것이 아니라 현장에서 나온다. 사업가는 사업 현장에서 발로 직접 뛰면서 모든 것을 통솔해 나아가는 능력이 있어야 한다. 나야말로 현장에서 일을 보고 익히고 복병 같은 문제들을 해결해 온 대표선수라는 사실을, 그런 사업가가 얼마나 더 철저하고 정확한지를 그 하도급 직원들은 몰랐던 모양이다.

사업의 동역자인 충성스러운 직원 사업가는 직원에 앞서 모든 일에 솔선수범해야 한다. 특히 자신의 사업을 위해 불철주야 일해 주는 자신의 식구들, 즉 직원들에 대한 존중은 필수다. 그들이 충성도가 사업을 좌우할 수 있기 때문에 사업의 동력이 되도록 만들 줄 아는 것은 아주 중요한 경영 능력 중 하나다. 직원들이 회사를 위해서 충성을 다하면 그 충성에 대해 적절한 보상이 뒤따라야 한다. 그것이 사업 성장을 순탄하게 하는 길이고, 수준 높은 경영 능력을 키우는 길이다. 자선사업을 목적으로 회사를 세운 것이 아니다. 직원을 모집할 때 회사의 설립 목적과 방향을 정확히 말하고 직원을 선발한다. 이 회사를 통해서 사회적 기업이 되기를 원하고, 이 회사를 통해서 직원은 물론 직원의 가정까지도 책임지는 회사를 만들고 싶다. 하지만 직원들이 회사의 방침을 알면서도 회사에 충성하지 않는다면, 그 직원뿐만 아니라 모두에게 해가 되는 것이다. 그런 방향으로 직원들을 철저히 관리한다.

> 다섯 달란트 받았던 자는 다섯 달란트를 더 가지고 와서 이르되 주인이여 내게 다섯 달란트를 주셨는데 보소서 내가 또 다섯 달란트를 남겼나이다 그 주인이 이르되 잘하였도다 착하고 충성된 종아 네가 적은 일에 충성하였으매 내가 많은 것을 네게 맡기리니 네 주인의 즐거움에 참여할지어다 하고 두 달란트 받았던 자도 와서 이르되 주인이여 내게 두 달란트를 주셨는데 보소서 내가 또 두 달란트를 남겼나이다 그 주인이 이르되 잘하였도

다 착하고 충성된 종아 네가 적은 일에 충성하였으매 내가 많은
것을 네게 맡기리니 네 주인의 즐거움에 참여할지어다 하고(마
25:12).

3. 선교사 입양 프로젝트

나는 선교사로서 사역을 해 오면서 왜 한국 교회는 선교사들에
게 비즈니스 선교를 강요하는 것에 대해 여러 가지 의문을 가졌다.
물론 작금의 한국 교회는 재정적 어려움에 처해 있다. 강남의 몇몇
대형 교회는 교회 건축으로 인해 재정적 압박 속에서 교역자들 사례
비도 지급하지 못한다는 안타까운 소식이 들려온다. 왜 이런 현상
이 나타나는 것일까?

나는 선교사로서 선교사들에게 비즈니스를 강요하기보다는 새
로운 방법을 찾아야 한다고 본다. 한국에 와서 비즈니스와 경영에
대해 강의를 다니면서 느낀 것이 있는데 기독 실업인들의 선교 마인
드가 대단하다는 것이다. 나는 그것을 보면서 기독 실업인을 잘 활
용하면 선교와 기업의 해외 진출이라는 두 마리 토끼를 잡을 수 있
겠구나 생각하였다. 그래서 착안한 것이 선교사 입양프로젝트이
다. 기독 실업인들을 만나 보니 개인적으로 선교사들을 기업 차원
에서 후원을 하고 있는 기업들을 보았다. 이것을 공론화했으면 한
다. 그래서 선교사 입양 프로젝트를 해야 하는 이유들을 먼저 말하
고자 한다.

기독 실업인, 선교사 입양 프로젝트 왜 해야 하는가

거주의 한계성 사실 선교사들은 비자 문제로 인해 많은 스트레스를 받고 있고 그로 인해 사역의 영속성이 떨어지고 있으며, 거주의 문제까지 발생하고 있어 추방과 사역의 중단이라는 문제들이 지속해서 발생하고 있다. 또한 선교지의 물가 상승으로 현재 후원받는 선교비로는 사역과 정착을 할 수 없는 상태가 계속되는 상황이 계속해서 발생하고 있다. 이러한 현실 속에서 선교사들은 사역의 고민보다 거주의 문제 때문에 더 많은 영향을 받고 있다. 이러한 문제는 선교단체나 파송한 교회의 적극적인 대체로 가능하나 단체나 교회역시 재정적인 문제의 한계성 때문에 대책이 있을 수 없다.

한국 교회 선교비 증액 불가 앞에서도 말했지만, 한국 교회가 심한 진통을 겪는 이유가 무분별한 교회의 건축과 사업의 확장으로 인해 감당할 이상의 부채 때문이다. 이러다 보니 선교를 말하고 있지만 사실 선교비는 줄어든지 오래고, 선교비를 증가시킨다는 것은 꿈도 못 꿀 형편이 되었다. 한국의 어떤 교회가 선교사의 선교비를 증액했다는 감사의 소리를 별로 들은 적이 없다. 믿음으로 살라고 강단에서 외치지만 사실 선교사들에게는 고국에서의 생활보다 몇 배의 생활비가 들고 사역비가 들어가는데 한국 교회와 성도들은 선교사들은 잘 안 먹어도 되고, 잘 살지 않아도 되는, 다시 말하면 하늘에서 보화가 내려 생활하는 사람으로 착각하고 있다는 사실이다.

그렇지 않다. 선교사는 열악한 선교지 환경에서 보내 주는 피눈물 같은 후원금으로 최선을 다해 절약하고 줄이면서 사역을 한다. 선교비 증가를 바라볼 수도 기대할 수도 없다. 이것이 한국 교회의 현실이니까 말이다.

사역의 자립성 붕괴 선교비가 증가하지 못하고 줄어드는 관계로 사역지가 축소되고, 사역의 현장은 붕괴하고 있는 것이다. 한국에서 기대되는 후원금을 기도와 공급의 안착을 기대하면서 사역을 진행하는데 고국에서 전해 오는 소리는 사역을 확대하지 말고 현재 하는 사역을 유지하라는 식으로 전해 올 때 어떻게 감당할 수 있을까? 이러다 보니 사역의 자립성은 붕괴하고, 선교사들이 비즈니스 현장으로 갈 수밖에 없는 것이 현실이다.

각종 질병과 스트레스에 노출 이러한 현실 속에서 제일 심각하게 스트레스를 받는 사람들은 현장의 선교사들이다. 고국교회가 선교사들에게 용기를 주고 격려를 해 주어도 힘든 상황인데 비즈니스 선교를 해야 한다고 강요하고 몰아붙인다. 그럴 때 비즈니스 선교에 준비가 안 된 선교사는 그 자체가 스트레스가 될 뿐이다. 그러다 보니 선교사들은 불안감 증폭과 각종 질병에 노출되어 있으며, 사역의 스트레스보다도 더 어려운 고비들을 가지고 있다.

선교사 노후 문제를 앞에서도 잠깐 언급했지만, 파송 받은 한국의 선교사들 대부분이 50대 이후가 70%가 넘는다는 사실이다. 이것은 곧 노후 문제와도 연결이 된다. 한국의 목회 현장에서 은퇴하면 노후가 보장되지만 선교사 노후 문제를 거론하는 교단은 없다는

선교와 비즈니스의 아름다운 동행 ■ ▪ ▪   278

것이다. 파송해 놓았지만, 노후 문제까지 해결한 여력이 없다는 것이다. 이러한 현실이 선교사들의 사역에 대한 용기를 저하시키고 미래에 대한 보장은 하나님의 지켜 주심과 인도하심만을 의지할 수밖에 없다.

선교사 입양하면 무엇이 좋은가?

크리스천 중소기업 해외 진출 용이 참으로 다행인 것은 한국의 중소기업이 해외에 진출하려고 부단히 애를 쓰고 있지만, 하늘의 별 따기만큼 어렵다. 대기업이 해외에 진출해 성공하는 사례가 적기 때문에 필요 이상의 지사를 만들지 않고 성공 가능한 지역에 가능한 제품만 공급한다는 사실이다. 이유는 지사를 개설하면 많은 인력을 보내야 하고 현지인 채용과 더불어 안정적인 수익이 보장되어야 하는데 불투명한 관계로 인해 포기한다. 이유는 현지에 대해 정보의 부족과 투자 대비 수익의 구조가 약하다는 것이다.

하지만 중소기업이 현지에 진출하는 과정에서 현지에서 오랫동안 사역한 선교사들과 배합해 진출하는 문제를 해결하면 기업은 기업대로 진출의 통로를 확보할 수 있다. 그리고 선교사는 기업의 문제를 직접 해결해 줌으로 서로 간의 상호이익의 전략을 통해 기업은 해외 진출의 통로를 얻고, 선교사는 기업의 홍보대사로서 기업의 해외 진출에 따른 리스크를 최대한 감수할 수 있다. 그런 관계를 통해서 선교사는 직접 비즈니스를 하는 부담에서 벗어날 수 있다.

크리스천 중소기업과 선교사 상호 NEED 해결 기독 실업인이 운영하는 중소기업의 필요와 선교사의 필요가 딱 맞아 떨어질 수 있다. 기독 실업인들은 선교사를 통해서 그들이 원하는 해외 진출의 통로를 얻을 수 있다. 반면 선교사는 그 역할을 충분히 해 줌으로서 선교지에서 신분 확정을 통해 개인의 영토를 만드는 것이다. 이것이 잘 연결되면 선교지에서 비즈니스 선교의 통로를 만들고 선한 영향력을 얻을 수 있다. 이것이야말로 가장 좋은 비즈니스 선교의 모델이 아닌가 싶다.

02

크리스천 기업인이 살아야 교회가 산다

1. 사업이란 무엇인가?

3천 년 전, 중국인들은 사업을 생명이라고 표현하면서 사업은 경제활동을 위해 필요한 돈을 버는 것이 목적이라고 말했다. 나는 이 말에 전적으로 공감을 한다. 한국에 자영업자 8백만 명이 있고 법인 회사가 4백만 개 정도 있다. 이 많은 회사들이 무엇을 위해 일을 하는가? 그것은 바로 경제 활동을 통해서 돈을 벌기 위해 하는 것이다. 회사는 제품을 만들고 유통을 통해 제품을 공급하면서 고객과 소통을 통해 경제적 이익을 얻는 것이 바로 회사의 구조이다. 이를 위해 제품을 생산하는 부서가 필요하고 마케팅 부서, 관리 부서 그리고 다양한 부서와 인원이 필요한 것이다.

이를 위해서 회사는 부지런히 자기의 제품을 팔아야 하는 과제를 가지고 시장에서 다양한 활동을 펼치는 것이다. 다시 말하면 약육강식의 현장에서 자기 회사 제품의 생존을 위해 전투를 벌이는 것이다. 왜 이렇게까지 하면서 회사를 운영하는 것일까? 이유는 하나, 돈을 벌기 위함이다.

이를 부인할 CEO, 관리자는 없을 것이다. 돈은 생물과 같아서 관리하지 않으면 어디로 흘러 갈지 알지 못하기 때문이다. 다시 말하면 돈을 벌기 위한 하나의 수단이라고 볼 수 있다. 그런데 많은 사람들이 사업을 하면서 돈을 벌기 위한 수단이라고 말하는 데 주저한다. 자기가 회사를 설립하고서도 자신이 없고 자영업을 하면서도 목적이 없기 때문에 회사는 어렵고 늘 새로운 도전을 찾아 유랑하는 회사와 자영업자들이 얼마나 많은지 알 수 없다.

국어사전에도 사업이란 "주로 생산과 영리를 목적으로 지속하는 계획적인 경제 활동이다."라고 말하고 있다. 결론은 돈을 벌기 위해 사업한다는 것이다. 세상의 기업은 목표를 위해 일한다. 그런데 우리 크리스천은 목표를 위해 일하는 것은 같지만 목표 위의 또 하나의 목표가 있다. 그 부분은 뒤에서 다룰 것이다.

2. 사업은 누가 하는가?

세상의 기업은 회사를 설립하는 사람의 일방적인 계획과 목표를 가지고 설립하여 운영한다. 이를 위해서 제품 개발을 하든지 아니면 아웃소싱을 하든지 더 나아가 직원을 선발하는 등 회사를 운영하기 위한 모든 것을 계획하고 운영하고 이끌어 간다. 이것은 법인 회사이든 자영업이든 같다. 조직이 큰 회사는 회사를 운영하기 위한 다양한 솔루션과 소프트웨어 그리고 하드웨어를 가지고 시작한다. 세상의 기업들은 조직이 사업을 하고 조직이 회사를 이끌고 비전에 따라 운영한다. 오로지 회사의 운영 방침에 따라서 방향을 결정하고 간다. 그 목표는 바로 돈을 벌기 위해 회사의 모든 역량을 집중하고 돈을 벌기 위한 시스템에 적합한 직원을 선발하고 돈을 벌기 위해 수단과 방법을 가리지 않고 목표에 몰입한다. 이것이 세상의 기업이 하는 방법이다.

세상의 기업은 운영자가 목표를 세우면 직원들은 그 목표를 이루기 위해 맡은 직위에서 충성스럽게 일을 한다. 크리스천 기업도 이와 다를 바 없다고 본다. 왜냐하면 목표가 없는 회사는 없을 것이다. 크리스천 기업의 세상의 기업이 가지는 비전과 미션은 다를 수 있지만 일하는 주체는 다 사람이다. 회사를 운영하는 것은 결과적으로 사람이 하는 것이며 회사 내부의 사람들을 어떻게 효과적으로 관리하고 운영하는 것이 회사의 성공의 밑거름이 된다는 것은 다 알고 있다. 그래서 어떤 사람이 어떻게 일하느냐가 회사의 성공 여부를 가리는 것이다.

3. 시작은 미약하였으나 나중은 창대하게 되리라의 뜻은?

시작은 미약하였으나 나중은 창대하게 되리라는 말을 가지고 여기서 신학적으로 논하고 싶지는 않다. 하지만 하나님은 크리스천 기업인들에게 사업을 시작할 때 하나님의 인도하심과 지도하심과 그리고 은혜로 회사를 설립하고자 하는 사람들에게 카펫을 깔아 주셨다. 크리스천 기업인들은 아마도 이 말에 반대하는 사람은 없을 것이다. 나 역시 회사를 설립하고 장학재단을 설립하면서 하나님의 공급하심을 엄청 많이 받은 사람이다. 하물며 회사의 이름과 장학재단의 이름도 하나님이 주셨다는 확신이 있다. 아마도 모든 크리스천은 나와 같은 동일한 생각을 가지고 있을 것이다.

크리스천 가장이나 사업장 특히 식당 같은데 가 보면 이와 같은 성구 액자가 전부 걸려 있다. 무슨 이유일까 궁금했다. 하나님께서 사업장을 주셨는데 아직도 하나님이 이곳의 주인장이 되셔서 사업을 해 주기를 바라는 심정을 아닐까 싶다. 어디서 들은 이야기인데 사업장에서 하나님의 자리라고 해서 비워 놓는다는 소리를 들은 적이 있다. 참으로 충성스럽고 대단한 사업가라고 말하지 않을 수 없다. 왜 우리는 하나님을 그렇게 제한해야 속히 시원하단 말인가. 하나님은 우리에게 사업의 멍석을 깔아 주셨지 당신이 직접 사업을 해 주지 않는다는 사실을 인지할 필요가 있다.

나는 한국에 와서 많은 크리스천 기업들을 만나 컨설팅 해 주고 상담을 해 주었다. 내가 발견한 것은 하나같이 아직도 하나님이 현장에서 나와 같이 사업을 해 주기를 바라고 있다는 생각들이었다. 그래서 내가 생각한 것이 우리 하나님은 참으로 바쁜 하나님이시구나 생각했다. 그래서 내가 하는 기도에 응답을 늦게 하시는 하나님이시구나 하고 깨닫게 되었다. 하나님은 나에게 사업이라는 멍석을 깔아 주셨으면 그 멍석에서 놀아야 할 사람을 나로 세우신 것이다. 그 멍석에서 마음껏 놀면서 사업을 만들어야 할 사람은 하나님이 아니라 나라는 사실을 직시하기 바란다. 내가 주어진 사업에 최선을 다할 때 하나님은 사업장을 지켜 주시고 보호하시고 시작은 미약하였으나 나중은 창대케 되리라는 말씀을 이루어 주신다.

4. 세상은 대포를 쏘는데 소총을 쏘는 크리스천 기업인들

세상의 기업들은 약육강식의 사업 세계에서 살아가려고 부단히 연구하고, 투자하고 할 수 있는 모든 것을 경주하고, 노력한다. 그래서 그들은 새벽 일찍부터 사업이라는 세상을 위해 포를 쏘면서 달리고 있는 것이다. 기업의 목표를 위해서 하지만 크리스천 기업들은 아직도 소총을 쏘면서 달리고 있다는 사실이다. 사업을 위해 죽어라고 노력하고 시행해도 부족할 판인데 하나님이 주신 기업이니까 하나님이 알아서 성장시켜 줄 것이라는 심리가 만연하다. 그래서 연구 개발, 영업, 직원 관리를 해야 하는 기본적인 절차와 방법을 무시하고 완전히 하나님을 기업의 사장으로 앉혀서 자기는 기도만 하고 하나님이 사업을 책임져 달라고 하는 한심스런 크리스천 기업인들이 너무도 많아 안타까운 실정이다.

왜 우리는 세상의 기업을 변화시키지 못하고 그들이 밟고 지나간 자리를 거쳐서 가야만 하는가? 이유는 무엇일까? 너무 하나님만 의지해서인가! 아니면 하나님을 의지하지 않은 까닭인가? 무척 궁

남해 독자들에게 묻고 싶다.

하나님은 우리에게 사업장을 주시면서 내가 할 일을 하라고 주셨지, 전부 하나님만 의지하라고 주시지 않았다는 사실을 직시하기를 바란다.

5. 하나님이 깔아 준 멍석에서 누가 놀아야 하는가?

하나님이 주신 멍석에서 우리는 감사해야 할 것이다. 하지만 감사를 하기 위해서는 우리는 하나님이 주신 사업장을 완전하고 멋진 기업으로 만들 책임이 있다는 사실을 잊어서는 안 된다. 하나님이 깔아 준 멍석에서 놀아야 할 사람은 나라는 사실을 직시할 필요가 있다. 사업을 진행할 때 순간순간 지혜와 인도하심과 분별력이 필요할 때가 있다.

하지만 사업의 현장에서 계획하고 진행할 때 나에게 주어진 일은 내가 하는 것이다. 특별히 크리스천 기업이라면 직원들에게 신앙을 강요하기보다는 회사의 책임자로서 항상 솔선수범하고 모범을 보여야 한다. 모범도 못 보이면서 봉급도 제대로 주지도 못하면서, 예배를 강요하고 기도를 강요하고 하는 등의 행위는 하나님을 욕되게 할 뿐이 아니라 직원들의 인권보호 차원에서도 해서는 안 되는 일이다. 하나님만 의지하는 당신은 소중한 사람일 수 있다. 하지만 당신의 일은 당신이 해야 한다.

하나님은 당신에게 기업을 위임했으면 청지기의 역할을 다하기를 기대하고 있다는 사실을 간과하지 말기를 부탁한다. 나는 한국에서 크리스천 기업의 대표들을 많이 만나고 있다. 하나같이 답답한 모습을 너무도 많이 보았다. 사업을 하기 위해서 사업의 기본도 갖추지 않았을 뿐만 아니라 신앙이 제대로 서지 않은 모습을 많이 보았다. 다시 말하면 '사업은 내가 하는 것이지 하나님이 하시는 것이 아니다.'라는 사실을 알아야 하는데 무조건 하나님께 맡기고는 사업에 목숨을 걸어도 될까 말까인데 하나님께서 이 회사를 이렇게 만들어 주시기로 약속하셨다는 말을 거듭하면서 회사를 교회로 만들고 기도처로 만들면서 사업하는 사람들을 보면서 하나님은 얼마나 답답하실까? 하는 생각이 수없이 들었다.

6. 꿈을 꾸되 두 다리는 땅에 굳게 두라

크리스천 기업들이 하나같이 꿈꾸는 것이 있다. 하나님의 영광과 선교를 위해 사업을 한다는 것이다. 참으로 존경하고 위대한 생각이라고 든다. 나 역시 선교사이고 사업을 하는 사람으로서 존경하고 또 존경하고 싶다. 그런데 문제는 여기에 있다. 많은 크리스천 기업들이 높은 이상과 목표를 가지고 있는 것을 보았다. 나는 이 사실을 경시하는 것이 아니다. 참으로 좋은 생각이고 이루어지기를 바란다. 하지만 분명하게 생각하고 넘어가야 할 것은 높은 꿈을 가지고 목표를 세우더라도 제발 두 다리는 땅에 딛고 꿈을 꾸라는 것이다.

사상누각(砂上樓閣)이라는 말이 있다. 그 말의 뜻은 "모래 위에 세운 누각이라는 뜻으로, 기초가 튼튼하지 못해 오래가지 못할 일이나 사물을 비유적으로 이르는 말"이라고 사전에 나와 있다. 물론 꿈을 꾼다는 것은 꾸지 못하는 사람보다 좋을 수 있다. 하지만 현실을 직시하지 못한 꿈은 사상누각이 될 수밖에 없다는 것이다. 한국에서 특허에 목을 매는 사람들을 수없이 만났다. 그 사람들 하나같이 자기가 개발한 특허가 대기업에서 몇백 억에 팔라는 데도 안 팔았다면서 이제 얼마 안 있으면 대박이 터져서 하나님을 위해 교회를 짓고, 테마파크를 짓고, 더 나아가 전 세계에 교회를 짓고, 전 세계 선교를 위해 엄청난 자금을 지원할 것이라는 장대한 목표를 수없이 보고 들었다. 그런데 그 사람들 지금은 어디서 무엇을 하는지 알 길이 없다. 그 사람들이 개발하고 특허를 보유한 것을 뭐라고 말하고 싶지는 않다. 하지만 개발과 영업은 별개이고 연구와 유통은 별개라는 사실이다.

다시 말하면 한 손으로 두 개의 수박을 잡을 수 없듯이 두 다리는 땅에 굳건히 두고 그 꿈을 이루기 위해 부단히 노력을 해야 한다. 사업의 목표를 위해 죽으라고 사업을 해야 하며 닥쳐서 기도할 것이 아니라 늘 기도로 준비된 사업가가 되기를 바랄 뿐이다.

7. 목표와 최종의 목표를 혼동하지 마라

세상의 기업들은 앞에서도 말했지만 목표를 위해 수단 방법을 가리지 않고 일한다. 하지만 크리스천 기업은 목표에 연연하지 않고 최종 목표가 있다. 나는 사업을 세상 속에서 하는 사람이지 세상 밖에서 하는 사람이 아니다. 내가 전광판 사업을 전 세계에 진행하면서 목표로 세운 것이 바이어들을 나의 사람으로 만들고 그들에게 선한 영향력을 주어 복음을 접할 기회를 만드는 것이 사업의 목표가 아니라 최종의 목표인 것이다.

나의 사업의 목표는 바이어로부터 정직한 사람이라는 인정을 받고 그들에게 신뢰를 받아 물건을 많이 팔아서 회사의 이익을 최대한 보장하는 것이다. 나는 목표를 위해서 할 수 있는 최선의 노력을 다한다. 내가 할 수 있는 부분은 내가 하고, 내가 할 수 없는 부분은 전적으로 하나님을 의지하고 도움을 청한다.

회사의 목표는 여러 가지가 있다. 회사의 비전에 맞추어서 직원들의 행복과 권리 보장, 사회적 기업 육성과 나눔의 기업이다. 물론 이 목표를 위해서 최선의 노력을 다하는 이유는 이러한 일을 하기 위해서 회사는 돈을 벌어야 한다. 회사가 자금이 돌아가지 않으면 문을 닫을 수밖에 없다. 그러므로 크리스천 기업의 목표는 돈을 버는 것이다. 이러한 사실을 크리스천 기업인들은 돈은 맘몬이고 사탄의 도구라고 해서 등한시하고 오로지 하나님이 공급해 주는 돈으로만 사업을 하겠다고 하니 기업다운 기업이 없는 것이다. 기업으로서 의무를 다할 때 돈을 버는 것이지 기업의 의무를 등한시할 때 고객이 돈을 줄 리는 만무하다.

크리스천 기업의 목표는 열심히 노력하고 기업의 운영을 잘해서 돈을 벌어 최종의 목표를 이루는 것이다. 최종의 목표는 바로 하나님 나라 건설에 크리스천 기업들이 동참해 세상의 기업들에게 영향력을 주는 것이다.

8. 개인의 영토를 만들어라

크리스천 기업인들이 등한시하고 잘 모르는 것이 있는데 영토 개념을 제대로 알았으면 좋겠다. 하나님은 우리를 영토 안에서 살게 하셨고 그 영토 안에서 사업을 하도록 부르심을 받은 사람들이 바로 크리스천 실업인이다. 하나님은 세상을 향해 교회로 가라 하지 않으시고 교회를 향해 세상으로 가라는 암시를 성경 곳곳에서 발견할 수 있다. 그렇다면 우리는 먼저 개인의 영토를 만들어야 한다. 나는 개인의 영토가 명함이라고 칭한다. 명함을 보면 그 사람의 모든 것을 알 수 있다. 그래서 나는 명함을 소중이 여기고 함부로 주지 않는다. 나의 영토를 만드는 이유는 나는 글로벌 사업하는 사람이기 때문에 명함은 참으로 중요하다. 명함을 통해 나를 소개할 때 상대방은 나의 정보를 한눈에 알게 되어 나를 신뢰할 수 있고 그 신뢰를 바탕으로 관계가 이루어지기 때문이다. 나의 영토를 통해서 나를 만나는 사람들에게 나의 모습을 통해서 선한 영향력을 줄 수 있기 때문이다. 그래서 나는 개인의 영토 확장을 중요시한다.

9. 기업의 영토 만들기

사업하는 사람이 개인의 영토를 확장했으면 이제는 기업의 영토를 확장할 차례이다. 앞에서도 이야기했지만 하나님이 주신 기업에서 마음껏 놀면서 사업을 통해 돈을 벌고 그 돈으로 최종의 목표를 이루라고 말했다. 최종의 목표를 위해서 할 수 있는 일은 기업의 영토를 만드는 것이다. 세상의 기업들은 기업의 영토를 만드는 데 회사의 모든 것을 건다. 하지만 크리스천 기업들은 하나님만 의지한다고 하면서 자신이 할 일은 잊어버리고 하나님이 사업을 해 주기를 바라는 심정으로 일한다. 다시 말하면 내가 할 일과 하나님이 할 일을 구분하지 못한다. 나에게 주신 능력과 경험을 통해서 기업의 영토를 확장해야 한다.

기업의 영토가 확장되면 직원이 늘어나고 고객이 늘어나고 성장하는 기업이 되어 직원과 사회에 많은 영향력을 줄 수 있다. 내가 바라는 크리스천 기업의 문화, 회사의 내용이 꼭 크리스천 이름일 필요는 없다는 것이다.

다시 말하면 회사의 직원을 채용할 때 크리스천을 채용할 필요는 없다. 회사의 아웃사이더가 중요한 것이 아니라 인사이더, 즉 내용이 중요하다. 다시 말하면 기독교적, 성경적인 회사명을 걸면 제한적 요소가 많다. 타 종교의 사람들이 회사에 접근하려고 안할 것이고 크리스천 회사라는 이미지 때문에 고객을 확보하는데 제한적일 수밖에 없다. 만약에 선교하고자 한다면 더욱 제한적일 수밖에 없다. 제한적 접근 지역에 들어가서 사업을 하고자 할 때 회사의 이름도 제한적일 수밖에 없다.

지금의 세계는 경제가 화두이다. 그러므로 사업하는 사람은 세계 어디든 어느 나라에서든 환영을 받지만 목사, 선교사, 크리스천 기업들은 환영을 받지 못하고 있다. 기업의 이름이 중요한 것이 아니라 내용이 중요하고 상품이 중요한 것이 아니라 상품을 만나는 고객을 중요시해야 한다.

10. 하나님의 영토를 확장하라

개인의 영토 확장과 기업 영토 확장의 최종 목표는 역시 하나님 나라(Kingdome of God) 건설이면서, 잃어버린 하나님의 주권을 회복하는 일이다. 나는 이 일에 크리스천 기업인들이 이 일에 부르심을 받았다는 사실을 직시할 필요가 있다고 본다. 이제 한국 교회는 막장의 시대에 왔다. 전도가 안 되고 가나안 성도가 늘어나면서 성도의 수가 급속히 줄어들고 교회 성장은 물론 선교의 방법도 바꿔야 하는 문제들이 속출하고 있다.

하나님은 이 마지막 때에 경제인들과 실업인들을 통해서 하나님의 뜻을 이루실 것이라는 확신이 있다. 기업이 기업의 영토를 확장하고 하나님의 영토 확장을 위해 성경적 경영과 성경적 재정 능력을 활용해 세상에 선한 영향력을 만들어야 한다. 크리스천 기업인들이 왕성한 사업을 통해서 세상의 기업인들에게 영향력을 주고 그들의 문화를 바꾸어 주면 세상은 변하고 교회는 부흥할 수 있으며, 크리스천 기업인들이 하나님의 영토 확장을 위해 국내와 해외에서 기업의 영토 확장을 통해서 잃어버린 하나님의 사람들을 찾는 일에 동참할 수 있다.

크리스천 기업인의 최종 목표는 앞에서도 말한 것처럼 하나님 나라 완성을 위해 최선의 방법을 찾아서 그것을 위해 일해야 한다.

11. 당신은 선교사적 기업을 운영하라

크리스천 기업인들이 해야 할 일 가운데 또 하나는 선교사적 기업을 운영하는 것이다. 선교사적 기업이란 기업의 운영과 방법 등을 모두 선교적 방향에 맞추는 것을 말한다. 하나님은 크리스천 기업인에게 기업을 주실 때 먹고 마시고 돈 벌어 자기만의 영토를 위해서 주신 것이 아니라 개인의 영토 확장과 기업의 영토를 확장해서 선교적 기업을 만들어 선교에 동참하라고 주셨다.

이슬람 기업인들을 이슬람을 포교한다는 말을 사용하지 않는다. 하지만 말을 사용하지 않을 뿐 그들은 엄청난 영향력을 주고 있다. 이슬람 학교들이 전 세계에 우후죽순처럼 생겨난다. 하지만 선교사들이나 단체들이 운영하는 방법과는 확연히 다르게 운영하는 모습을 여러 곳에서 보았다. 대부분의 학교들이 설립될 때 학교와 기업들이 같이 시작한다는 것이다. 학교에서는 국가의 교육방침에 따라 학교 운영에 최선을 다한다. 학교 안에서 절대로 학생들에게 국가의 교육정책을 어겨 가면서 종교 교육을 하지 않는다. 선교지에서 선교사나 단체들이 하는 방식과는 전혀 다른 방식이다. 그러므로 그 학교는 롱런을 할 수 있고 국가와 지역 국민들과 전혀 다툼과 대립 그리고 종교적 갈등을 만들지 않는다.

하지만 선교사나 단체들이 운영하는 곳곳에서 운영의 갈등 그리고 국가와 지역사회에 반발을 사는 데가 수없이 많다. 무슬림들이 운영하는 학교를 보면 학교는 학교 교육에 철저히 하면서 학생 한 사람, 한 사람에게 후견인을 두는데 후견인을 기업인들에게 맡긴다는 사실이다. 기업인들은 학교와 협력해 학생들을 후견인으로 세우고 부모까지도 보살피는 단계까지 이르면서 자연히 가족에게 섬김과 봉사를 통해 가족의 생활을 책임지고 있으며, 더 나아가 학생의 장래까지 책임지면서 지역의 공동체에 엄청난 영향력을 주고 학교의 영토 확장과 기업의 영토 확장을 통해서 이슬람의 영토를 확장하고 있다. 우리는 이러한 지혜를 언제 터득할 것이고 이런 방법을 왜 동원하지 못하는지 안타까울 뿐이다.

크리스천 기업인이 기업의 목표에 충실하고 최종의 목표를 위해 노력하기를 바랄 뿐이다. 이러한 실업인들을 위한 강의가 바로 지속 가능한 위대한 기업 만들기 노하우, 한국 교회 실업인들 양성을 위한 교육 프로그램이 실시되고 있다.

03

기업인 선교사 자존감 높여 주는 이야기

1. 멋진 사업가? 구멍가게 사장? 선택이 필요하다

17년 전만 해도 나는 구멍가게 사장이나 다름없었다. 조그마한 구석방에 컴퓨터 다섯 대로 학원을 차려 번 수입이 고작 3백 달러였으니 말이다. 그 수준에서 시작한 사업이 현재 지금까지 총 8억 5천만 달러 정도의 매출을 올렸다.

애초에 나는 구멍가게 사장을 꿈꾸지 않았다. 이왕 목사이자 선교사의 직분으로 사업을 한다면 세계적 규모의 사업가가 되겠다는 꿈이 꿈틀대고 있었다. 최응섭이 홀로 개인 사업가였다면 생각하지 못했을 꿈이다. 척박한 땅에 복음을 전하겠다는 소명을 품을 선교사였기에, 특히 창의적 접근 지역에서 사역하는 모든 이들에게 용기를 주는 롤 모델을 만들고 싶었다. 그동안 힘들고 어려운 상황에 처해 혼자 눈물 흘리며 포기하고 싶은 때도 많았지만 주저앉고 싶지는 않았다. 아니 그럴 수 없었다. 그 결과 오늘의 기쁨을 누리고 나누고 있지 않은가? 현재 목사, 선교사, 비즈니스 사업가로서 비즈니스의 롤모델을 만들어 가고 있는 나의 모습을 보며 정말 행복하다. 이 행복을 다른 이들도 맛보았으면 하는 마음 간절하다. 그래서 당신의 마인드가 바뀌기를 바란다. 꿈을 가져라! 예수님이 주시는 비전을 세워라! 당신의 사업이 확장되는 것 그래서 당신에게서 나오는 복음이 확장되는 위대한 꿈을 꾸길 바란다.

한국에 들어와 많은 사업가들을 만나다 보니 하나같이 어렵고 죽을 지경이라고 한다. 한국에서는 중소기업이 설 자리가 없다느니, 정부 정책이 없다느니, 입만 열면 불만투성이다. 이해가 가는 일이긴 하지만 한국 경제와 시장이 왜 이리 되었는지 갑갑하기만 하다. 나 역시 한국에서 사업하면 그리 되지 않을까 불안과 염려가 앞서는 것이 솔직한 심정이다.

"나는 회사에서 책정된 봉급만 받고 나머지는 직원들의 몫이다."

아제르바이잔에 회사를 설립하면서 직원들에게 선포했던 말이다. 선포하는 순간 참으로 행복했다.

"이 회사는 당신들의 회사이고, 앞으로 10년 뒤에는 당신들이 운영할 회사이니 알아서 일하라."

이렇게도 말했다. 직원들 모두 기쁘게 받아들여 주었다. 열심히 하겠다며 스스로 다짐도 보여 주었다. 나 역시 행복하고 기쁘다. 스스로를 멋진 사업가라고 생각해도 되지 않을까! 이유인즉 나 자신보다 직원들을 위해서 일하고 싶기 때문이다. 욕심을 부리고 싶지 않기 때문이다. 나에게는 주님께서 주신 소명과 직분이 있다. 그 소명에 헌신하는 사업가가 되고 싶고 그래서 기업체에 대해서는 그저 멋진 사업가로 남고 싶다. 나 개인의 비전이고 소망이긴 하지만 사업가 선교사의 길을 가겠다면 이런 모습의 사업가를 한 번 꿈꿔 보라고 권면하고 싶다.

바쿠에서 축구장 사업을 진행할 때, 현장 소장으로 있던 직원이 나에게 건네 준 책이 한 권 있었다. 책 제목은 기억이 안 나지만 건설 CM을 해 주는 회사에 대한 책이었던 것으로 기억한다. 그 회사는 직원들에게 마음껏 일할 기회도 주고, 직원들과 함께 봉사하며 가족 중심의 회사를 만들어간다는 내용이었다. 다시 시간이 주어진다면 정독을 하고 싶은 책이다. 잠깐 동안 몇 장을 읽었는데도 무척 감동을 받았기 때문이다. 그 책을 읽으며, '그 회사와 대표이사 그리고 직원들이 참 행복하겠구나.'라는 생각이 들었다.

나 역시 그런 회사를 꿈꾼다. 구멍가게 사장이 아닌 사업가가 되고 싶다. 구멍가게는 사장 혼자서 다할 수 있다. 큰 기업체는 그리할 수 없다. 대표이사가 있고 직원이 있는 회사에서는, 직원과 사장이 협력하여 일을 만들어 가는 시스템이 될 때 올바르게 성장할 수 있다. 회사가 어느 개인에 의해서 돌아가는 것이 아니라 잘 만들어진 시스템에 의해 돌아가는 것이다. 혼자서 다할 수 있는 구멍가게와 큰 차이가 거기에 있다. 당신이 꿈꾸는 회사는 구멍가게인가?

아니면 시스템이 있는 회사인가? 꿈의 크기를 측정해 보라.

2. 당신은 꽃보다 아름답다

나는 경제학이나 경영학을 공부한 사람도 아니었지만, 끝없는 도전 정신으로 오늘의 나를 만들었다. 사업을 할수록 재미가 있었고 행복했다. 그렇다고 어려운 일 없이 승승장구한 것만은 아니다. 수많은 고비와 인내가 필요했고 고통을 감내해야 했다. 그래도 나는 10%의 가능성을 100%의 현실로 만드는 일에 거침없이 도전했고 그렇게 했다. 나는 이런 도전을 통해 다른 사람들에게 용기를 주고 싶었고 롤모델을 만들었다.

현재 중소기업 프로파일을 1만여 개 보관하고 있다. 그들의 도전 정신에 찬사를 보내고 싶다. 그중에는 부도가 나서 연락이 안 되는 기업도 많다. 더 가슴 아픈 것은 그중에서 재기한 기업들이 그리 많지 않다는 것이다. 도전하자니 재기할 자본도 없고, 다시 실패하면 어쩌나 하는 불안감이 앞서서 감히 재도전하지 못하는 것이다. 그럼에도 나는 사업하는 크리스천들에게 사회적 기업이나 선교적 사업에 과감히 도전하라고 말하고 싶다. 90%의 불가능을 100%의 가능성으로 바꾸는 일에 과감히 도전장을 내기를 바란다. 당신의 앞과 뒤에는 주님이 계시기 때문이다.

사업가가 도전하는 모습을 현지 직원이 보고 배우도록 하고, 그에게 기업 경영에 대해 전수하라. 그리하여 그들이 장차 그들 나라에서 당신의 복음의 후예가 되어 영향력을 행사하게 만들라. 당신은 제2의 리빙스턴이 될 수 있다. 오늘날 리빙스턴의 후예들이 아프리카에 얼마나 많은가? 비록 아프리카 대륙에서 숨을 거두었지만, 그의 믿음의 유산을 받은 수많은 크리스천들이 지금까지 아프리카에 영향력을 주고 있다. 끝없는 도전을 계속하는 사업가는 참으로 꽃보다 아름다운 자라고 생각한다.

나는 사업하는 선교사를 꽃보다 아름답다고 말한다. 내가 그러했으니까. 어려운 현지에서 사업을 열고 현지 사람들과 동고동락하면서 선교의 이정표를 세우기 위해 노력하는 당신이 꽃보다 아름답고 향기로운 존재다. 당신이 진정한 향기를 풍기는 선교사 사업가의 꽃이 된다면 당신의 향기를 알아주는 응원가들이 생기게 마련이라는 것을 기억할 일이다.

3. 고통 가운데 빛이 있다

사업을 시작한 이후 셀 수 없는 고통을 경험해야 했다. 그 모든 것을 감수하고 인내하며 오늘의 나를 만들었다. 맨 땅에 삽질해 가며 금을 찾는 광부처럼 언제 나올지 모르는 금을 찾는 것과 다름없는 것이 사업이다. 어느 책에서 본 내용인데, 실화인지 예화인지 모르겠지만 종종 교육시간에 이용하는 이야기가 있다.

광산을 가지고 있는 주인이 금을 찾으려 죽기 살기로 노력했는데 못 찾게 되자 광부들을 불러, 자신은 더 이상 투자하고 싶지 않으니 가고 싶은 사람은 가도 좋다고 말했다. 그리고는 철광을 다른 업자에게 팔았다. 철광을 구입한 사람은 광부들에게 "언젠가는 분명히 이 땅 속 어딘가에 있는 금을 찾아낼 것입니다. 그러니 낙심하지 말고 땅을 팝시다. 그러다 보면 금은 나올 것입니다." 하면서 "선을 행하다 낙심하지 아니하면 이루리라."는 말을 해 주었다. 광부들은 땅을 파 들어갔고, 얼마 파지 않아 "퍽!" 하고 소리가 났다. 불과 1미터도 파지 않았는데 금광을 찾은 것이다. 그곳을 더 깊이 파자 어마어마한 금광이 발견되었다.

세상에는 공짜가 없다는 말이 있다. 사업을 하면서 그 말을 실감하고 산다. 그러나 우리가 알지 못하는 곳에 금화가 기다리고 있는 것처럼, 사업도 마찬가지라고 생각한다. 고통을 인내하고 견뎌 낼 수 있는 용기가 당신에게 있다면, 이미 성공 가도를 달리고 있는 것이다. 사업하는 사람은 중심을 잃으면 안 되고 항상 정도를 가야 한다. 예수님도 이 세상을 구속하기 위해 오셨지만 고통의 길 가운데에서 우리를 구원하지 않았는가! 다가오는 고통이 있더라도 오로지 앞만 바라보고 가야 한다. 때로는 어려운 길이라 할지라도 가야 한다. 사업가 선교사로의 길을 부여잡기로 했다면, 그것은 주님 주신 지상명령이고 주님의 뜻을 이루기 위해 사업가 선교사로 부르셨다는 사실을 명심해야 한다.

4. 영향력 있는 CEO 선교사가 되라

한강에 국회의원, 검사, 목사가 빠지면 제일 먼저 건져 내야 할 사람이 목사란다. 이유를 물었더니 한강이 더 오염되기 전에 먼저 건져 내야 한다는 것이다. 얼마나 황당하고 기가 찰 노릇인가! 목사의 입에서 나오는 말이 얼마나 신뢰를 잃었으면 이런 이야기까지 나온단 말인가! 이 이야기가 뜻하는 바는 목사의 말이 영양가가 없다는 것이다. 맛을 잃은 말라비틀어진 귤 조각이라고 할까?

오늘날 왜 이리 교인들의 영향력이 떨어졌는지를 돌아보면, 나도 목사지만 한심하기 그지없다. 거짓말을 밥 먹듯 하고 신실한 모습을 보이지 못하는 교인들, 희생과 봉사가 줄어들고 본업에 충실하지 못한 교인들, 말씀이 우선이 아니라 세상 권세와 금전을 우상화 하는 세속적인 교인들이 많아졌기 때문이 아닐까 싶다.

내가 전도한 현지인들을 바라보면서 언제까지 그들의 밑을 닦아 주어야 할지, 고민이 많았다. 그들의 사소한 고민들과 문제들을 물질과 신앙으로 해결해 주었지만 끝이 없었다. 그 의미는 내가 아니면, 내가 빠지면 소위 말해 말짱 도루묵 신앙이 된다는 것이다. 이렇게 해서는 선교의 뿌리는 내릴 수가 없겠다는 생각이 들었다. 그때부터 나 스스로 영향력 있는 사람이 되어 그들에게 스스로 영향력을 생산해내도록 인도하는 것이 더 맞겠다고 생각했다. 크리스천으로서 영향력 있는 삶을 그들에게 보여 주기 시작하자 그들이 점차 나의 영향력 속에 들어오면서 사람들이 변하기 시작했다. 나는 그들에게 신실한 크리스천의 모습도 보여 주고 싶었고, 선교 마인드가 투철한 사업하는 크리스천으로서 영향력을 있는 모습도 보여 주고 싶었다. 그래서 고민했다. 선한 크리스천 사업가로 남을 것인가 아니면 영향력 있는 훌륭한 사업가 선교사가 될 것인가? 목사로서, 사업가 선교사로서, 선한 청지기로서, 그저 선한 믿음을 가진 크리스천 사업가보다는 힘들고 어려워도 선교적 마인드를 가진 목사 사업가가 되고 싶었다.

오늘날 교회에는 수많은 크리스천 사업가들이 있다. 그들의 문제는 교회나 개인의 삶에 만족하고 영향력과는 전혀 상관없이 살아간다. 선교비를 내는 정도로 선교에 자족하며 스스로는 선교사적 삶을 살고 있다고 자부한다. 게다가 언제부터 한국 교회에서는 보내는 선교사와 가는 선교사라는 개념으로 공부시키고 있다. 모두가 선교사라는 개념이 아니라, 선교사의 길을 선택하도록 하다 보니 저마다 보내는 선교사를 자처하고 만족하는 사람들이 많다. 그러나 우리의 삶은 예수를 믿는 순간 선교적 삶을 살아야 한다고 강조하고 싶다. 물론 교인 전체가 선교사로 갈 수는 없는 노릇이다. 가는 사람이 있으면 누군가는 보내야 한다.

하지만 선교는 모든 크리스천이 감당해야 할 지상명령이자 복음의 아름다운 행동강령이다. 나는 신실한 사업가보다는 영향력 있는 사업가를 꿈꾼다. 선교적 마인드를 가진 영향력 있는 자들을 훈련하고 글로벌 사업가로 양성해, 이슬람 초기에 이슬람 거상들이 세상을 점령해 나아갔던 것처럼 세상을 향해 내보내고 싶다.

5. 성경공부와 세례까지 책임지려 하지 마라

사업가가 선교지에서 선교의 역할을 했다면, 다음 순서로 전도한 사람들에게 성경을 가르치고 세례를 주는 것이 당연하다고 생각할 것이다. 목회자 신분이었기에 나는 이 문제에 대해서 자유로웠다. 하지만 선교지에서 만난 일반 선교사들 중에는 이 문제로 고민하는 사람들이 많았다.

멕시코에서 사역하는 선교사에게 가슴 아픈 이야기를 들은 적이 있다. 사업하면서 여러 사람에게 전도했고 성경공부를 시켰다. 그를 통해 인도를 받아 성경공부를 하던 제자가 그 지역에 파송되어 선교하는 또 다른 선교사를 만나 대화하게 되었다. 후에 만난 파송 선교사가 말하기를 "우리 팀에 들어오면 더 멋지게 성경공부를 할 수 있다."고 말했다. 그 말에 제자가 자신의 인도한 사업가 선교사에게 자초지종을 설명하면서, "그분에게 가서 공부하면 어떻겠냐?"고 물어보았다는 것이다. 이에 화가 난 사업가 선교사가 파송 선교사를 찾아가서, "어떻게 내가 길러 놓은 성도에게 그렇게 말할 수 있냐?"고 불평을 했다.

또 어떤 평신도 선교사는 "당신은 선교사로서 공부는 시킬 수 있어도, 세례를 줄 수는 없지 않느냐?"고 무시당한 적이 있다고 털어놓으며 한국에 다시 들어가 신학을 공부해야겠다고 하소연하는 것을 들은 적도 있다.

이는 선교 현장에서 비일비재하게 일어나고 있는 일들이다. 목회자 선교사는 일반 선교사들을 무시하고, 일반 선교사들은 목회자 선교사를 경계하며 서로 연합하지 못한다. 이는 쉽게 바로잡을 수 있는 문제가 아니다. 하지만 어떻게 하든지 선결해야 할 문제임에 틀림없다.

우선 평신도 선교사에게 자신이 전도한 사람을 꼭 자신이 양육해야 한다는 고정관념을 버리라고 말해 주고 싶다. 자신이 전도했다고 해서 양육까지 책임져야 할 필요가 없다. 그것은 욕심이다. 현지 교회나 자신보다 먼저 온 선교사들에게 이양한다면, 성경공부를 하든 세례를 주든 경험이 더 많은 그들이 질적으로 더 나은 양육을 해 줄 것이다.

당신이 전도를 했더라도 하나의 인격체인 그 사람이 당신의 전유물이 될 수 없다. 당신보다 더 효율적으로 양성해 줄 선교사가 있다면 대의명분을 위해서라도 과감히 이양하는 것이 맞다. 당신은 뿌리는 데 만족하고, 기도로 영양분을 주고 성장하도록 옆에서 격려하고 동역자가 되면 된다. 그 사람이 성장할수록 당신에게 고마워할 것이고 오히려 영원한 당신의 제자가 될 것이다. 주님은 이미 당신의 수고를 알고 있으며 당신의 상급을 준비하셨다.

나는 심었고 아볼로는 물을 주었으되 오직 하나님께서 자라나게 하셨나니(고전 3:6).

6. 자녀들에게 사역의 현장을 경험하게 하라

오늘날 많은 자녀가 부모의 영향력에서 벗어나 연예인의 영향력에 빠져 환상 속에 살아가고 있다. 특히 스마트폰이 그들의 정신을 다 빼앗아가는 것 같다. 부모의 간섭을 받기 싫어하고, 제도화된 울타리 너머로 벗어나려는 요즘 아이들의 문제점은 한둘이 아니다. 이럴 때일수록 크리스천 부모는 자녀 교육에 심혈을 기울여야 한다.

자녀가 있다면 자녀를 불러 선교지에서 진행하고 있는 당신의 사업과 삶을 보여 주도록 하라. 자녀들은 당신이 행하는 사역을 보며 자랑스러워 할 것이다. 사업가가 사업과 선교를 병행하는 모습을 보면서 분명 도전받을 것이고, 훗날 당신의 귀한 동업자가 될 수 있을 것이다. 또한 부모들이 사업에만 목매지 않고 수익금을 통해 사회에 영향력을 행사하는 모습을 보면 굉장한 존경심을 갖게 될 것이다. 공교육에서 배운 것보다 더 큰 영향을 받을 것이고, 부모와의 관계도 더욱 돈독해질 것이다. 무엇보다 자녀에게 크리스천의 비전을 심어 주고 경제 교육을 할 수 있는 아주 좋은 기회가 될 것이다.

7. 소속 교회와 관계를 지속하라

선교사를 파송한 교회는 믿음의 부모와 같다. 그들과의 관계를 지속하는 것 역시 선교사의 소명 중에 하나다. 그들은 당신을 위해 지속해서 기도해 오고 있을 것이며, 당신이 보내 주는 소식에 환희와 감동을 할 것이다. 무엇보다 사업이 안정되게 자리 잡으면 소속 교회의 담임 목사를 선교지로 한 번 초청하기를 권한다. 이때는 단독으로 초청하는 것이 좋다. 혹시 당신의 사업지에 문제가 있다면, 그를 초청했을 때 깊은 대화를 나누며 위로를 받는 것도 좋다. 선교지의 상황을 성도들이나 개인적인 친분에 먼저 나누기보다 목회자와 상담하는 것이 좋다. 그렇지 않으면 득보다 실이 더 많다. 교회 안에 있는 성도 중에도 당신을 위해 중보기도 하며 진정으로 염려하는 사람이 있을 것이다. 하지만 성도들 중 일부는 당신의 현지에서 일어나는 문제를 가지고 왈가왈부하며 부풀릴 여지도 있다.

8. 지속 가능한 사업에 당당히 도전하라

나는 14개 국가에서 사업을 한다. 그래서 회사명이 '포유글로벌테크(For You Global Tech)'다. 말 그대로 당신을 위한 세계적인 기술력을 갖춘 기업체라는 뜻이다. 당신을 위한다는 회사 이름에서 사회적 기업의 뉘앙스가 풍기고, 봉사와 선교의 마음이 전해진다며 직원들 모두 좋아한다.

나는 늘 자신을 글로벌 사업가라고 한다. 사업 자체가 여러 나라에서 이루어지고 있는 큰 기업체라서 그렇게 생각한다. 글쎄 나의 관점은 보다 원대하다. 기업체가 미국에 있든지 한국에 있든지 상관없이 지구촌 곳곳에 포유 글로벌 테크의 지회사를 설립하겠다는 비전과 의도 때문이다. 나아가 회사를 통해 회사가 속한 국가와 지역에 그리스도의 선한 영향력을 주는 선교적 마인드의 사회적 기업을 만들겠다는 의미도 포함되어 있다.

박원순 시장이 펴낸 『세상을 바꾸는 천 개의 직업』이라는 책에는 사회적 기업으로 발전시킬 수 있는 직업들에 대해 기록되어 있다. 그중 대부분이 소자본으로 도전할 수 있는 사업들이다. 그러한 사업들에 크리스천 사업가들이 도전하기를 권면한다.

사회적 기업의 정의에 대해서는 각 나라의 역사적, 사회적, 제도적 맥락에 따라 다소의 차이가 있지만, 보편적으로 공유하는 몇 가지 특징이 있다.

첫째, 사회적 기업 역시 기업으로서 재화와 서비스의 생산과 관련된 활동을 하며 시장과 공공영역에 참여한다.

둘째, 사회적 기업은 일자리의 창출, 직업훈련, 지역사회의 필요한 서비스의 공급 등 다양한 사회적 목적에 기여하는 자기 목표로 한다.

셋째, 사회적 기업은 그 소유형태와 운영방식에 있어서 사회적 소유와 민주적 운영을 자기 특징으로 한다(인터넷사이트 발췌).

현지에서 사회적 기업은 많은 일을 한다. 그 일들을 통해서 사회에 선한 영향력을 끼치는 것이다.

첫째, 협동조합 영역에 속하면서 시민사회의 활성화라는 맥락에서 형성되고 성장한 조직들이다. 여기에는 신용협동조합, 생활협 동조합, 의료, 생협, 공동 육아협동조합, 노동자협동 조합, 노동자 인수기업 등이 포함된다.

둘째, 저소득층 및 취약계층의 일자리 창출을 위해 제도적인 지 원에 힘입어 만들어지고 활성화된 조직들이다. 자활후견기관들이 지원하는 자활공동체, 노숙자 자활공동체, 장애인 보호작업장 등 이 여기에 포함된다.

셋째, 독립적인 경제조직은 아니지만 정부 제도와의 연계 속에 서 향후 사회적 기업으로의 전환을 지향하는 자활근로 사업단, 사 회적 일자리 사업단 등이다.

사회적 기업은 일반적인 기업의 사회적 책임(CSR)과 또 다른 개 념이다. 일반 기업처럼 재정적, 물리적, 인적 자원을 결합하는 운 용체계를 따르는 재정적 지속 가능성을 기본으로 하고, 추가적으로 국가와 사회가 요구하는 취약계층에 대한 사회 서비스를 제공하기 위한 사회적인 목적을 추구하는 조직체다.

사회적 기업의 마케팅 전략은 크게 2가지로 구분할 수 있다. 첫 째, 재원 확보와 수익 창출을 위해 사회적 서비스 계층을 제외한 일 반대중을 대상으로 마케팅 전략을 수립하는 것이다.

둘째, 사회적 서비스를 받는 계층을 대상으로 주 수혜층을 확대 하면서 부가적으로 회사 자체의 수익도 올릴 수 있는 마케팅 전략 이다. 이러한 사업들에 크리스천 사업가들이 도전하라고 말하고 싶다. 한국에서도 사회적 기업들이 많이 나와야 하고, 실제로 예전에 비해 활성화되고 있는 것으로 안다.

한국의 대기업이 한국의 정치, 사회, 경제, 문화에 어떤 영향력을 주었는가? 물론 한국 경제에 기여한 면은 인정한다. 동시에 얼마나 많은 부정적인 메시지가 많은가? 국민들 정서에는 대기업에 대한 부정적인 요소가 더 많이 기억되고 있지 않을까 싶다. 그런 점에서 사회적 기업은 이 시대의 사회와 경제와 노동환경이 선한 방향으로 나아가도록 해 주는 대안적인 블루오션(현재 존재하지 않거나 알려져 있지 않아 경쟁자가 없는 유망한 시장)이 될 것이다. 나아가 선교지에서 비즈니스 선교를 꿈꾸는 이들에게도 사회적 기업은 그리스도의 향기를 펼치는 좋은 통로가 될 것이다.

아이디어로 승부하는 사업이기 때문에 투자비가 적게 들어 창의적 접근 지역이나 후진국에서는 고려할 만하고 운영 자체만으로도 국가나 지역사회에 기여할 수 있다. 국가나 지역사회로부터 덕망을 얻으면서 많은 영향력을 행사할 수 있는 등 모든 면에서 사회적 기업은 선교사 사업가에 바람직한 사업체의 방향이 아닌가 생각한다.

04
한국 교회의 기업인이여 이렇게 사업하라!

1. 사업에 열정을 다하라

앞에서도 이야기했지만, 사업의 현장은 전쟁터이다. 사업의 성공은 누군가 실패를 했기 때문에 누군가가 성공하는 것이다. 돈을 벌었다는 것도 누군가가 돈을 잃어버렸기 때문에 돈을 번 사람이 있는 것이다. 항간에 주식에 대박이 났다는 보도가 많이 나온다. 주식 대박이 났다는 것은 누군가는 한마디로 쪽박을 찼다는 것이다.

나는 말한다. 하늘 아래 공짜는 없다. 내가 믿는 하나님은 나에게 은혜를 거저로 주시지만 내가 해야 할 일에 대해서는 엄격하시다는 사실이다. 그러므로 기독 실업인들은 하나님이 주신 사업체 명석에서 열심히 사업을 하여 지속 가능하게 만들고 위대한 기업을 만들어야 하는 것이다. 한국에 내로라하는 크리스천 기업이 얼마나 될까? 위대한 기업도 중요하지만 그 기업이 지속 가능해야 한다는 것이다. 사업이 들쑥날쑥하면 안 된다.

물론 사업이 국제적 여건, 국내적 여건 등 각종의 경제적 여건에 따라 파도를 만날 수는 있다. 하지만 지속 가능한 사업을 만들어야 한다. 나에게 맡겨진 사업체, 어떻게 보면 나의 것이 아닐 수도 있다. 내가 여기서 말하는 것은 하나님의 것이라는 것이 아니라 직원과 고객의 것일 수도 있다는 것이다. 이러한 마음을 가질 때 사업체는 사장 직원 그리고 고객이 하나가 되어 지속 가능한 기업으로 성장할 수 있다. 하나님은 우리 기업인들에게 잠언 15장 22절의 말씀을 통해서 기업인들이 어떻게 기업을 운영할 것인가를 지시해 주고 있다. 그리고 이사야 46장 11절에서는 하나님은 세상만사를 다스리시지만 우리에게 계획과 책임을 위임하셨다는 사실을 명심해야 한다.

> 의논이 없으면 경영이 무너지고 지략이 많으면 경영이 성립하느니라(잠 15:22).
> 내가 동쪽에서 사나운 날짐승을 부르며 먼 나라에서 나의 뜻을 이룰 사람을 부를 것이라 내가 말하였은즉 반드시 이룰 것이요 계획하였은즉 반드시 시행하리라(사 46:11).

사업이 이익이 발생하지 않는다면 이유를 찾아야 하고, 미래가 보장되지 못하는 사업이라면 속히 진단을 받아 보아야 한다. 그리고 사업이 재미가 없다면 적성과 맞지 않는지도 검토해야 하고 나의 사업이 크리스천 기업으로서 넌크리스천 기업에 영향력을 주지 못하다면 기업의 비전과 미션을 재점검할 필요가 있다. 그리고 기업이 선교와 사업에서 갈등의 국면에 있다면 그리고 사업도 못하고 선교도 못하는 명목상 사업을 가지고 선교한다면 과감이 선교를 내려놓고 사업에 올인하기를 바란다.

2. 당신을 사업가로 불렀다

하나님은 당신을 사업가로 불렀다. 앞에서도 부르심에서 말했지만, 하나님은 우리 모두를 목사나 선교사로 부르지 않았다. 각자의 달란트에 따라 일을 주셨고, 그 일을 수행할 일터를 주셨으며, 일과 일터를 통해서 삶을 바꾸고 영향력을 주도록 하신 것이다. 그러므로 당신은 하나님이 선교사로 부른 것이 아니라 사업가로 부르신 것이다. 다시 한 번 말하는데 착각하지 마라. 하나님은 당신을 사업가로 불렀다. 당신에게 사업을 주고 재정의 기름 부으심을 통해서 당신이 하나님의 거룩한 교회 안에서 해야 할 일을 당신에게 위임하신 것이다.

교회 안에 헌금을 누가 많이 하는가! 어린아이, 중 고등학생 아니면 청년대학생이나 시니어들이 아니다. 당연히 교회의 예산 대부분은 기독 실업인들이 책임져야 한다. 하나님이 주신 사업을 통해서 이익을 창출하여 그 이익의 부분을 교회에 헌금을 하여 교회의 목양이 이루어지는 데 책임을 져야 한다. 그것이 바로 당신을 향한 하나님의 부르심이다. 당신을 사업가로 부르신 이유는 당신을 통해서 교회를 세우시고 그 교회 안에서 필요한 모든 재정적 요소를 당신을 통해서 공급하기를 바라시는 하나님의 뜻이다. 그러므로 당신은 당신에게 맡겨진 사업을 지속 가능하게 만들고 성공시켜야 한다. 당신의 사업은 하나님을 위해서 그리고 교회를 위해서 더 나아가 당신의 기업을 통해서 세상에 영향력을 주기 위해서 하라.

3. 선교적 욕심 부리지 마라

하나님이 당신에게 주신 사업은 당신을 통해서 하고자 하시는 목적이 있다. 그 목적을 이루기 위해서 당신을 교회의 일원으로 세우셨다는 사실을 망각하지 말라. 나는 한국에서 수백 명의 실업인들을 만나고 상담하고 컨설팅 해 주었다. 그 많은 사람들이 하나같이 사업과 선교라는 두 날개 속에서 두 개의 어마어마하게 무거운 짐을 지고 있는 것을 보았다. 짐이 아니라 사업이 망하고, 힘겨워하는 모습을 보면서 하나같이 선교를 위해서, 선교를 위해서, 선교를 위해서 노래를 부르고 있는 모습을 너무도 많이 보았다. 사업을 망해가고 있는데 선교를 노래 부르고 있으니 그럴 것이다. 선교하다 망했다고 해야 체면이 설 테니까! 착각하지 말아라! 하나님은 당신으로부터 경홀히 여김 받으실 하나님이 아니고 당신으로부터 제한도 받지 않으신다. 당신에게 주신 사업의 성공을 바라시고 기대하신다. 하지만 당신은 사업도 못 하면서 선교한다고 하니 그것은 나는 선교적 욕심이라고 말한다.

이 선교적 욕심을 부리는 많은 사람을 만나 보았다. 그 욕심이 자신도 망하고 가족도 힘들게 하고 직원과 고객도 힘들게 한다. 부탁하건대 하나님은 당신을 사업가로 불렀고 당신을 청지기로 불렀다. 그렇다면 당신은 사업가 청지기로서 최선을 다해서 당신의 사업을 성공시켜야 한다. 나는 나에게 맡겨진 사업을 성공적으로 수행하였다. 왜 가능했을까? 나에게 주어진 일에 최선을 다했고, 그 목적을 위해서 열정으로 폭주 기관차처럼 달려갔다.

4. 선교는 교회를 통해서 하라

당신을 사업가로 부르신 하나님은 당신이 선교 사역에 동참한다는 데 기뻐하실 하나님이시다. 하지만 하나님은 이 땅에 교회를 세우신 것은 당신의 뜻을 이루시기 위함인데 그것을 교회를 통해서 이루시기 원한다는 사실이다. 그래서 교회를 세우시고 목회자를 세우시고 성도들을 세우신 것이다. 왜일까? 하나님은 질서의 하나님이시다. 하나님이 만드신 우주를 보라! 얼마나 질서가 있고 아름다운가!! 그렇다! 하나님은 선교도 교회를 통해서 하기를 원하신다.

교회에 선교부가 있고 없고를 떠나 선교를 하고 있지 않는가? 그렇다면 당신의 사업에서 얻어진 이익을 교회를 통해서 해야 마땅하지 않는가? 내가 만난 많은 실업인이 이러한 모습에서 실패한 것을 보았다. 자기 사업을 통해서 발생한 수익을 가지고 스스로 선교지를 다니면서 선교사들을 후원하는 선교적 욕심을 부리는 모습을 너무 많이 보았다. 물론 선교를 안 하는 것보다 그렇게라도 해서 선교를 한다면 얼마나 좋을까 싶다. 물론 맞는 말이다. 하지만 선교는 한번 실수하면 돌이킬 수 없다.

잠언 16장 9절에 "사람이 마음으로 자기의 길을 계획할지라도"라는 말씀이 있다. 그 말씀은 자기가 계획할지라도 이루시는 이는 하나님이시라는 것을 말하고 있다. 그렇다면 선교도 교회를 통해서 해야 한다. 그래야 선교의 질서도 잡히고 더 효과적으로 전략적으로 할 수 있다. 소총을 쏘면 얼마나 적을 죽이겠는가! 하지만 포를 쏘면 더 많은 적군을 죽일 수 있지 않는가!

그렇다. 작은 것을 모으면 그것은 엄청난 힘을 만들어 내는 것이다. 하나는 꺾을 수 있지만 열은 꺾을 수 없지 않는가! 제발 부탁이다. 당신이 지금 사업을 하면서 선교를 한다면 담임 목사하고 대화를 나누어서 선교의 방향을 교회 중심으로 만들기를 바란다. 그렇게 되면 교회의 관심과 성도들의 관심 속에서 무엇이 나오겠는가! 그것은 기도의 지원을 받지 않겠는가? 우리는 기도를 먹고사는 사람들 아닌가! 기업인들이여 당신에게 주어진 사업에 매진하라! 사업이라는 현장은 바로 전쟁터이다. 이 전쟁터에서 살아남는 방법은 당신에게 달려 있다.

5. 크리스천의 삶을 만들어라

400만 명의 법인대표들 그리고 800만 명이 넘는 자영업자와 소상인 그리고 지금도 창업에 나서는 수많은 사람들, 적게 잡아도 이 중 30%는 크리스천이다. 그런데 사업의 영역에서 영향력을 만들지 못하고 있는가? 참 답답하다. 각 교회마다 기독 실업인회 회원이 몇 천 명을 자랑한다. 하지만 자기들만의 세상 속에서 자기들만의 영토 확장에 몰두하는 것 아닌가? 사건이 터지는 곳에는 어김없이 크리스천이 있다. 대기업 총수, 중견기업 대표 그리고 기업인들 사건이 발생하면 대부분이 크리스천이다. 왜일까? 말없이 묵묵히 사업을 하면 안 되는가? 크리스천의 삶도 없으면서 크리스천 기업이라고 말하고 다닐 필요는 없지 않은가? 크리스천의 삶도 만들지 못하면서 기업에서 크리스천의 기업의 문화와 선교를 한다는 생각, 과연 될까 싶다.

직원들 앞에서 정직한 크리스천의 모습을 보이고 선교해도 늦지 않다. 당신이 크리스천의 삶을 만들지 못하고 사업을 한다면 아예 크리스천이라는 것을 말하지 않는 것이 사업에 더 좋을지도 모르겠다. 하지만 당신이 신앙을 가진 사업가라면 먼저 정직하고 정직하라! 그리고 직원들한테 모범을 보이고 당신의 삶을 보여 줘라! 당신의 삶도 보여 주지 못하면서 매주 직장에서 예배를 드린들 무슨 의미가 있겠는가! 당신의 삶의 현장은 바로 사업의 현장이다. 그곳에서 예수 그리스도의 삶을 실천하고 기업의 문화와 회사의 틀을 만드는 것이 중요하다. 당신의 직원들은 회사의 일을 하려고 입사했지 선교하려고 입사하지 않았다.

먼저 당신이 회사의 비전과 미션 그리고 가치를 만들어 갈 때 직원들에게 먼저하고, 고객에게 성실할 때 당신의 직원과 고객이 원하는 회사를 만들어 준다. 기업을 운영하는 사람들의 모습을 보면 어떤 대표는 자기가 죽으라고 일하는 대표가 있다. 또 하나는 직원들이 일하는 회사 또 하나는 고객이 회사를 키워 주는 회사가 있다.

당신의 회사는 어떠한가? 하남돼지갈비라는 회사가 있다. 나는 그 식당에 자주 간다. 그 식당에 자주 가는 이유는 사장의 기업운영 방침 때문이다. 직원들이 그냥 직원이 아니다. 그곳의 직원들은 하나의 공동사장 제도이다. 수입이 많이 발생하면 자기의 몫도 많아지는 것이다. 고객에게 최고의 서비스를 제공하고 모두가 환한 모습으로 서비스한다. 그곳에 갈 때마다 기분이 좋다. 왜일까? 나는 고객인데 이런 생각을 한다. 이 회사를 내가 키워 주고 있구나! 고객이 회사를 키워 주는 회사를 운영해 보라!

6. 실업인이 살면 교회가 산다

나는 한국 교회의 위기가 왔다는 말을 수없이 들었다. 그때마다 왜일까? 반문했다. 알다시피 나는 선교사로 외국에서 오랫동안 살다 보니 한국 교회의 현실 감각에 뒤떨어져 있다고 해도 무방하다. 한국 교회가 미래가 없네, 한국 교회의 중소 교회는 대형 교회 때문에 문들 닫아야 하네, 성도가 줄어드네. 전도가 안 되네, 이보다 더 한 소리도 들었다. 한국 교회가 개독교라는 차마 입에 담지 못할 욕도 들었다. 나는 목사이다. 그리고 선교사이다. 더 나아가 글로벌 사업가이다. 하지만 목사로 선교사로 한국 교회가 이런 상황에 왔다는 사실에 직면하고 한없이 통곡했다.

'왜 이렇게 되었단 말인가?'

'누가 이렇게 만들었단 말인가?'

'무엇에서부터 잘못되었는가?'

나는 곰곰이 생각해 보았다. 생각하고 생각해도 답은 찾지 못했다. 목사이니까 목사의 잘못이라고 생각하고 싶었다. 하지만 나는 그것이 근본 문제는 아니라고 생각했다.

나는 글로벌 사업가 처지에서 생각해 보기로 했다. 그러든 중 하나의 문제점을 찾았는데 크리스천 기업인들의 모습에서부터 문제가 발생하고 있다는 것을 찾았다. 앞에서도 말하고 있지만, 기독 실업인들이 사업에 매진하기보다는 '하나님이 내 사업을 책임져 주겠지.' 하는 안일한 사고방식을 가지고 사업하는 모습을 보면서 '아! 이것이 오늘날 한국 교회를 이렇게 만들었구나.' 생각하게 되었다. 이 부분에 대해 더 구체적인 것은 다른 곳에서 언급하고 있다.

그러한 이유에서 나는 최웅섭 글로벌 리더쉽 아카데미를 개설해서 각 교회의 실업인들을 대상으로 총 10과목을 교육을 하고 있는데 실시한 교회에서의 반응은 너무도 놀랍다.

선교사적 삶을 살기 위한 4가지 답

1. 사람이 답이다

선교사적 관점으로 보는 세상은 이렇다. 하나님은 선교사적 목적을 이루기 위해서 이 세상을 만드셨다. 예수님은 선교사적 삶을 살기 위해 보냄을 받았다. 성경의 수많은 인물은 선교사적을 삶을 살았다. 하지만 하나님은 사람을 통해서 선교하신다. 가나안을 향해 아브라함을 보냄으로써 하나님의 선교가 시작되었음을 알리고 있으며 또한 요셉의 선교사적 삶을 통해 하나님의 선교사적 일이 지속하고 있음을 보여 주고 있다. 나는 선교사로서 선한 크리스천, 좋은 크리스천을 원하지 않는다. 이 세상에는 크리스천보다 선하고 좋은 사람이 수없이 많다. 하나님이 원하시는 삶은 고통스럽고 가는 길이 힘들고 어렵더라도 선교사적 삶을 원하신다.

'하나님은 사람을 통해서 선교하시는 하나님이시다.'라는 사실 속에서 우리도 사람과 함께 일해야 하며 사람을 소중히 여기는 사람이 되어야 한다. 물론 나도 사람을 중요하게 생각한다. 항상 어디를 가든지 사람을 찾았고 찾은 사람을 항상 소중히 여겼다. 그 결과 그 사람들이 나에게 사업을 주었고 나의 사업을 성공시켜 주었다. 나는 세계 곳곳에서 사업을 하는데 사업을 만들고 물건을 파는데 집중하지 않는다.

"그럼 도대체 어떻게 사업을 성공시킬 수 있으세요?"

많은 사람이 반문한다. 사실 정답은 사람을 소중히 여긴 결과다. 현재 10여 나라에서 사업을 성공적으로 수행하고 있는 것도 사람을 소중이 여긴 결과라고 볼 수 있다. 그러므로 성경의 핵심 내용도 사람을 중요하게 생각해야 한다는 것이다. 가정에서 보면 자식을, 남편을, 아내를 소중하게 생각해야 한다. 이것이 기본이 되어야 한다. 나는 여러분을 오늘 이후부터 이렇게 부르고 싶다.

"사람을 찾고 변화시키는 선교사님들!"

선교하는 사람, 선교하는 가정, 선교하는 교회는 행복하다라는 것이며, 행복한 사람만이 선교할 수 있다는 것이다. 사람을 소중히 여기지 않는 사람은 선교사 자격도 없을뿐더러 목회자가 될 수도 없다. 성경에 수많은 사람들이 기록되어 있다. 이유는 무엇일까? 그것은 하나님은 사람을 소중이 여긴다는 것이다. 하나님이 사람을 창조하셨고 사람을 통해 완성하시기 때문이다. 그렇다면 우리도 사람을 소중히 여겨야 할 것이다.

2. 정직이 답이다

나는 15년 정도 비즈니스를 한 사업초년생이다. 사업을 시작할 때 비자 때문에 사업을 시작하며 무려 170여 가지 제품을 팔았다. 죽으라고 맨땅에 헤딩하면서 살았다. 하지만 나는 한 번도 거짓말을 하거나 파트너를 속이지 않았다. 사업을 시작할 때 파트너들에게 사업 전에 항상 크리스천임을 강조했다. 그것이 적중했고 정직한 사업가로 승승장구하고 있다.

정직만이 대세이다. 하나님 앞에 정직하기 위해 먼저 주어진 일에 정직해야 한다. 주어진 일을 정직하게 하지 않고 어떻게 정직하겠는가? 나는 내가 크리스천이라고 말을 했기 때문에 항상 정직했다.

정직은 세상을 변화시키는 에너지이다.

정직은 사람을 변화시키는 선물이다.

정직은 세상을 변화시키는 영향력이다.

그러므로 사업가는 정직해야 한다.

3. 열정이 답이다

나는 시편 34편 10절의 말씀을 의지하며 지금까지 열정 하나만으로 살았다.

젊은 사자는 궁핍하여 주릴지라도 여호와를 찾는 자는 모든 좋은 것에 부족함이 없으리로다.

이 말씀을 가지고 살았고 이 말씀을 제목으로 나의 두 번째 책을 출간했는데 그것이 『굶주려도 풀을 뜯지 않는 사자처럼』이라는 책이다. 나는 내 이름에 대해 늘 콤플렉스가 있었다. 이유는 부르기 어렵다는 이유였다. 그런데 나의 이름에 아주 깊은 의미가 있다는 것을 나중에 알았다. 최웅섭의 이름의 뜻은 '최초로 웅담을 섭취한 사람이다.'라는 뜻이 있는데 열정으로 뭉쳐진 나에게 주어진 아름다운 이름이고 부모님이 주신 선물이다.

열정은 배반하지 않는다는 말이 있다. 성경에 보면 열정의 사람들이 많다. 요셉, 모세, 다윗, 베드로, 바울 등을 보면 열정으로 일생을 살았다. 열정의 사람들은 특별하게 자기의 삶을 통해 많은 사람에게 영향력을 끼친 것을 알 수 있다. 하나님은 이 시대에 누구를 부르시고 사용하시기 원하시는가? 열정이 많은 사람을 부르신다. 나는 사업의 현장에서 열정만으로 90%, 불가능을 100% 성공으로 만들었다. 많은 사람이 나를 향해 불타는 열정을 가진 사람이라고 한다.

열정은 어디에서 오는가? 나는 하나님을 열정의 하나님이라고 부른다. 열정의 하나님을 모시고 사는 내가 열정으로 살 수밖에 없고 그런 열정은 성공을 이루는 원동력이다. 열정은 20-30대에게만 있는 것이 아니다. 그건 40-60대에게도 있다. 열정이 있는 사람은 행복한 사람이라고 부른다. 반대로 의욕이 없는 사람을 나는 불행한 사람이라고 부른다.

한 우물을 파야 성공한다. 젊은이들이 한 우물을 파지 않고 다양한 것을 배우려고 분주하게 산다. 교회 안의 차세대들은 과연 열정이 있는가? 사실 지금 상태라면 교회 안에 있는 차세대에게 세상을 맡기고 싶지 않다. 왜 그런가? 열정이 없기 때문이다. 교회 안의 차세대들에게 기존의 세대가 열정을 보여 주어야 하고 열정을 가지도록 동기를 부여해서 그들이 한국 교회를 리드할 수 있도록 해 주어야 한다. 열정은 배반하지 않기 때문이다.

4. 나눔이 답이다

선교는 행복이다. 이 단어가 불편한가? 그럼 선교는 불행인가? 아니지 않은가? 행복이 맞다. 그리고 선교는 누구나 할 수 있다. 이유는 우리는 거저 받았으니 거저 주어야 하기 때문이다. 그래서 나는 선교는 나눔이라고 말한다. 나누어 주지 못하는 사람이 어찌 선교할 수 있을까 싶다. 또한 크리스천이라면 나눔도 누구나 할 수 있다. 이제 나는 받는 선교사에서 주는 선교사이다. 나는 사업의 초창기부터 나눔을 실천하고 살았다. 현지에서 사업을 하면서 얻은 이익을 고국으로 보내지 않고 난민들을 위해 사용했다. 나눔을 실천하는 것은 어려운 것이 아니다.

나는 이런 사람은 별로 좋아하지 않는다.

"하나님! 현재 사업이 성공하면 십일조를 더 하겠습니다. 교회를 건축하겠습니다. 영광 돌리겠습니다. 그러니 사업을 성공시켜 주십시오."

이런 사람은 절대로 사업도 성공을 못 시키고 성공에 목매는 사람이 되고 만다.

성공에는 세 종류의 사람이 있다. 성공을 나누는 사람, 성공을 좇는 사람 그리고 타인의 성공에 춤추는 사람이다. 성공하는 사람만이 나눔을 하는 것이 아니다. 나눔은 주님의 명령이며, 누구나 할 수 있다. 성경에 말하기를 주는 것이 받는 것보다 복이 있다고 말하였다. 나는 그래서 선교사적 삶을 사는 것이 행복이라고 말한다. 크리스천이 이 땅에 온 것은 모두 선교사로서 온 것이다. 그러니 이왕 온 것 선교하며 행복하게 선교하자.

5부

교회와 선교단체의 비즈니스 선교

01

좋은 교회에서
위대한 선교적 교회로 전환하라

1. 현대 선교에서 비즈니스 선교의 의미와 역할

한국은 130년의 선교 기간 동안 전 세계 교회의 모범이 될 만한 선교하는 국가다. 이미 약 180여 개 국가에 2만 5천의 선교사를 파송한 선교 국가이다. 한국 교회가 세계 선교에 막대한 영향력을 행사하고 있어 전 세계 교회가 주목하고 있다. 이미 파송된 선교사들이 각 양의 사역은 알고 있는 사실이고, 이를 위해서 한국 교회와 성도들의 많은 헌신과 기도가 이루어지고 있다.

하지만 한국 교회 선교사들이 선교의 현장에서 수많은 시행착오를 만들고 있는 것도 사실이다. 현지에 한국적 교회를 세운다든지, 퍼주기 식으로 진행되는 선교 방법, 빨리빨리 해야 하는 한국적 습성 때문에 현지에서 일어나는 불협화음, 중복되는 사역, 매뉴얼 없이 즉흥적으로 하는 사역 등으로 한국 선교는 이제 새로운 돌파구를 찾아야 한다. 나 역시 기존의 선교 방법에 심취하여 참으로 열심히 사역을 하면서 수십 번 어려운 환경에 처한 경험이 누구보다도 많다. 이러한 과정을 거치면서 21세기 전 세계의 화두가 되고 있는 비즈니스라는 것을 활용해 선교의 방법을 만들 수 없을까 깊은 고민을 하게 됐다. 바로 전통적인 선교 방법이 아닌 비즈니스와 선교를 통한 하나님의 영토를 확장하는 방법인 비즈니스 선교의 모델을 만들게 되었다.

세계 교회는 10여 년 전부터 비즈니스 선교를 지향해 왔다. 하지만 비즈니스를 선교에 어떻게 적용할 것인가에 대한 연구와 발표는 있었으나 정작 성공과 실패가 실제 적용된 예가 없어 고민에 고민을 하고 있는 것이 현실이다. 현재 전 세계적으로 선교사들의 입국이 제한된 나라가 80여 개 되는 것으로 파악되고 있다. 이들 국가 중에는 이슬람, 사회주의, 불교권 등 다양한 나라에서 선교사들의 입국을 거부하며 사역을 방해하고 있으며 더 나아가 비자를 거부하고 있는 것이 현실이다. 설사 입국하여 거주하더라도 사역이 실제로 불가능하며 많은 국가에서 선교사들이 추방을 당하는 등 불합리한 조건 속에서 거주만 하고 있는 나라들이 늘어나고 있는 실정이다.

현재 전 세계 국가들의 화두가 경제 살리기이고 비즈니스를 강화하면서 세계 어디서든 비즈니스를 하는 사람들은 대 환영을 받고 존경받고 있다. 반면 선교사들은 환영은 물론 존경도 받지 않는다. 또 선교는 제한적이지만 비즈니스는 절대로 제한적이지 않다. 선교는 제한적이기 때문에 영향력이 적은 반면 비즈니스는 영향력이 크기 때문에 어느 국가에서도 제한을 받지 않는다. 그래서 지금까지의 선교가 개인적이었다면 이제는 선교 영토 확장에 역점을 두어야 한다.

그렇다면 선교의 영토 확장을 위해서는 어떻게 해야 하는가? 비즈니스를 활용하는 방법 외에는 다른 길이 없다고 본다. 이만큼 비즈니스는 전 세계 나라뿐만 아니라 국민들의 삶의 질을 변화시키는 데 엄청난 영향력을 주고 있다. 지금까지의 전통적인 선교의 방법으로는 이슬람 지역에서 선교의 영토를 확장하는 데 한계가 있다. 그렇다면 비즈니스를 세속적인 개념으로 볼 것이 아니라 하나님께서 21세기 선교의 전략으로 사용하고 계시다는 것을 인식해야 하고 교회와 선교단체들이 비즈니스 선교를 활성화시키는 패러다임의 변화를 가져야 한다는 것이다.

2. 미래 선교에 비즈니스 선교가 필요한 이유

현재 한국 교회는 선교의 위기를 맞고 있다. 이유는 경제적인 이유와 선교의 무관심이 증대되고 있다는 사실이다. 이러다 보니 선교 자원, 즉 선교의 후보생들이 일어나지 않고 개척 교회 목회자들이 목회가 어렵다 보니 선교를 지원받는 경우가 대부분이고, 교회의 차세대들이 선교에 동원되지 않는다는 사실이다. 차세대들이 동원되지 못하는 이유는 온실에서 자란 이들이 선교지의 선교사들의 삶을 보면서 "내가 왜 저렇게 살아야지?" "저렇게 살지 않아도 하나님의 영광을 위해서 살 수 있는데?"라는 현실적인 문제 등으로 인해 선교 자원이 일어나지 않는다는 것이다. 이러한 문제가 야기된 것은 한국 교회의 일부 목회자들이 선교를 교회 성장의 도구, 더 나아가 성도들의 결집을 위해서 사용한 측면이 있다는 사실을 부정할 수 없다는 것이다.

이로 인해서 한국 교회는 경제적 어려움에 처하자 당장 선교사들의 선교비, 즉 보이지 않는 현실적 고통을 줄이고, 선교사들 파송 자체를 줄이는 문제들이 발생하고 있다. 이로 인해 선교지에 갈 때 주님 앞에 유언장을 써 놓고 들어간 전체 선교사들의 80%가 질병과 스트레스에 시달리고 있는 것이다. 현재 선교사들은 비자, 거주 문제, 사역비, 생활비, 자녀 교육비, 노후 문제 등으로 심각한 내홍을 겪고 있다. 그러다 보니 수많은 선교사들이 단체와 교회의 허락 없이 이 모양, 저 모양으로 비즈니스에 접하다 보니 선교지에서 현지인과 선교사들 사이, 한인 기업인과 해외 한인 디아스포라 사이에 많은 문제점들을 야기시키고 있다는 사실이다.

비즈니스 선교를 전문으로 하는 입장에서 볼 때 이를 오픈하고 비즈니스 선교를 활성화해 선교사들도 기존의 후원만 받는 방식에서 탈피해 서로가 윈윈하는 방식으로 방향을 개선해 갈 필요가 있다. 그렇지 않을 경우, 한국 교회와 선교사들 사이에 간격만 넓어지고 선교사들이 선교지에서 사역에 몰입하기보다는 생업에 열중하는 문제가 지속적으로 발생할 것이다. 선교 영토 확장은 고사하고 한국 교회의 커다란 문제점으로 남게 될 것이라고 본다.

이를 위해서는 한국 교회의 선교 방식에 대한 개념이 바뀌어야 하는데 목회자 위주의 선교사 양성보다는 사업가 위주로 사업에 관계된 사람들을 선발해 파송해야 할 것이고, 선교단체도 비즈니스를 전문으로 하는 사람들을 선발에 역점을 두어야 한다. 또한 선교의 방식을 개인을 접촉하여 퍼주기보다는 선교 영토를 확장하는데 역점을 두고 사역의 방향을 잡아야 한다. 이러한 방향과 개념으로 한국 교회가 나아갈 때 교회와 성도의 부담이 줄고 선교사는 주어진 환경 속에서 사역에 충실할 수 있으며, 선교의 질과 양을 모두 충족할 수 있다는 것이다.

나는 이러한 환경 속에서 기존 선교 방법과 비즈니스 선교 방법에서 수많은 정체성의 혼란을 가져왔고, 사실 나를 후원하는 교회와 단체로부터 비즈니스 선교에 대한 부정적인 이야기도 많이 들었다. 급기야 후원 교회가 재정 후원뿐만 아니라 기도 후원도 끊어 버리는 교회도 많았다. 그렇다고 이것을 포기할 수 없었다. 내게 직면한 문제, 즉 비자, 거주 문제, 사역비, 생활비, 자녀 교육비, 노후 문제를 해결할 방법이 없었다. 물론 하나님의 공급하심에는 부족함이 없었다. 하지만 현실에 직면한 문제는 해결할 수가 없었다. 비자, 거주 문제, 현지인에 대한 경제적 해결 문제, 현지인들의 경제 문제가 해결이 안 되니 계속 퍼주어야 하는데 한계에 직면하고 자녀 교육, 노후 보장 등은 현실적으로 해결할 수가 없었다. 이러다 보니 사역보다는 직면한 문제 해결에 우선시 되다 보니 사역에 대한 정체성으로 고민할 수밖에 없었다. 대담한 결정을 한 후에는 비자, 거주 문제, 사역비, 생활비, 자녀 교육비, 노후 문제 등이 해결이 되니 사역의 깊이와 사역자들의 삶의 질이 달라졌고, 선교의 영토가 확장되는 모습을 볼 수가 있었다.

기존의 전통적인 선교의 방법으로는 맛볼 수 없는 것을 맛볼 수 있었고, 현지인들이 삶이 개선이 되니까 부모, 형제, 일가친척 주변의 사람들이 복음의 영향력에 들어오는 것을 보았다. 그래서 나는 이것을 비즈니스 선교의 영향력이라고 말한다. 비즈니스 선교를 통해 하나님의 선교 영토를 확장하고 영향력 있는 선교를 해야 하고, 주님의 영향력을 넓혀 가야 한다.

많은 사람들이 사역을 힘들어하며 국가를 바꾸는 일을 종종 지켜봤다. 선교가 진척이 안 되니 스트레스가 심하기 때문이다. 이슬람 국가가 힘든 사역지인 것은 틀림없다.

사업하는 사람들은 다양한 사람들을 만날 수 있다는 사실이 선교 사역과 연관지어 보면 굉장히 중요하다. 사업가들은 사회활동에 능동적인 사람을 주로 만나고, 선교사들은 사회활동에 피동적인 사람들을 주로 만난다. 비즈니스를 통해서 만나는 사람들은 그 사회에 어느 정도 영향력을 가지고 있는 사람들이다. 내가 조사해 본 것에 따르면 대부분의 사역자들은 만나는 사람이 그리 다양하지 않았고, 사회적 약자를 만나기를 원하고 있었다.

이런 경향이 대세로 자리 잡은 것은, 선교사로서의 존재가 사회적 약자들에게 더 많이 필요하기 때문이고, 그 필요와 요구를 들어주다 보면 복음을 접할 가능성이 더 높기 때문이다. 사실이다. 선교현장에 가 보면, 사회적 약자들은 우리의 물질과 기도와 도움의 손길을 무궁무진하게 필요로 한다. 우리의 도움으로 많은 이가 감동감화를 받고 또 복음을 받아들이기도 한다. 물론 이런 현상에 대해 그들이 틀렸다는 의견을 제시할 생각은 전혀 없다. 단지 대세의 흐름이나 경향과 또 다른 방법도 있다는 것을 알려 주고 싶을 뿐이다.

실질적으로 내 경험상, 오히려 비즈니스를 하는 선교사들이 사회 전반에 영향력을 더 많이 끼칠 수 있다. 우선 비즈니스 선교사는 비자 문제나 거주 문제에 얽매일 일이 없다. 선교사가 안고 있는 가장 현실적인 문제가 해결되는 셈이다. 둘째, 만날 대상이 엄청나게 많다. 만나는 대상이 많다는 것은 바로 복음을 전할 대상이 다양하고 폭이 넓어진다는 것을 의미한다. 나아가 생활고뿐만 아니라 선교지에서 필요한 재정 부분도 해결되므로 더 적극적으로 사역을 진행할 수 있다.

자기가 번 수익금으로 생활비, 자녀 교육비, 사역비 문제를 단박에 해결할 수 있기 때문이다. 비즈니스 선교를 어떻게 바라보아야 하는가? 네가 이것으로 형제를 깨우치면 그리스도 예수의 선한 일꾼이 되어 디모데전서 4장 6절의 말씀처럼 이제 시대에 맞는 선교 전략이 필요하다. 그렇다면 전 세계 어디서나 환영 받는 비즈니스를 선교의 도구로 활용하는 패러다임의 변화가 필요하다.

> 네가 이것으로 형제를 깨우치면 그리스도 예수의 좋은 일꾼이 되어 믿음의 말씀과 네가 따르는 좋은 교훈으로 양육을 받으리라 (딤전 4:6).

3. 21세기는 최고의 선교 기회다

한국 선교협회가 발행한 『2013년 선교백서』를 보면 한국 선교의 한 단면을 잘 보여 주고 있다. 이미 앞에서도 언급한 것과 마찬가지로 선교사 파송이 줄어들고 있으며, 선교사의 고령화 현상과 한국 선교 130주년, 과거와 현재 그리고 미래 대부분의 선교사들은 복음이 필요한 어려운 환경보다 선진국이나 거주하기 편리한 특정지역에 과도하게 집중 배치되어 있다는 점이다. 만약 스스로 세계 선교를 리드하고 있다고 자부하는 교회라면 명확히 인식해야 할 점이 있다. 복음이 급한 지역으로 선교사는 재배치되어야 한다.

이때 목회자 선교사의 파송도 중요하지만 교회 안에 잠자고 있는 차세대들을 깨워서 파송하는 것도 매우 중요하다. 이들은 세계의 대학에서 복음을 전하며 현지의 다음 세대에게 복음을 전할 수 있기 때문이다. 또한 평신도 사업가들을 훈련해 경제 영토 확장과 더불어 선교 영토를 확장 자원으로 동역할 수도 있다.

이와 더불어 전 세계에 흩어져 살고 있는 800만여 명의 디아스포라는 선교에 있어서 최고의 동역자가 될 수 있다. 특히 디아스포라는 하나님께서 50여 년 전 혹은 짧게는 10여 년 전, 믿음의 사람들을 21세기 선교 환경에서 사용하고자 각 나라로 미리 파송해 놓은 잘 훈련된 선교사들이다. 이들은 고국을 떠나 사업과 믿음이라는 두 마리 토끼를 잡았을 뿐만 아니라 현지의 언어, 문화, 정치, 경제 등 다양한 분야에 있어서 경험을 쌓고 이미 선교사로서 충분한 자질을 갖추고 있는 사람들이다.

앞으로 한국 교회는 이러한 디아스포라를 어떻게 활용할 것인가에 대한 심층적인 연구와 준비가 되어야 한다. 한편 교회 안에 존재하는 시니어들은 이미 다양한 경험과 인생의 노하우를 가지고 있기 때문에 선교지에서 선교사와 함께 선교의 영토를 확장하는데 효과적인 재원들이다. 한국 교회는 고령화 사회에 접어들면서 또한 성도들의 평균 연령도 상승한 것을 볼 수 있다. 교회를 구성하는 성도들 중에서도 이들이 차지하는 비율은 상당히 높다. 이렇듯 선교 자원이 차고 넘치는데도 그 개발을 소홀히 하고 근시안적 안목으로 오로지 목회자 선교사만 양성하면 한국 교회는 세계 선교 현장에서 도태되고 말 것이다.

2017년, 이제 선교는 전략적으로 접근해야 한다. 기존의 독불장군식 선교나 빨리빨리 뭔가를 이루고 세우려는 선교(여전히 버리지 못하고 있는) 보고받기 위한 선교는 과감히 내려놓아야 한다. 충분한 자원이 넘치는 교회와 전문성을 겸비한 단체가 연합해 한마음으로 선교 전략을 세울 수 있다면 우리는 지금까지 경험해 보지 못한 새로운 선교 역사를 맞이할 수 있을 것이다. 21세기 최고의 선교 시대를 맞아 교단과 선교단체가 과감하게 비즈니스 선교를 통해 선교지가 행복하게, 선교사가 행복하게, 선교지의 사람들이 행복하게 되는 선교가 이루어질 수 있도록 하자. 교회와 단체 그리고 성도들이 더욱더 기도하고 연합하는 선교의 원년이 되기를 바란다.

4. 좋은 교회에서 위대한 선교적 교회로 전환하라

한국 교회는 이제 새로운 도전에 직면해 있다. 좋은 교회, 좋은 말이다. 이 말의 뜻에는 선하고 착한 교회, 다양한 수식어가 붙을 수 있다. 하지만 이제 한국 교회는 변해야 산다. 목회자가 변하고 성도들이 변해야 한다. 그리고 더 나아가서 기독 실업인들이 변해야 교회가 산다. 기업하는 사람이 더 많은 인적 자원을 가지고 있기 때문에 그들이 변해야 회사가 변하고, 직원이 변하고 고객이 변할 수 있다.

이제 한국 교회는 좋은 교회라는 이미지를 버리고 위대한 교회가 되어야 한다. 지속 가능한 위대한 교회가 되기 위해서는 모두가 변해야 하며, 위대한 교회가 되기 위해서는 영향력 있는 교회가 되어야 한다. 그런데 주변을 보면 전부 교회를 싫어한다. 왜 그럴까? 한마디로 불편하다는 것이다. 그러나 나의 잣대로 사람들을 보는 것이 아니라 포용력을 가지고 하나님의 우주적 관점으로 사람을 보아야 한다.

그래서 교회가 통 큰 교회가 되었으면 한다. 통 큰 교회, 위대한 교회이다. 작은 컵 하나의 물은 혼자서 밖에 마실 수 없다. 하지만 이보다 더 큰 컵은 둘은 마실 수 있고 항아리의 물은 수십 명이 마실 수 있다. 호수에 있는 물은 수만 명이 마실 수 있고, 이보다 다 큰 바다는 수억 명이 마실 수 있지 않은가? 그렇다. 통 큰 위대한 교회는 바로 이런 교회다. 이 속에서 영향력이 나오는 것이다. 이 영향력이 위대한 교회 통 큰 교회를 만드는 것이다.

02
선교단체 비즈니스 선교 시스템 구축하기

1. 선교단체에 비즈니스 부서를 신설해라

각 선교단체에서 비즈니스 선교를 숙명적으로 안 할 수 없는 상황이 도래했다. 내가 많은 선교지를 방문해 보면 많은 선교사들 중에 비즈니스 선교를 하는 사람 그리고 해야 하는 상황에 있는 사람 등 다양한 부류의 선교사들을 만난다. 하지만 하나같이 어려움을 호소하고 있고 고통스러워하고 있다.

왜 그럴까? 비즈니스를 배운 경험이 없거나 어떠한 상황에서 시작하다 보니 이제는 뺄 수도 더 할 수도 없는 상황에 부딪친 사람들 그리고 이제는 꼭 비즈니스를 해야만 하는 여러 상황에 처한 사람들이 있다. 이러한 상황에서 또 하나의 문제가 있는 곳이 선교단체이다. 기존의 선교에 대한 매뉴얼은 있는데 비즈니스 선교에 대한 매뉴얼이 없다는 현실이다. 그렇다고 소속 단체의 선교사 중에 내로라하는 비즈니스 선교를 하는 사람도 없다.

비즈니스를 하고 있지만 사실 흉내를 내는 정도이다 보니 어딘가 모르게 비즈니스 선교를 하기에는 부족하고 그렇다고 타 선교 기관에 의뢰하고 싶어도 같은 상황이다. 이러한 상황 속에서 더욱 선교 환경과 한국 교회의 상황은 더 악화되고 있는 현실에서 외면할 수도 무시할 수도 없는 상황이다. 이러한 문제들을 가지고 있는 선교단체가 하나둘이겠는가 싶다. 아마도 한국에 있는 모든 선교단체가 이러한 애로사항을 가지고 있는 것은 부정할 수 없는 현실이다. 이러한 현실을 외면한다고 문제가 해결되는 것은 아니다.

오히려 이 문제를 위해서 도전하고 돌파구를 찾는 게 선교단체와 선교사들이 해야 하는 것이 아닌가? 선교단체와 선교사는 무엇인가? 새로운 곳에 대한 도전적 정신을 가지고 개척하는 프런티어가 아닌가 말이다. 많은 선교단체들이 비즈니스 담당 부서를 운영하는 단체는 없다. 왜일까? 비즈니스 선교는 선교에서 어려운 부분 중의 한 부분이다. 그러다 보니 이것을 담당할 사람을 선교단체의 속성상 구하기 쉽지 않다.

대부분의 선교단체의 간사들이 열악한 환경에서 근무하는데 비즈니스를 아는 사람을 여러 가지 형편상 구하기가 쉽지 않다. 그렇다고 다른 업무를 담당하고 있는 간사들에게 맡기기도 쉽지 않다. 여러 가지 환경 속에서 주어진 업무도 과중한데 전혀 다른 분야를 같이 한다는 것도 문제이다. 하지만 비즈니스 선교를 해야 한다고 하면 필히 이 담당 부서를 두지 않으면 안 된다. 만약에 담당할 간사를 구하지 못하고 비즈니스 선교를 해야 한다면 각 교회의 해외 사업하는 사람을 통해서 업무 지원을 받는 것도 하나의 방법이 아닐까 싶다.

2. 담당자를 두어야 한다

단체에 담당 부서가 세워지고 나면 각 대륙이나 지역을 담당할 혹은 혼자서 전 세계를 담당할 사람을 두어야 한다. 이유는 각 국가와 지역에서 비즈니스 선교하는 선교사들을 관리해야 할 필요가 있다. 물론 각 선교단체는 순회 선교사가 아니면 대륙별 혹은 지역을 담당자가 있다. 하지만 이들은 전혀 비즈니스를 모르기 때문에 비즈니스를 하는 사람들과 의사소통이 이루어지지 않는다.

만약에 이들이 비즈니스를 하는 사람들의 영성은 관리할 수 있다고 치더라도 비즈니스의 환경을 전혀 모르기 때문에 관리하는 측면에서 많은 문제가 발생할 수 있다. 단체에서 비즈니스를 하는 기존의 선교사를 택하든지 아니면 해외 교포 중에서 선교에 관심 있는 사람을 임명해서 지역 담당자로 활용하는 방안도 있다. 이들을 활용하면 단체의 경비도 줄일 수 있을 뿐만 아니라 현지에서 사업을 하면서 선교에 지대한 관심이 있기 때문에 다양한 효과를 얻을 수 있다고 본다. 담당자는 비즈니스에 대한 정보를 수집해 제공하고 후원 교회에 홍보와 지원 요청 그리고 비즈니스 선교를 구체화할 수 있도록 프로세스를 만드는 역할을 하도록 지원해 주어야 한다.

3. 데이터베이스(Database)를 만드는 것이 필요하다

요즘은 빅데이터(Bic data) 시대이다. 단체의 모든 선교사를 조사해 비즈니스를 하는 사람, 비즈니스를 하려고 하는 사람, 비즈니스에 관심 있는 사람을 조사해 데이터베이스를 만드는 것이 무엇보다도 필요하다. 이것이 필요한 이유는 데이터를 통해서 비즈니스를 효과적으로 하는 것을 확보할 수 있기 때문이며, 더 나아가 다른 사람들도 비즈니스 선교에 참여할 수 있는 여건과 정보를 만들어 줄 수 있기 때문이다.

그러므로 데이터를 만들어 놓으면 나중에 이것이 빅데이터가 되어 단체의 비즈니스 환경을 구축하는 데 많은 도움이 되고 선교사 후보생들에게도 활용할 수 있는 도구가 되는 것이다. 이 정보를 가지고 선교 후보생을 모집하는 데 정보로 활용할 수 있다.

4. 후원 교회의 반응 조사 필요

후원하는 교회의 반응을 조사할 필요가 있다. 나는 처음에 비즈니스를 할 때 후원 교회의 동의 없이 하다가 엄청 고난을 당했다. 후원하는 교회의 동의를 받지 아니하고 비즈니스를 할 수는 있다. 하지만 나중에 후원 교회가 알게 되면 후원 교회는 배신감을 갖게 되고 선교사가 힘들면 "주님을 의지하지 사업을 해!" "선교사가 돈을 벌어?"라는 말을 듣게 될 수도 있다. 아직도 한국 교회와 성도는 보수적이기 때문에 신중하게 접근할 필요가 있다.

또한 교단의 임원이나 노회의 임원들 독립된 선교회라면 이사들이나 선교에 직접적인 재정적 지원을 하는 사람들에게 반응을 조사할 필요가 있다. 이유는 협력하여 선을 만들 수 있기 때문이다. 내가 경험한 바로는 이 과정이 꼭 필요한 과정이다.

5. 비즈니스 선교 교육 프로그램을 만들어야 한다

비즈니스 선교 교육 프로그램을 만들어야 하는 이유는 간단하다. 아무나 비즈니스 할 수 없고 또한 아무나 비즈니스 할 수 있기 때문이다. 그러므로 비즈니스 선교를 위해서는 교육 프로그램이 필요한데 선교에 대한 부분은 선교단체에서 잘 준비되어 있을 것이다. 하지만 비즈니스 부분에 대해서는 전혀 준비가 없을 것이다. 비즈니스에 대한 전반적인 이론과 실전 그리고 현지에서나 한국에서 현장 교육을 위한 교육 프로그램이 필요하다.

교육 프로그램을 세우고 강사 선발도 신중하게 해야 한다. 강사를 선정하는데 단체에서 이미 비즈니스를 성공적으로 하고 있는 사람이나 아니면 단체에서 비즈니스를 하면서도 아직 성공적이지 못한 사람도 강사로 활용하면 된다. 이 교육 프로그램은 단체의 성격에 맞추면 된다고 생각한다. 교육 방법은 앞에서도 말한 것을 참고하면 되겠고, 이론과 실습 그리고 현장 교육이 무척 중요하다. 아니면 내가 교육하는 비즈니스 아카데미를 이용할 수도 있다.

6. 각 국가별 비즈니스 정보 구축 필요

비즈니스 환경은 전 세계가 다르다. 내가 많은 나라에서 경험한 비즈니스 환경은 대륙별로 다르고 국가별로 다르다. 이러한 정보를 비즈니스를 하는 선교사들에게 신속 정확하게 전달하는 것이 무엇보다 중요하다. 물론 선교사가 자기 국가에서 비즈니스 정보를 숙지하는 것은 당연하고 정보를 획득해야 한다.

하지만 내가 경험한 바로는 정보를 획득하고 축적하는 데 한계가 있다. 현지에서 비즈니스에 매달리다 보면 현지의 정보를 획득하는 데 한계가 있다. 이것을 위해 담당자가 필요하고 이를 위해서 비즈니스 부서에서 부단히 상품 정보 등 다양한 비즈니스 정보를 획득해 제공해야 한다.

7. 재정 관리의 필요

비즈니스 선교를 하면 '비즈니스를 하면서 얻어지는 이익은 누구의 것인가?'라는 문제에 봉착하게 된다. 개인이 비즈니스를 하든지 아니면 팀 중에서 누가 하더라도 이 문제는 발생하게 된다. 나 역시 이 문제에 봉착한 경험이 있다. 그래서 나는 후원하는 모든 교회에서 선교비 후원을 일체 받지 않았다. 이유는 자유롭게 마음껏 사업하면서 사업에 더 집중하기 위해서 후원비를 일절 받지 않았다.

이러한 과감한 용기가 있으면 몰라도 그렇지 않으면 재정 때문에 많은 문제가 발생할 수 있다. 이 문제에 대해 해결하는 방법은 두

가지인데 하나는 개인이 하는 비즈니스는 개인이 책임지는 것이고 또 하나는 팀 단위로 실행하는 것이면 팀 안에서 수익구조를 관리하면 되는 것이다. 더 나아가 팀 안에서 비즈니스를 하는 사람에게는 합당한 대가를 지급해야 한다. 그렇지 않으면 누가 그 길에 들어서려고 할까 싶다.

8. 비즈니스 선교에 관한 정보 제공 필요

후원 교회나 후원하는 모든 분에게 비즈니스 진행상태, 즉 정보를 정확히 기도편지나 선교잡지를 통해서 알려 주어야 한다. 그래야 기도 후원을 받을 수 있고 후원하는 교회의 사업하는 성도들로부터 상품을 지원받는다든지 비즈니스에 대한 지원을 받을 수 있다. 이러한 이유에서 담당자가 필요하다는 것이다. 비즈니스는 인내와 수고가 필요하다. 망하지 않으면 성공, 둘 중 하나이다. 이러한 상황에서 성공적인 비즈니스를 수행하지 못하면 단체와 교회는 물론 비즈니스를 하는 선교사에게도 많은 리스크가 발생한다. 이러한 문제를 해결하기 위해서 지속 가능한 사업이 되도록 기도의 지원이 절실히 필요하다.

기도 후원 외에도 후방의 지원이라는 것은 단체에서 국가별로 팀 단위로 사역을 하도록 해야 하고 팀 중에서 한 사람이 비즈니스를 하도록 지원하는 것이다. 이러한 팀을 구축해서 비즈니스를 해야 지속할 수 있는 비즈니스를 할 수 있다. 사업을 할 수 있도록 앞에서 말한 대륙별 혹은 지역별 담당자가 사업을 피드백하고 지원할 수 있는 시스템을 구축하는 것이 지속할 수 있는 비즈니스를 만드는 것이다.

9. 단체의 열린 마음 필요

비즈니스를 하는 곳은 전쟁터이다. 물론 선교도 영적 전쟁터에서 하는 일이다. 하지만 비즈니스는 많은 인내와 사람을 다루는 기술 그리고 무엇보다도 열정이 필요하다. 이 중에서 가장 중요한 것이 열정인데 이 열정도 인내가 필요하다. 그러므로 단체에서 비즈니스를 하는 선교사들에게 늘 격려해 주고 용기를 주어야 한다.

비즈니스를 성공의 단계에 들어가기까지는 많은 시간이 요구된다. 단체에서 비즈니스 선교를 하라고 하고서는, 비즈니스 선교사로 파송해 놓고 결과나 실적을 요구해서는 안 된다. 지속해서 관심과 기도의 후원이 필요하고 격려가 필요하다. 아프리카 속담처럼 멀리 가려면 같이 가라는 말처럼 기다려 주고 인내할 필요가 있다.

03

TARGET 2030, 100만 자비량, 10만 선교사 파송

1. 모든 성도는 선교사이다

우리는 선교적 근거를 어디서 찾는가? 첫 번째 꼭지는 목회자는 사도행전 1장 8절에서 전도와 선교를 강조하고, 선교사는 창세기 12장을 선교적 근거로 말한다. 목회자와 선교사의 선교의 근원을 다르게 보는가? 그렇지는 않다. 목회자는 교회의 중심을 선교가 아니라 전도의 중심으로 본다. 한국의 5만여 교회는 오랫동안 세계 선교를 위해 동참하고 헌신해 왔다. 하지만 5만여 교회가 아직도 선교보다는 교회의 전도에 올인하고 있다. 5만여 교회 가운데 60% 정도의 교회가 미자립 교회이고 성장에 한계를 느끼고 있다.

이러한 현실에서 선교에 대한 부담이 없을 수 없다. 교회가 전도도 안 되고 성장도 안 되는 가운데 선교는 어떻게 보면 하나의 사치에 지나지 않을지도 모른다. 하지만 그래도 많은 교회가 선교에 동참하고 있다. 그러나 하나님께서 한국 교회에 주신 TARGET

2030, 100만 자비량 선교사와 10만 선교사를 위해서는 현재의 사고방식으로 도저히 이룰 수가 없다.

앞으로 13년 뒤에 과연 100만 자비량 선교사와 10만 선교사를 양성할 수 있을까? 한국 교회가 2만 5천 명의 선교사를 파송하는데 걸린 시간은 100년 이상 걸렸다. 그런데 한국 교회의 어려운 상황 속에서 앞으로 13년 뒤에 10만 명의 자비량 선교사를 파송할 수 있을까! 하나님이 하시는 일은 우리는 알 수가 없다. 하지만 하나님은 당신의 선교적 일을 하실 때 사람을 통해서 하신다는 사실을 잊으면 안 된다. 10만 정예의 자비량 선교사를 파송하기 위해서는 현재의 선교사 모집과 훈련방식까지 변하지 않으면 불가능하다.

앞에서도 말했지만 전 세계 어느 국가도 선교사를 환영하는 나라는 없다. 선교사를 환영하는 나라가 어디 있는가? 북미나 유럽 국가도 선교사는 환영하지 않는다. 이러한 현실에서 우리는 모든 교회가 교회에 등록한 순간부터 선교사적 삶을 살도록 교육해야 한다. 많은 교회가 등록한 후 많은 시간을 구원의 복음을 가르치고 교회의 일원이 되도록 하는데 집중한다. 성도가 등록하고부터는 교회의 모든 교육에 우선순위로 살다보니 선교사적 삶을 사는데 한계가 있다.

또한 어느 정도 교회에 정착하고 나서부터 선교를 말할 때 새로운 삶에 대한 적응 능력이 떨어진다는 것이다. 모든 교회가 보내는 선교사, 가는 선교사를 구분하여 성도들을 선교에 동참시키는 일은 이제는 멈추어야 한다. 물론 선교에 관심을 가지게 하는 것도 중요하다. 하지만 선교는 해도 되고 안 해도 되는 그러한 점진적 요소가 아니다. 무슨 일이 있어도 선교적 사명을 완수해야만 하는 것이다.

하나님은 이 땅에 그의 아들을 보내신 이유는 하나님의 선교적 목적을 완성하시기 위해서 보냈다는 사실이다. 그렇다면 모든 교회의 성도는 이제 나는 선교사라는 고백을 당연히 해야 한다. 이러한 각오가 세워질 때 한국 교회는 TARGET 2030 선교의 거대한 프로젝트를 완성할 수 있다.

2. 선교적 교회가 되어야 한다

앞에서도 이야기했지만 한국의 모든 교회가 선교에 동참하는 것은 아니다. TARGET 2030 프로젝트를 완성하기 위해서는 선교단체의 힘만으로는 완성할 수 없다. 한국의 모든 교회가 동참하고 협력해야 가능하다. 그렇다면 한국의 모든 교회가 선교적 교회로 탈바꿈을 해야 한다. 이러한 경험적 일들이 일어나지 않는다면 TARGET 2030의 프로젝트는 완성하기 어렵다. 하나님은 우리에게 환상과 계시를 통해서 당신의 계획을 주시고, 그 일을 이루도록 지혜를 주셨다.

지혜라 함은 우리가 계획하고 수립하는 것을 말한다. 이 일을 위해서 부르심을 받은 사람은 자기에게 주어진 일을 위해서 열정을 가지고 진행해야 한다. 그렇다면 이 일을 완성하기 위해서는 조직을 만들어야 하고 조직이 운영될 수 있도록 프로세스를 갖추어야 한다. 다시 말하면 한국의 모든 교회가 이 일에 적극 동참하도록 해야한다. 한국 교회가 동참하는 일은 다름이 아니라 모든 교회가 선교적 교회로 바꾸어야 한다.

이 선교적 미션을 아름다운 모습으로 만들어 가는 교회가 많다. 이러한 교회들을 소개하고 발굴해서 모든 교회가 동참하도록 해야한다. 또한 이 계획에 동참하도록 하는 것은 결국은 선교단체의 몫이 아닌가 싶다. 또 한편으로는 각 교회에 선교에 목을 매는 성도들이 있다. 선교사로 가는 것은 원하지 않지만 선교에 갈증을 느끼는 성도들이 많다. 이들은 교회가 선교에 우선순위를 두지 않고 다른 부분에 우선순위를 두는 것에 불만을 가지고 있는 성도들이다.

다시 말하면 선교비를 교회에 헌금해도 선교에 사용되지 않고 다른 용도로 사용되는 일이 벌어지고 있다는 현실이다. 이러한 연유에서 각 교회는 선교적 교회로 전환해 선교에 갈증을 느끼고 있는 성도들이 더 열정적으로 선교에 동참할 수 있도록 교회가 책임감을 가져야 한다.

3. 교회를 선교 중심으로 바꾸라

내가 만나 본 수많은 성도들 그들은 선교에 갈증을 느끼고 있는 사람들이었다. 그들이 선교에 갈증을 느끼는 이유는 선교에 대한 하나님이 주시는 거룩한 부담감과 선교사들의 감동적인 선교의 모습에서 감동을 받은 사람들이다. 하지만 대형 교회는 그래도 선교회가 조직이 되어서 체계적이고 조직적으로 운영이 되지만 중형 교회나 미자립 교회는 담임 목사의 의견대로 선교가 진행되기 때문에 선교에 적극적인 성도들은 애달아하고 있다.

이를 위해서는 교회가 선교 중심으로 바뀌어야 함은 물론이고 예배도 선교적 예배로 바뀌어야 한다. 선교가 교회의 연례행사가 아니라 교회 자체가 선교하는 교회 그리고 예배에서 선교가 흘러넘치도록 해야 한다. 한국에 이러한 교회들이 있음에 나는 감사하지 않을 수 없다. 선교에 목회자와 모든 성도가 목매는 교회, 얼마나 아름다운 모습인지 감동 그 자체가 아닐 수 없다. 또한 한국 교회가 장년 중심의 선교에서 모든 성도가 선교에 동참하도록 교회가 조직되고 운영되어야 한다. 그래서 어린 시절부터 선교사적 삶을 살도록 훈련하고 가르쳐야 한다.

4. 사업 현장에서 선교를 이행하게 하라

한국 교회 안에 어느 정도 규모만 있으면 실업인 선교회가 조직되어 있다. 이들 가운데는 법인사업자, 자영업자 혹은 개인 사업자들이 회원이다. 내가 경험한 어느 실업 선교회는 많은 회원을 가지고 있지만 교회의 규모에 비추어 유명무실한 선교회라고 보아도 전혀 이상하지 않았다. 왜 그럴까? 그래서 나는 실업인 선교회 회장한데 선교회를 빼고 실업인 친교모임으로 이름을 바꾸라고 했다.

선교회면 선교를 해야 하는 게 당연한 것 아닌가? 내가 선교사라서 하는 말이 아니다.

이러한 유명무실한 실업인 선교회가 교회 안에 너무도 많다. 왜 그럴까? 사업에 자신 없는 사람들, 죽어라 해도 성장하지 않는 기업들, 지치고 힘들게만 진행되는 사업가들이 너무도 많다. 물론 이해하고 싶다. 사업이 잘되든 안 되든 우리 모두는 선교사라는 소명의식을 가지고 선교사적 사업을 해야 한다. 그것이 바로 하나님께서 나에게 맡긴 사업을 위해 충성을 다하는 길이다. 지난해에 OO 침례교회에서 실업인을 중심으로 매주 2회에 걸쳐 지속 가능한 위대한 기업 만들기 강의를 했다.

강의를 하면서 참으로 감사한 것은 위대한 담임 목사 그리고 위대한 성도들이라는 감동을 받았다. 선교적 교회이고 모든 성도들이 선교사적 마음을 소유하고 있는 모습이었다. 또 하나의 감동은 사업체에서 선교를 이행하고 있는 모습이었다. 한국 교회가 TARGET 2030 원년의 목표를 이루기 위해서는 이와 같은 교회들이 수없이 나타나야 한다. 실업인이 중요한 이유는 그들은 어느 누구보다도 경제적 여건에서 능동적인 사람들이다. 물론 사업이 성장하지 않고 어렵게 진행되고 있는 사람들도 있지만, 그들은 하나같이 선교에 관심과 갈증을 느끼고 있다는 것이다. 이러한 모범되는 사례가 많으면 많을수록 한국 교회는 TARGET 2030, 100만 자비량 선교사 그리고 10만의 선교사를 파송하는 데 전혀 문제가 없다.

5. 선교단체와 실업인 선교회를 네트워크 하라

TARGET 2030을 위해 자비량 선교사를 만드는 데는 모든 교회가 지금보다 더 선교에 매진한다면 충분하다고 본다. 하지만 10만의 전문인 선교사를 파송하는 것은 깊이 생각해 볼 문제이다. 작금의 각 선교단체의 선교사 파송 인원을 보면 문제는 간단히 알 수 있다. 현재 한국 교회가 파송하는 선교사는 공개적으로 밝힐 수는 없다. 이유는 무슬림들에게 공격의 별미를 줄 필요가 없기 때문이다. 어쨌든 10만의 정예 군사를 파견하려면 철저한 준비와 계획이 필요하다.

물론 뒤에서 각 선교단체의 비즈니스 선교를 위한 조언을 담고 있다. 10만의 전문인 선교사 파송을 위해서는 기존의 목회자 중심의 선교사에서 속히 전문인 기업인 선교사를 파송하는 절차로 전환해야 한다. 그렇지 않으면 현재 한국 교회가 안고 있는 선교 재정의 문제로 인해서 위기에 봉착할 수 있다.

그렇다면 방법은 세 가지인데 선교사 파송 방법을 바꾸는 수밖에 없다. 첫째는 교회 안의 차세대를 열방에 파송하는 것, 둘째는 기업인을 파송하는 방법, 셋째는 시니어를 파송하는 방법 세 가지가 답이다. 물론 현재도 이러한 다양한 방법과 다양한 사람이 선교사로 파송되는 것을 알고 있다. 하지만 파송 선교사 인원이 증가하지 않는 현실에서 해결책을 찾아야 한다. 나는 이것을 교회 안의 실업인 선교회와 업무협약을 통해서 실업인 선교회를 체계적으로 비즈니스에 대한 교육을 시키는 것이다.

그리고 지속 가능한 사업을 통해서 기업의 영토를 세계 속에 확장하도록 지원하는 것이다. 이것을 선교단체와 현장의 선교사가 지원하는 방법을 통해 기업이 현지에 정착할 수 있도록 하는 것이다. 그리고 기업인에게 선교 훈련을 시켜서 선교사로서의 자질을 갖춘 비즈니스 선교사로 파송을 하는 것이다.

6. TARGET 2030 구체화하는 방법

TARGET 2030 프로젝트를 위해서 100만 명의 자비량 선교사를 만드는 것은 어떻게 보면 어려운 일은 아니다. 이유는 차세대, 시니어, 실업인들을 합쳐도 수백만 명이 교회 안에 있다. 이들은 엄청난 잠재력을 가진 선교의 동력이다. 이들을 동원할 방법을 모색해야 한다. 나는 현재 선교 한국이나 IBA에서 진행하는 비즈니스 선교대회에 참석하는 사람들의 비율을 보면 대부분이 청년대학생들이다. 무슨 이유에서일까? 이유가 분분할 것이다. 첫째는 선교에 대한 열정이고, 둘째는 선교에 대한 관심과 자신의 미래에 대한 답답함이 있을 확률이 있다.

내가 두 대회에서 만난 차세대들은 두 가지 입장에서 대회에 참석하였다고 말하였다. 참석하는 비율은 각 교회에서 주로 대형 교회에서 단체적으로 참석하는 비율이 많았고, 또 하나는 각 신학대학생들이 참석률이 높다는 것이다. 대형 교회는 선교부와 선교 담당 목사가 있어 조직적이고 체계적으로 선교를 훈련하고 파송하는 단계가 있는 경우이고, 또 하나는 신학생인데 학교를 졸업해도 60% 이상이 목양지를 찾지 못하는 사실에 근거를 두고 있었다.

신학생과 차세대가 자비량을 할 수 있다면 얼마나 좋을까? 현실은 그다지 높지 못하다. 어찌되었든 100만 명의 자비량 선교사를 구축하려면 자비량을 할 수 있는 사람을 찾아야 한다. 그러면 '자비량을 할 수 있는 사람은 누구라는 말인가?'라는 질문이 나온다. 경제적으로 여유가 있는 사람이다. 차세대가 자비량을 할 수 있는가? 목회자가 자비량을 할 수 있는가? 시니어도 일부를 빼고는 생활에 허덕이고 있는 실정이다.

그렇다면 어찌해야 한다는 말인가? 100만 명 자비량은 고사하고 10만 명 자비량도 구할 수 없을 것이다. 방법은 단 하나, 교회 안에 있는 실업인들을 동원하는 방법 외에는 없다. 실업인들은 사업이라는 전쟁터에서 생존하고 있는 사람들이다. 이 사람들은 생존능력뿐만 아니라 경제력도 있다. 부자는 망해도 3년은 버틴다는 속담이 있다. 이들을 100만 명 자비량 선교사로 양성하고 그들 가운데 10만 명을 훈련시켜서 선교사로 파송하는 것이다. 더불어 교회 안의 청년대학생들의 형편은 어떠한가? TARGET 2030 목표를 위해 교회의 차세대를 열방으로 보낼 필요가 있다.

7. 선교 시스템을 SNS 중심으로 구축하라

과학 기술은 우리의 삶에 수많은 활력소를 주었고 글로벌적인 삶으로 나아가는 데 많은 역할을 하였다. 이는 과학의 진보가 우리의 삶에 어떠한 영향을 미쳤는가는 과히 돈으로 환산할 수 없을 정도로 인간의 삶에 엄청난 기여를 했다. 우리는 크리스천으로서 과학에 대한 이해도를 넘어 과학이 우리의 신앙의 삶에 어떠한 영향을 미쳤는가를 알아야 한다. 눈부시게 발달하는 과학 기술을 우리는 인정해야만 한다. 우리의 삶에 엄청난 영향을 준 과학은 신앙이라는 테두리 안에서 우리는 호사를 누리고 있다고 본다.

우리의 신앙생활과 선교적 삶을 살고 있는 모든 사람에게 끼친 과학의 영향력을 어마어마하다고 볼 수 있다. 그 예로 오늘날에 스마트폰이라는 자그마한 기계 하나가 인간의 삶을 송두리째 변화시켰다. 그리고 신앙인의 삶에도 엄청난 영향력을 주고 있다는 사실을 어느 누구도 부인할 수 없다. 이를 바탕으로 선교사적 삶을 살아가는 우리는 어떠한 방향과 감각으로 스마트폰 시대를 살아갈 것인가를 말하고 싶다.

이제 지구는 지역적인 관점을 벗어나 글로벌적인 환경으로 급속이 변화되어 가고 있다. 전 세계 어디서나 실시간으로 정보와 뉴스를 공급받고 선교지에서 일어나는 사건들을 보고, 듣고, 교환할 수 있는 시대가 되었다. 과거에는 한 사람의 영향력이 지역에 미치기 위해서는 수많은 시간이 필요했다. 전달 수단이 제한적이었고,

전달할 방법도 제한적이었다. 하지만 지금의 시대는 각종의 통신의 수단을 통해 실시간으로 전달되는 수많은 유무선상의 정보를 나누고 교환하는 시대가 되었다.

이러한 수단을 선교적 자원으로 활용할 수 있는 방법도 연구 개발되고 있다. 이제는 선교지에서 나누어 주고 퍼주는 선교의 시대는 끝나야 한다. 이러한 방법을 통한 선교는 더 이상 발전적일 수 없으며, 인간의 욕구를 채워 주지 못하는 제한적 선교일 수밖에 없다. 왜 기독교는 통 큰 선교를 못하는가? 그것은 선교사들의 의식이 전환되지 못하고 자기만의 제자를 양성해야 한다는 한계성에서 벗어나지 못해서이다. 또한 한국 교회가 선교사를 파송해 놓고 선교사를 통해 대리만족을 얻고자 하는 의지에서 벗어나지 못하는 결과라고 할 수 있다. 이제는 글로벌 시대에 어떻게 하면 영향력 있는 선교를 할 것인가에 초점을 맞출 필요가 있다고 본다.

스마트폰이 주는 영향력을 어떻게 파악할 수 있을까? 가수 싸이라는 사람이 주는 영향력은 스마트폰이 있었기에 가능하다고 볼 수 있다. 입에서 입으로 전달되는 영향력은 한계를 가질 수밖에 없다. 하지만 스마트폰에서 스마트폰으로 퍼지는 영향력은 지구를 움직이고 수많은 나라에 영향력을 주고 또한 글로컬(Glocal)에도 영향력을 주고 있다는 사실이다. 이와 때를 같이 하여 선교의 영향력도 IT 기술을 이용해 얼마든지 활용 가능하고 스마트폰을 선교적 지원으로 활용할 수 있다. 이를 위해 한국의 여러 선교단체에서 이를 직능

별로 이용해 사역을 하고 있는 곳이 있다.

IT, 스마트폰이 과연 만능인가? 이 시대를 살아가는 수많은 사람들이 스마트폰 속에 빠져서 살아가고 있다. 지하철이든 버스든 하물며 걸어가면서도 스마트폰에서 얼굴을 묻고 사는 사람들이 부지기수이다. 그래서 이를 두고 스마트 치매라고 부를 정도로 심각한 현상에 빠져 들고 있음을 볼 수 있다. 이러한 상황에서 "과연 스마트폰이 만능인가?"라는 질문을 한다면 나는 과감이 "만능은 아니다."라고 말하고 싶다.

나는 각종의 SNS를 활용해 사업과 선교를 위해 실시간으로 대화를 나누는 데 전혀 문제를 느끼지 않는다. 나는 나의 정보를 제한적으로 공유하고 나눈다. 나의 정보를 전 세계에 공유할 필요는 없지만 필요한 곳에서 필요한 사람하고 정보를 공유하고 있다. 그렇다면 "우리는 선교를 위해서 어느 정도 IT기술을 적용해야만 하는가?"라는 질문에는 직능별로 또는 단체나 필요로 하는 곳이 적절이 이용하고 사용하면 된다고 본다.

스마트폰이나 IT 기술이 선교를 하는 데서 많은 도움을 주고 수단이 됨에는 반대할 여지가 없다. 나 또한 수많은 IT 기술과 스마트폰을 이용해 선교적 수단으로 사용해 왔기 때문이다. 하지만 장점이 있는 반면에는 단점이 수없이 많이 내포되어 있다는 것은 사실이다. 장점으로는 단시간 내에 세계의 수많은 사람들과 소통할 수 있고 장점으로는 비밀 유지의 한계와 인간성의 상실 등을 말할 수 있다. IT기술과 스마트폰이 결코 만능은 아니다.

하지만 어떻게 어떤 관점에서 사용하느냐에 따라 영향력이 달라진다고 본다. 이 시대는 어린이부터 노인에 이르기까지 전 세계 모든 사람들이 모바일 세계 속에서 하루를 시작하고 하루를 마친다. 선진국가의 사람이든 후진국가의 사람이든 모든 사람의 손에 모바일을 가지고 삶을 살아간다. 그래서 모바일 증후군이 나타나고 있고 사회적 문제가 되기도 한다. 우리가 이 SNS 선교에 관심을 가지는 이유는 여기에 있다. 무슬림들은 통제된 종교성과 사회 속에서 특별히 모바일과 SNS에 더 관심이 집중하고 있다는 사실이다. 통제된 사회 속에서 제한적으로 사용되지만 이것을 반대급부로 이용하면 엄청난 선교역량을 키울 수 있다. 선교단체 하나를 운영하는 데 엄청난 재원이 들어간다. 하지만 SNS를 활용한 선교단체를 조직한다면 소규모의 재원으로도 전 세계를 대상으로 환경과 여건에 맞추어서 선교할 수 있다.

6부

청년대학생, 시니어, 재외동포

01

청년대학생이여!
비즈니스 선교로 세계 열방을 점령하라!

1. 한국 교회 선교의 미래, 차세대를 활용하라

한국은 지금 청년 실업 문제로 골치를 앓고 있다. 자그마치 청년 실업률이 12%가 넘고 대기업의 인재 채용은 줄어들고 각 대학에서 쏟아져 나오는 청년들, 정부와 기업도 감당하기 어려운 지경에 와 있다. 이러다 보니 대통령은 청년 창업을 부추기고 정부와 각 도와 시는 물론 온 나라, 온 청년들이 창업에 목을 매고 있다. 하지만 우리가 알아야 하는 것이 있다. 청년들이 과연 창업해서 성공률이 얼마나 될까? 사실 사업은 20-30년 해 온 사람들도 사업하기 어렵다고 난리인데 이제 사회의 초년생 그리고 대학생들이 창업해서 얼마나 성공률이 높을까?

어제 신문에 창업 실태에 관해 기사가 있어 인용한다. 사실 나도 교회나 일반 창업단체에 가서 창업 강의를 하지만 될 수 있으면 3-5

년 정도 관련된 업무에서 경험을 쌓은 후 창업할 것을 권한다. 통계에 의하면 창업하는 청년들의 성공률은 극히 낮아 백만 명당 한 명 나올까 말까 하는 것이 현실이다. 왜 정부, 대통령 그리고 자치도와 시는 청년들에게 창업을 강요하는 것일까? 이러한 현상이 교회에도 영향을 주어 청년대학생들에게 창업을 교육하고 지원하는 교회들이 있다.

창업의 대박을 꿈꾸는 청년대학생 몇 년 전 고급 우동집을 연 청년 정모(32세·여) 씨는 빚더미에 앉게 됐다. 창업할 때만 해도 성공할 자신이 있었다. 대학원에서 식품영양학 석사학위를 받았고 일식, 한식 자격증까지 보유한 정 씨였지만 사업의 현실은 록록지 않았다. 주변 상권에 대한 사전 준비 없이 무턱대고 뛰어든 게 화근이었다. 차별화 전략으로 내세운 친환경 웰빙 우동은 주변 음식점과의 경쟁에서 뒤처지면서 정 씨는 5억 원의 빚만 떠안게 됐다. 결국 정 씨는 매장 문을 연 지 2년 만에 폐업신고를 해야 하는 처지가 됐다. 정 씨는 비싼 식재료만 사용하면서 철저히 고급식당 전략을 표방했지만 정작 주변 상권의 고객들은 우동을 비싼 돈을 주면서까지 사 먹을 만한 음식이라 평가하지 않았던 것 같다고 말했다.

서울의 명문 공과대학을 다니던 박모(27세) 씨는 청년 창업에 뛰어들었다 실패의 쓴맛을 봤다. 박 씨는 자신의 프로그래밍 실력을 앞세워 소셜 네트워크 기반의 홍보대행사를 차렸다. 취업난에 시달리는 것보다 창업으로 대박의 꿈을 좇는 게 낫다는 생각이었다. 하지만 대박의 꿈은 쪽박으로 이어졌다. 현장과 동떨어진 기술력만 가지고 무리하게 밀어붙였던 박 씨는 1년 만에 1억 원의 빚만 남긴 채 문을 닫았다. 박 씨가 창업 전에 준비한 것은 대학에서 진행한 창업강좌를 들은 게 전부였다.

조기 퇴직과 청년 실업 등으로 생계형 창업에 뛰어들었다가 실패를 경험하는 사람들이 속출하고 있다. 아무런 준비 없는 묻지마 창업 탓이다. 창업하는 사람 10명 중 8명은 관련 교육을 단 한 차례도 받지 않은 것으로 나타났다. 또 창업자의 평균 준비 기간은 1년도 되지 않았다. 9일 중소기업청과 창업진흥원이 공동으로 펴낸 창업 기업 실태조사에 따르면 창업 교육을 전혀 받지 않고 창업을 하는 비율이 83.1%에 달했다. 특히 창업 교육을 받지 않은 비율은 20대 젊은층에서 두드러졌다. 20대 이하의 무교육 창업 비중은 93.3%로, 전체 연령대 중 가장 높았다. 40대가 85.5%로 뒤를 이었고 50대 82.3%, 60대 이상 81.4%, 30대 80.6% 순이었다.

창업자들의 평균 준비기간은 10.4개월로 나타났다. 창업 준비기간 역시 20대가 6.8개월로 가장 짧았다. 반면 60대 이상은 12.9개월로 가장 길었다.

준비되지 않은 창업은 잦은 폐업으로 이어질 수밖에 없다. 더불어민주당 김현미 의원이 국세청 자료를 바탕으로 분석한 지난 10년간의 자영업자 신규 폐업 현황에 따르면 자영업자의 생존 비율은

20%가량에 지나지 않는 것으로 나타났다. 매년 100만 명에 가까운 자영업자가 창업을 하지만 이 가운데 80만 명 가량은 문을 닫는다는 이야기다. 특히 음식업종과 서비스업종의 폐업율이 압도적으로 높아 전체 폐업의 40%가량을 차지했다.

이러한 현실 속에서 교회 안의 청년대학생들이 고민하는 것이 무엇인가를 알아야 한다. 현재 청년들은 앞에서도 말한 것처럼 하나는 취업이고 둘째는 결혼의 문제이다. 이러한 현실 속에서 청년들은 사회가 두렵고 높은 대기업의 진입의 장벽 때문에 공무원 시험에 몰리는 현상들이 나타나고 있는 것이다.

교회 청년대학생들의 고민? 교회 안의 청년들이 미래의 삶과 선교적 삶을 위해 고민하는 흔적이 여기저기에서 나타난다. 이들은 각자의 삶을 믿음 안에서 믿음을 지켜가면서 하나님의 은혜의 주권 속에서 살기를 소망하고 있는 사람들이다. 하지만 사회적 여건이나 교회적 여건 더 나아가 개인의 여건으로 볼 때 희망적이지 않다. 다시 말하면 미래에 대한 불투명이다. 믿음을 지켜야 한다는 데에는 확신이 있지만 현실적인 문제에 있어서는 고민이 될 수밖에 없다. 이러다 보니 청년대학생들이 사회적 삶과 선교적 삶 속에서 고민이 이만저만 아니다. 한국 교회의 수많은 청년이 선교에 관심을 가지는 것은 아니지만, 선교 한국이나 비즈니스 선교대회 그리고 각종 비즈니스에 관한 모임 등에 수많은 인파가 몰리는 현상은 어떻게 보면 궁여지책으로 모이는 게 아닌가 싶다. 한국의 현실 속에서 직장을 잡지 못하면 선교라도 가 볼까 하는 심리적 작용이랄까! 나는 이러한 심리 때문에 청년대학생들이 모임을 갖는다고 보고 싶지 않다. 하지만 냉정히 볼 필요가 있다.

나는 선교 한국이나 비즈니스 선교대회에서 많은 청년과 대화하고 자문을 하면서 느낀 경험이 있다. 청년들이 창업도 해야 하고, 직장도 잡아야 하고, 선교도 해야 한다는 절박함을 가지고 있는 모습을 보았다. 한국 교회는 이러한 청년대학생들의 욕구를 해결해 줄 수는 없다는 것인가? 고민이 되었다. 청년들을 모아서 비즈니스와 선교를 위한 모임도 좋지만 그들을 모아 놓고 누가 이렇게 했으니까 당신들도 해 보라는 식의 모임은 이제는 소용이 없다. 각종의 모임에서 수많은 분과를 만들어서 분임토의가 청년대학생들에게 도움이 되겠지만 실제적으로 적용하는데 얼마나 도움이 되겠는가 말이다. 일방 통행적인 강의와 이론 교육은 실제로 청년대학생들에게 이론적으로 무장은 될지 모르지만, 삶의 현장에서 경험적인 요소 없는 이론은 한마디로 사상누각이다.

청년대학생들에게 비즈니스 선교에서 가장 중요한 것은 그들에게 방향을 제시하는 것이다. 하지만 비즈니스 선교를 해야 한다고만 강조하지 비즈니스 선교를 위한 전체 모델을 제시하지 못하는 경우가 너무도 많다. 비즈니스 선교는 비즈니스가 전제되어야 한다. 이를 무시하고 이름만 비즈니스 선교를 하게 된다면 결과적으로 기존의 선교 방식을 해야 하는 것이다. 그러면 부디 비즈니스 선교라는 말을 사용할 필요가 없다. 기존의 선교사들이 겪고 있는 문제를 탈피하고자 비즈니스 선교를 하고자 하는 것인데 청년대학생들에게 비즈니스 선교의 필요성을 강조하면서 비즈니스에 무게를 두지 않는 것은 무엇인가? 이러한 문제를 선교단체나 교회가 가지고 있다. 나는 이러한 현실을 타개하고자 부단히 비즈니스 선교를 연구하고 실전에 적용하면서 모델을 만들어 왔다.

한국 교회 안의 청년대학생들에게 비즈니스와 선교를 주제를 던질 때 그들에게 적용 가능한 모델을 제시해 주어야 실패를 줄이고 비즈니스를 쉽게 접목할 수 있다. 비즈니스 선교가 거대한 문제를 해결하는 대안이 되는 것은 아니다. 이것을 통해서 또 하나의 선교의 모델을 만드는 것이지 이것이 모든 선교의 문제를 해결하는 것은 아니다. 이러한 현실 속에서 청년대학생들에게 어떻게 그들이 가지고 있는 선교에 대한 거룩한 비전을 세울 수 있도록 도움을 줄 것인가를 심도 있게 고민하고, 이와 더불어 청년대학생들이 안고 있는 취업과 창업의 문제를 해결하는 방법을 제시하는 것이다.

국내의 모든 여건은 일반 청년대학생들이나 교회 안의 청년대학생들이나 다 같은 입장이다. 내가 멘토하고 있는 차세대 30여 명이 있는데 그들 또한 무척이나 어렵고 고단한 삶의 연속성 속에서 험한 바다를 헤쳐 나가고 있다. 하지만 그들은 고국에서 길을 찾는 것이 아니라 해외에서 길을 찾고 있다. 멘토를 왜 세우는가? 멘토에게 길이 있고 그 멘토의 삶의 모습을 따라가고자 하는 것이 아닌가? 나는 그들에게 고국에 목매지 말고 해외 진출을 강요한다. 순수하게 말해서는 결단을 하지 않기 때문에 강요하고 하는 것이다. 하지만 나의 강요를 받은 청년들은 지금 세계 무대에서 당당히 선공의 길을 걸어가고 있다. 물론 처음부터 쉽지는 않았다. 처음부터 쉬우면 좋으련만 세상에 모든 것, 하늘 아래 쉬운 것은 하나님이 애당초 우리에게 주시지 않았다. 어렵고 쉽지 않기 때문에 그곳에 보배가 있고 영광이 있는 것 아닌가? 나는 그 길을 찾았고 그 길 가운데 있다.

글로벌 리더 요셉 따라가기 대한민국과 교회의 중심축을 담당할 청년대학생들에게 "글로벌 리더 요셉 따라가기"를 통해 하나님이 주신 비전을 만들 수 있도록 하는 프로그램이다. 청년들을 글로벌 리더로 양성해 세상을 리드하는 하나님의 인재를 만들어 하나님 나라 영토 확장과 경제 영토를 확장하도록 교육하는 프로그램이다.

2. 청년대학생 해외 영토 확장하기

교회 안의 청년대학생들의 실태는 어떤가? 취업과 결혼 그리고 신앙의 세 가지 고민 속에서 청년들이 가나안 교인이 되거나 교회를 떠나고 있다. 청년들이 교회를 떠나는 또 하나의 이유는 교회가 은혜가 없어서, 사랑이 없어서가 아니라 교회의 리더 부재를 보고 교회를 떠난다는 사실이다.

이러한 현실 속에서 우리는 어떻게 청년대학생들에게 비전을 제시하고 그들이 하나님의 젊은 자녀로서 행동할 수 있는 모습을 보여 줄까 고민하지 않을 수 없다. 그러한 현실 속에서 나는 각 교회와 선교단체에 제안하기를 청년대학생을 통해 전 세계 대학을 점령해 그곳에 개인의 영토를 만들고 그것을 활용해 기업의 영토를 만들어서 최종 목적인 하나님의 영토를 만들자는 것이다.

선교사에게 파송하기 매년 수많은 선교단체에서 선교대회를 열지만, 과연 소기의 성과를 달성하는지는 미지수다. 결과를 백서로 발간하지 않으니까 말이다. 선교대회 기간에 청년들에게 다양한 정보를 제공하지만 청년들의 해외 진출 사례는 갈수록 줄어들고 있다. 이유는 예전처럼 선교사로 나가지 않아도 여러 모양으로 선교에 동참할 수 있다는 사고방식으로 각 선교단체가 훈련할 훈련생 모집도 어려워졌고, 파송 선교사도 갈수록 줄어들고 있는 것이 현실이다.

이러한 현실 속에서 각 선교단체가 훈련체계를 점검하여 청년대학생들이 선교사들에게 파송되어 갈 수 있도록 하는 프로그램 개발이 시급하다고 본다. 나는 현재 청년대학생들이 현지 대학에 들어가서 공부할 수 있는 시스템을 마련해 몇몇 일반 대학과 협의를 하고 있다.

현지 대학 점령하기 한국의 대학들도 줄어드는 학생으로 인해서 많은 재정적, 교육적 어려움을 겪고 있다. 그뿐만 아니라 고가의 등록금 때문에 학생들도 엄청 어려움을 겪고 있다. 이때 교회 안의 청년대학생들에게 글로벌 마인드를 심어 주어서 그들이 하나님의 자녀로서 해야 할 역할을 세계 속에서 하도록 지원하는 프로그램을 만들고, 정책을 시행한다면 전 세계 대학을 점령해서 그곳에서 자신의 영토를 만들어 얼마든지 글로벌 인재로서 역할을 다할 수 있다.

현지 대학에 입학하는 문제는 어렵지 않다. 작금의 세계 대학도 글로벌 인재를 유치하고자 다양한 혜택을 주고 있으며, 전 세계 어느 대학이든 입학하여 공부할 수 있는 여건이 되어 있다. 현지 대학에 입학해 친구를 사귀고 교수들과 다양한 사람들의 네트워크를 통해서 얼마든지 자신이 꿈꾸는 것을 이룰 수 있다. 현지에서 얼마든지 영향력 있는 사람이 될 수 있다. 부디 한국에서 살면서 꿈을 이루면 좋겠지만, 이제는 지구촌 시대이다. 지구촌 곳곳에 하나님의 사람을 통해 거주 지역의 일자리 창출 등 경제적 이익을 주면서 자기만의 영토를 만들 수 있다.

현지 벤처 기업 만들기 현지 대학에서 공부하면서 배운 현지 언어를 통해 경험과 이력을 가지고 현지에 얼마든지 벤처기업을 설립할 수 있다. 자기 개인의 적성에 맞는 사업을 할 수 있다. 꼭 한국에서 사업을 하는 것보다 글로벌 시대에 글로벌 인재답게 살아가는 것도 하나님의 자녀로서 해야 할 역할을 다하는 것이다. 그곳에 일터를 만들어 직원을 채용하고 그들에게 삶의 터전을 마련해 주면서 영향력을 준다면 그곳이 바로 선교지요 그곳이 나의 영토인 것이다.

하나님의 영토와 선교 영토 확장하기 회사를 만들면 당연히 현지인을 채용하는 과정이 있다. 그러므로 일자리의 창출 효과도 있고 현지 국가에 이바지하는 것이다. 현지인에게 군림하는 것이 아니라 서로 상부상조하는 자세를 통해서 일자리를 창출해 주고 그 사람들에게 존경을 받는 것도 가능하다. 나 역시 현재 지사를 통해서 그 일을 하는 것이다. 현지인을 채용할 때 갑의 역할이 아니라 섬기는 대상이라고 보고 그들에게 존경을 받는 자로서 역할을 한다면 현지인으로부터 사업의 모든 것을 공급받을 수 있다.

지금 전 세계 어디든지 한류와 함께 한류의 물결이 넘치고 있다. 이러한 한류 문화를 타고 현지에서 얼마든지 사업을 만들어 갈 수 있다. 나 혼자 만들어 가는 회사가 아니라 현지인과 같이 만들어 가는 회사의 역할을 만든다면 그들 또한 기업의 동반자로 만들 수 있다. 현지에서의 가장 강점은 현지 언어를 능숙하게 구사할 때 현지인으로부터 존경을 받을 수 있다. 나 역시 아제르바이잔에서 능숙한 현지 언어 때문에 대통령이나 많은 사람으로부터 존경을 받은 것이다. 그렇다. 언어를 잘한다는 것은 그 나라의 문화를 잘 이해한다는 것이기 때문에 현지인으로부터 존경을 받는다.

현지에 들어가 정착하기는 쉽지 않다. 하지만 대학 때부터 현지에 적응해 살았다면 일반 사람들이 현지에 도착해 정착하는 단계보다 몇 십 배 빠르게 정착할 수 있다. 물론 현지에 사는 동포나 교포들도 현지에서 성공하는 데 어려움이 없는 것은 아니다. 하지만 대학 시절부터 경험을 쌓고, 인적 네트워크를 만들면서 개인의 영토를 만드는 것은 그리 어렵지 않다. 개인의 영토를 만드는 것은 대학 시절부터가 쉽다. 그렇지 않고 이민을 간다든지 사업차 가서 시작하는 것은 상당한 시간과 노력과 인내가 필요하다. 그런 관계로 한인 사회에서 실패한 수많은 사람을 보았다. 하지만 대학 시절부터 꾸준히 준비하면서 자신만이 할 수 있는 영역을 만들어간다면, 그것은 짧은 시간에 성공의 길로 갈 수 있다.

나는 청년대학생들에게 "요셉 따라가기" 프로그램을 통해서 좁디좁은 영토 속에서 아웅다웅 싸우지 말고 꿈꾸는 비즈니스 선교를 완성하라는 미션을 던져 주고 있다.

교회 안의 청년대학생들이 하나님이 주신 선교적 삶을 위해서 이제는 구체적인 경제 능력을 키워야 한다. '하나님이 주신 물질을 어떻게 사용해야 하는가?'라는 문제를 구체적으로 알고 살아간다면 청년대학생들을 통한 하나님의 경제 영토는 더 확장될 것이다.

아래의 내용은 인터넷을 검색하면서 얻은 내용을 통해 건전한 재정 사용 능력을 알려 주면서 나는 청년대학생들이 미래의 삶, 즉 하나님의 선교적 삶을 위해 재정 사용하는 방법을 제시한다.

지출 가계부를 작성하라 지금껏 돈 관리를 한 번도 해 보지 않은 아들이 제일 먼저 배워야 할 습관은 바로 지출 가계부 작성이다. 매달 수입 한도 내에서 적절하게 지출을 유지하려면 그때그때 중요한 지출 목록을 적어 놓는 게 좋다. 요즘은 손쉽게 작성할 수 있는 가계부 애플리케이션도 많이 나와 있어 엑셀 스프레드시트에 귀찮게 적어 넣을 필요도 없다.

무심코 지출하는 푼돈을 줄여라 아이들이 고등학생쯤 되면 부모에게 용돈을 타서 군것질도 하고, 소소한 학용품 정도는 직접 산다. 값비싼 물건이야 당연히 부모가 사 주지만 소액 지출에 대해선 부모의 허락을 일일이 받지 않는 경우가 많다. 그래서 푼돈 쓰는 걸 대수롭지 않게 여기는 경향이 있다. 매일 무심코 마시는 라떼(혹은 아메리카노)를 줄이면 많은 돈을 절약할 수 있다는 '라떼 효과(Latte Factor)'의 교훈처럼 무심코 하는 소액 지출을 그저 푼돈이라고 치부해서는 결코 제대로 된 돈 관리를 할 수 없다.

뜻밖의 수입은 저축하라 아르바이트를 시작하게 되면 월급도 뜻밖의 수입이라고 여길 수 있다. 그러나 지금부터는 다르다. 뜻밖의 수입은 고스란히 은행 통장에 들어간다. 그 다음 이 돈을 어떻게 사용할 것인지는 순전히 자신에게 달려 있다. 예전에 부모에게 돈을 맡겨서 마음대로 지출할 수 없었지만 대학생이 된 뒤에는 얼마든지 마음대로 쓸 수 있다. 뜻밖의 수입이 생겼을 때 충동적인 소비에 나서지 말고, 지름신을 경계해야 한다.

돈 관리를 잘하는 친구들과 어울려라 친구들과 잘 어울리고 새로운 사람을 만나도 스스럼없이 금방 사귄다. 대학교에서 행여 좋지 않은 애들과 어울리거나 나쁜 환경에 휩쓸리지 않을까 내심 걱정이다. 자식이 대학생이 되어 집을 떠나면 부모가 일일이 간섭할 수 없다. 대학생이 되어 집을 떠나는 아들에게 좋은 친구들과 어울릴 것을 특별히 주문한다. 노는 애들과 어울리지 말고, 사치스런 애들은 멀리하라고 말이다.

잔돈을 투자하라 투자는 그야말로 까마득히 먼 일이다. 아르바이트를 구한다고는 하지만 알바 월급으로는 학비와 생활비를 충당하기도 빠듯하다. 대부분 대학을 졸업하고 직장을 구한 다음에 겨우 투자의 첫 발을 내디딜까 말까 한다. 하지만 복리의 효과를 일찍 깨닫고 대학생 때부터 적은 액수나마 규칙적으로 투자하는 습관을 배우기를 바란다. 동전 등의 잔돈도 상관없다. 투자를 항상 염두에 두고 있는 것과 아예 생각조차 안 하는 것과는 나중에 큰 차이가 난다.

구체적인 재정 목표를 세워라 투자와 마찬가지로 이제 막 대학생이 되는 사람들에게 수입과 재산에 대한 목표(Goals)를 세우라고 요구하는 건 무리가 있다. 졸업 후 무슨 직업을 선택할지 아직 확신이 없는 청년대학생에게 재정 목표를 말하면 우물가에서 숭늉 찾는 격이다. 하지만 무슨 일이든지 목표를 세우고 추진하는 것과 목표 없이 그냥 되는대로 하는 것과는 하늘과 땅 차이다. 올바른 돈 관리법을 익힐 때도 구체적인 재정 목표를 세우고 시작하면 더 효과적일 게 틀림없다. 나는 청년대학생에게 매 학년 초반에 그해 얼마의 수입과 지출을 예상하는지 1년치 재정 목표를 세우라고 권고한다.

재테크 책을 읽어라 부자들에겐 독서하는 습관이 있다. 부자들은 학교를 졸업한 후에도 끊임없이 책을 읽으며 배움을 게을리 하지 않는다. 마찬가지로 훌륭한 재테크와 효과적인 돈 관리를 위해서도 관련 책을 꾸준히 읽는 게 필요하다. 돈에 대한 개념이 제대로 서 있지 않다면, 독서를 통해 효과적으로 돈을 관리하는 법을 배우기를 바란다. 그래서 콜레이의 *Rich Habits*이나 *Change Your Habits, Change Your Life* 등을 읽어 볼 것을 권한다.

나는 여기서 한국 교회의 청년대학생들에게 내가 운영하는 프로그램을 통해서 청년대학생들이 우물 안의 개구리가 아니라 좀 더 넓은 대담한 삶의 터전을 위해 도전하도록 "글로벌 리더 요셉 따라가기"를 운영한다. 이 과정을 통해서 청년대학생들이 이 시대에 맞는 요셉과 같은 리더가 될 수 있도록 토요일 2주 과정으로 운영한다.

3. 시니어와 재외동포는 무한 선교 자원

나는 비즈니스 선교를 하면서 수많은 곳에서 수많은 선교사들을 만나 보았다. 그들 대부분은 지치고 힘들어 있었고 사역의 진보보다는 현재 상태를 붙들고 씨름하는 모습들을 보았다. 대다수의 선교사들이 질병과 스트레스, 사역의 어려움, 자녀 교육, 노후 문제로 고민하는 모습을 보았다. 선교사들이 직면한 선교사의 현실을 보았고 가슴 아팠으며 지금도 답답하다. 하지만 선교는 하나님이 하신다. 그렇다고 우리가 선교사들을 수수방관하고 그들에게만 선교를 맡길 수는 없다. 이제는 대안을 찾을 때다.

시니어 선교사로 파송하다 사실 지금 한국 교회가 노후화 현상을 겪고 있다. 한국 교회의 당면한 문제는 교회의 노령화이다. 교회의 60%가 노인들이다. 이제 진정으로 한국 교회의 미래를 걱정해야 할 때다. 이러한 상황에서 교회 안에 있는 엄청난 잠재적 에너지를 가지고 있는 이들이 시니어 크리스천들이다. 이들을 활용하는 방안이 있어야 한다. 시니어들은 삶의 노하우를 가지고 있다. 그들은 오랫동안 기업과 정부 그리고 다양한 환경 속에서 잔뼈가 굵은 사람들이다. 그들을 선교 자원화하자는 것이다. 그들을 순회 선교사로 활용하자는 것이다. 그들을 활용해 선교사들을 돕고 협력하여 선교 영토를 확장하자는 것이다.

지난해 온누리교회 단기 선교훈련원에서 강의를 하였다. 그곳에서 시니어 부부를 만났는데 앞으로의 진로에 대해 고민하고 있는 모습을 보았다. 그것을 보고 그 자리에서 제안을 했다.

"바쿠 국립대학교에 내가 설립하고 아내가 한국어문학과 학과장으로 있는데 우리가 철수 예정입니다. 그래서 지금 대신 맡길 적임자를 찾고 있는데 그곳에 가서 한국어를 가르치면서 멋진 노후를 보내실 생각이 없으신가요?"

그랬더니 흔쾌히 승낙하셨다. 그 후 파송되어 지금도 그곳에서 멋있게 교수 요원으로 사역하고 있다.

이렇게 선교 자원으로 활용해서 차세대와 기성세대 성도들에게 도전 정신을 주고 모두가 선교사로 살 수 있도록 도전을 줄 수 있다. 순회 선교사로 활동하면서 교회로부터 선교비를 지원받지 않더라도 자비량으로 얼마든지 사역할 수 있는 방법이 있는 것이다.

해외 동포들을 선교 자원으로 활용하자 그들은 고국을 떠나 살면서 타문화에 대한 적응력이 빠르고 현지인들과 함께 사는데 능숙하다. 또한 그들은 이미 언어에 대한 감각을 가지고 있다. 더 나아가 그들은 대부분 회사를 운영하는 사람들이며 사장들이다. 왜 이민 교회가 어려운 줄 아는가? 전부가 사장인데 그것을 인정을 해 주지 않는 것이다. 그들은 회사의 운영 노하우를 가진 자들이다. 그들이 움직이면 전 세계를 먹여 살릴 수 있는 잠재력을 가진 능력자들이다. 자기들이 운영하는 회사를 선교사와 함께 선교지에 또 하나의 프랜차이즈를 설립한다면 선교 영토 확장은 시간문제이다.

지금 시대는 영토 확장의 시대이다. 경제 영토 확장의 시대에 우리도 선교의 영토를 확장해야 한다. 이 일에 재외동포를 자원으로 활용하는 것이다. 이렇게 하면 선교 영토도 확장하고, 지역의 경제를 활성화하면서 지역사회로부터 존경받고, 선교적 영향력을 확대할 수 있는 것이다. 이 문제를 통해서 한국 교회의 선교의 재정적인 문제도 해결하고 한국 경제에도 기여할 수 있어서 창조 경제에도 기여할 수 있다. 그리하여 잃어버린 한국 교회의 이미지 개선 효과도 있고 세계 경제에도 기여할 수 있다.

결론이다. 선교는 하나님이 하시지만 하나님도 결국 사람을 통해서 일하시는 하나님이시다.

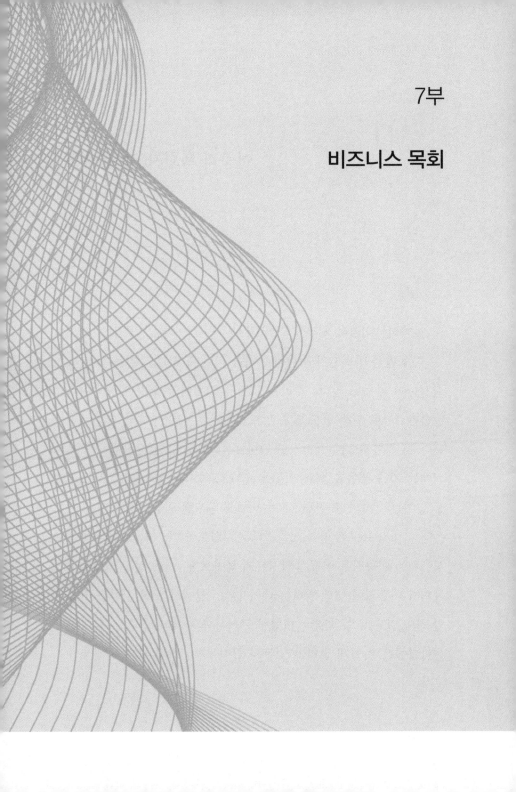

7부

비즈니스 목회

이중직 목회자 사실(Fact)

1. 목회자 이중직, 시대적 요청인가?

요즘 많은 목회자가 목회의 본직을 떠나 또 하나의 일을 하는 목회자들이 너무도 많다. 우리는 그것을 일컬어 목회자 이중직이라 말한다. 이로 인해 탈도 많고 말도 많다. 각 교단에 따라 된다, 안 된다 두 분류로 나누어지기도 한다. 신학자들과 일부 목회자들 사이에는 기름 부음을 받은 자들은 절대로 해서는 안 된다고 목소리를 높이는가 하면 또 한편으로는 바울도 텐트를 만들면서 사역을 했는데 시대적 요구에 따라 상관없다는 사람도 있다. 자, 그렇다면 성경에서는 이중직을 어떻게 말하는지 찾아보자. 사실 성경 어디에도 목회자 이중직에 대해 말하는 데가 없다. 앞에서 말한 것처럼 바울의 천막 만드는 일 외에는 마땅한 근거를 찾기가 어렵다. 그렇다면 신학자들은 어떻게 말하고 있는지 알아보자. 먼저 루터의 경우를 보자.

루터 종교개혁자라는 수식어가 늘 따라붙지만, 이중직 목회자 루터를 설명하는 단어 중 하나다. 김승호 교수(영남신학대학교)는 목회윤리연구소가 지난 14일 개최한 포럼에서 루터를 자비량 목회의 전형으로 언급한 부펠(Olehile Buffel)의 말을 인용하여 다양한 일들로 생계를 위한 재정 수입을 얻었다면서 루터 역시 이중직 목회자였고, 목회자의 이중직은 이제 미래 목회의 한 유형이라고 규정했다.

신학을 전공한 이들 중에서 택시기사를 하는 이들이 많다는 사실은 이제 더는 비밀스런 이야기가 아니다. 현재 한국 교회 목회자의 상당수가 미자립 교회에서 목회하고 있다. 도시와 농촌을 망라하고 수많은 목회자가 경제적 미자립의 상태에서 고군분투하고 있다는 말이다.

미자립 교회 목회자들을 위한 재정지원 시스템이 가장 체계적으로 되어 있다는 예장 통합 교단마저도 현재 진행 중인 미자립 교회 목회자 지원대책이 상당한 문제점을 갖고 있다는 사실이 인식되고 있다. 재정지원 교회들의 예산이 제한된 상태에서 지원받는 미자립 교회의 수는 계속 늘어나고 있다는 것이 관건이다. 이대로 가다가는 도저히 늘어나는 미자립 교회들의 목회자 생활비를 감당할 수 없다는 것이다. 그런데도 해마다 목회자 후보생들은 각 신학교에서 쏟아져 나오고 있다.

급격한 도시화에 따라 한국 교회가 급성장하던 1980년대 후반까지는 교회 개척이 요구되는 시기였다. 당시에는 많은 목회자가 필요했던 관계로 신학교마다 경쟁적으로 신학생을 배출했지만 별 문제가 없었다. 그런데 1990년대부터 교회성장률이 둔화되기 시작했고 2000년대 이후 교인 수의 정체시기를 지나 현재는 교인 수가 감소하는 상황이다. 상황이 이렇다 보니 목회자 선호 경향은 점점 사라지고 있으며 신학대학원 입학경쟁률도 점점 낮아지고 있다.

이런 일련의 과정에서 미자립 교회 수는 지속해서 늘어나고 있다. 2016년 개척 교회의 실례를 보면 80%가 3년 안에 문을 닫는다고 한다. 이렇게 되면 목양지가 없는 목회자가 양산되고 개척 교회를 지속한다고 할지라도 이것은 곧 많은 수의 목회자들이 생활비를 보장받지 못하는 상태에서 목회활동에 임하고 있음을 의미한다. 한 가정의 가장으로서 가족을 경제적으로 부양해야 할 책임을 제대로 감당하지 못하는 목회자는 어떤 대책을 세워야 할까? 교회 성장 시대에는 미자립 교회라 하더라도 짧은 기간 내에 자립 교회로 전환되어 경제적 어려움의 상태를 단기간에 전환할 수 있었다. 하지만 요즘처럼 교인 수가 감소하는 시대에는 미자립 교회가 자립 교회로 전환하는 비율이 날이 갈수록 낮아지고 있다.

그런데 한국 교회 내에는 목회자가 목회활동 이외의 경제활동에 종사하는 것을 부정적인 시각으로 바라보는 경향이 있다. 목사는 목회로 부름을 받았지, 돈벌이를 하기 위해 부름 받은 것이 아니라는 말이다. 만성적인 경제적 미자립의 상태가 지속되는 상황에서 후원 교회로부터 재정지원은 받을 수 있을지 모르지만 목회자가 경제활동에 종사하면 안 되는 것일까? 여기에 오늘날 미자립 교회 목회자들의 딜레마가 있다.

특히 이러한 목회자의 경제활동 불가론은 목회자가 목회에 전념하면 목회자의 생활은 하나님이 책임져 주신다는 믿음과도 연결되어 있다. 일리 있는 이야기가 아닐 수 없다. 교회 성장 시대를 거쳐온 한국 교회 목회자들 대부분은 실제로 이런 경험을 한 바 있다. 그들은 옆이나 뒤를 돌아보지 않고 오로지 목회에만 전념함으로 맨손으로 기적을 일군 한국 교회 성장의 살아 있는 전설이다. 그래서 그들의 사고 속에는 더더욱 목회자는 목회에만 전념해야 한다는 생각이 확고하게 자리 잡고 있다. 그런데 문제는 만성적인 미자립의 상황에서도, 가족의 경제적 부양의 책임을 지속해서 감당하지 못하는 상황에서도, 목회자는 다른 교회나 기관으로부터의 경제적 후원만을 바라는 일 이외에는 다른 어떤 일도 해서는 안 되는 것일까? 그리고 그런 상황이 지속하는 것이 과연 목회자로서의 자기 정체성과 자존감과 긍지를 지켜 줄 수 있는가?

천주교와는 달리 개신교의 성직 개념은 목회직에 한정된 것이 아니다. 종교개혁자들에 의하면, 하나님과 사람들에게 해를 끼치지 않는 한, 모든 직업은 성직이다. 목회직은 목회라는 영역으로 부름 받은 것이지 다른 모든 직업 위에 위치해 있는 것은 아니다. 어떤 이는 목회자로 부름을 받고 다른 이는 농부로 부름 받지만 둘 모두 하나님으로부터 부름 받은 성직에 종사하고 있다. 그런 의미에서 오늘날 목회직과 세속직을 이분법적으로 그리고 상하 개념으로 구분하는 것은 소명에 대한 개신교적 이해를 벗어나는 모습이 아닐 수 없다. 과거에 목회자가 목회에만 전념하도록 하기 위해 목회자 이중직을 금지한 측면이 있지만, 급변하는 시대 상황은 목회자의 이중직에 대해 재고할 것을 우리에게 요청하고 있다.

한국 교회 목회자 중에는 택시기사로 일하면서 동시에 택시회사 내의 그리스도인들을 중심으로 성경공부를 하거나 교회를 개척하는 사례도 나타나고 있다. 농촌 교회 목회자가 마을의 자원을 사용해서 농가소득 창출에 도움을 주면서 동시에 교회가 경제적 자립을 하는 사례도 나타나고 있다. 비즈니스 선교도 활성화되고 있다. 목회자나 선교사의 자격으로는 활동할 수 없는 나라가 많지만 비즈니스 목적을 갖고서는 어느 나라에든지 들어갈 수 있다. 이로 인해 비즈니스 활동을 하면서 복음을 전하는 목회자들이 늘어나고 있다. 단언컨대 목회자는 목회활동에 전념하는 것이 바람직할 것이다. 하지만 여기서 '목회활동'이라는 것이 단지 교회 안의 교인만을 대상으로 하는 영적 활동이라는 전통적 의미에서 목회직 개념으로 한정시키는 것은 무리가 있다. 목회자의 경제적 자립이라는 목적 이외에도, 목회자 이중직 금지만을 고수하면서 경제활동이라는 수단을 통해 다가오는 사역의 기회를 놓쳐 버리는 것 역시 문제가 아닐 수 없다. 날이 갈수록 전도가 힘들어지는 현실 가운데서 경제활동은 전도의 접촉점 마련이라는 측면에서도 중요한 수단이 될 수 있기 때문이다.

지금도 미자립 교회 목회자 중에는 목회활동과 경제활동에 종사하면서 사역의 비전을 구체화해 나가는 분도 있다. 상황과 여건은 고려하지 않고, 단지 목회자가 경제활동에 종사한다는 이유만으로 돈을 탐닉하는 목회자라는 낙인을 찍어 버린다면, 그것이 바로 이 시대의 바리새인의 모습이 아닐까? 특별한 상황 가운데 놓여 있는 목회자에게 경제적 자립의 의지를 높여 주고, 경제활동을 통해 새로운 사역의 비전과 소명을 발견하는 계기가 될 수 있다 해도, 목회자 이중직 불가론을 불변의 진리인양 고수하고 있어야 하는가? 그런 의미에서 이제는 목회자 이중직 불가론만 되풀이할 것이 아니라 이에 대한 신학적, 목회적 논의를 활발하게 진행해 나가야 할 때다.

2. 비즈니스 목회의 환상과 가치

나의 경우 단독 목회 경험은 6개월 밖에 없다. 하지만 나는 지속해서 부교역자 생활을 했다. 나의 목회의 경험을 볼 때 담임 목사를 위해서 충성을 다했고, 교회 성장을 위해 혼신의 노력을 기울였다. 다시 말하면 하나님보다 담임 목사에게 더 충성을 다했다. 그것이 바로 하나님을 충성스럽게 섬기는 방법이라고 생각했다. 그리고 기도와 전도를 하면서 성도의 가정을 돌보고 내가 할 수 있는 모든 일을 최선을 다했다. 다른 목사들도 나와 다름없이 할 것이다. 하지만 중소 교회 목회자, 미자립 교회 목회자는 대단히 바쁘다. 목회도 바쁘지만 총회 일과 노회 일, 교회 일 등 바쁘게 산다. 물론 실교, 준비기도, 심방 등, 여러 가지 일로 바쁘게 산다. 하지만 교회는 성장하지 않고 성도는 자리 이동이 많고 솔직히 목회 자체가 부담이 아닐 수가 없다. 왜 이런 일들이 발생하는가?

몇 년의 목회를 해도 성장과 변화가 없고 성도 수는 증가하지 않고, 이러다 보니 강단에서 사는 시간이 많아지고 기도에 전념해 보지만 때로는 '나에게 왜 대형 교회를 허락하지 않나?' 하는 불평과 '하나님 어찌하오리까?' 하는 자조 섞인 기도가 나올 것이다.

'내 교회는 성장할 수 있는가?'

'나는 성도들에게 풍성함을 제공하고 있는가?'

'내 교회가 주변에 영향력을 주는가?'

'성장할 수 있는 동력은 있는가?'

'나는 무엇이 부족해서 이러한 현실에 직면하고 목회를 해야 하는가!'

'나의 상황을 하나님은 인지하고 있을까?'

'그러면서도 나는 모든 것 포기하고 목회에 전념할 수 있을까?'

'나의 상황을 가족이 이해할까?'

'성도는 나에게 은혜를 받고 있는가?'

'나는 굶주려도 목회에 전념할 수 있을까?'

'목회를 그만두면 세상에서 생존할 수 있을까?'

3. 비즈니스 목회?

비즈니스 목회란 결과적으로 비즈니스 선교와 별 다를 게 없다. 수익을 통해 목회와 일을 동시에 수행하면서 일자리 창출과 부의 창출을 통해서 성도와 사람들에게 나눔을 실천하고 교회와 사람을 세우는 것이고, 성도의 심정을 이해하는 목회자로서 목회자를 이해하는 성도를 훈련하는 것이다.

목회는 하나님이 나에게 기름 부으심을 통해서 하나님 나라 건설과 영혼 구원과 이웃을 향한 긍휼을 나타내면서 하나님의 대의명령을 이루도록 하는 것이다. 더 나아가 목회자가 먼저 충만함을 가지고 성도들에게 하나님 나라를 건설하도록 하는 것이다.

비즈니스 목회는 생활고 문제로 인해 발생하는 네 가지 부담 즉 성도, 가족, 이웃, 본인의 영적 고민을 해결하고자 하는 마음에서 비롯되는 것이다. 비즈니스 목회의 영향력은 바울(텐트 메이커 비즈니스 목회자)의 본을 받아 성도들에게 영향력을 주어서 부정적인 면을 해결하고 사회에 막강한 영향력을 제공할 수 있다는 것이다.

이중직 목회는 누구의 책임이라는 말인가? 그렇다면 비즈니스 목회는 누구의 탓이라는 말인가? 여기서 짚고 넘어가 보자. 현재 목회의 문제를 보고 이중직을 수행하는 목회자와 수행하고 싶은 목회자는 다음과 같은 마음을 지킬 수 있는지가 중요하다고 본다.

1. 초심을 잃지 않을 자신감,
2. 목회자 본분 망각하지 않을 자신감,
3. 교회와 성도들에게 모범을 보이고,

4. 가정에 충실하면서 자신의 정체성을 가지고 컨트롤할 수 있는가?

이러한 마음가짐을 가질 수 있다면, 목사의 장점을 살려 목회 이중직을 성공적으로 수행할 수 있다고 본다. 사랑을 베푸는 것, 섬기는 것, 사람을 좋아하는 것, 말을 잘하는 것, 다양한 지식 소유, 일에 대한 대중성과 열정이 있다면 비즈니스 목회를 성공적으로 수행할 기본이 되어 있다. 하지만 목사의 장점만 있는 것이 아니라 단점도 있다는 것이다. 목사의 단점은 자기 관리를 못하며 돈 버는 일과 세상을 잘 모르는 것이다. 이러한 가운데서도 목사는 자기 의지, 노력, 열정, 주변의 도움, 아내의 지원, 자신감, 감사, 자신을 먼저 생각하지 않는 마음 등 이러한 것이 비즈니스 목회의 이중직을 성실히 수행할 수 있는 하나님이 주신 천부적 소양을 가지고 있다.

하지만 목사의 이중직이 결코 장밋빛이 아니라는 사실을 명심해야 하는데 모두가 긍정적이지 않다. 다시 말하면 같은 동료, 아내, 교인, 교단, 노회에서도 반신반의할 수 있고 세상을 이길 수 있을까? 과연 이중직을 수행하면서 세속화되지 않고 목사의 양심을 지키면서 두 가지 일을 성공적으로 수행할 수 있을까 하는 의구심을 버릴 수 없다. 이러한 것에 대해 목사 자신이 철저하게 훈련되고 무장되어 있다면 목회자 이중직을 성공적으로 할 수 있다고 본다.

목회자 이중직을 통해서 다음과 같은 아름다운 결론을 도출할 수 있다고 본다. 목사 자신이 행복하고, 사모가 행복하고, 가정이 행복하고(자녀), 성도가 행복하고, 교회가 행복하고, 주변이 행복할 수 있다.

목사가 이중직에 성공하려면 목사가 죽어야 교회가 살고, 나를 버려야 하며, 목사 혼자서 모든 것을 할 수 있다는 생각을 과감히 버리고 "나도 대형 교회 할 수 있어."라는 꿈을 깨고 교회는 건물이 아니다라는 사고방식으로 교회에 대한 패러다임을 바꿔야 한다.

4. 비즈니스 목회를 위한 과정과 절차

비즈니스 목회를 하기 위해서는 과정과 절차를 무시하면 안 된다. 나는 초기 선교사 시절에 철저한 준비 부족으로 인해 수많은 시행착오를 겪었고 아픔을 겪었다. 이러한 시행착오를 거치지 않으려면 먼저 자신이 적성에 맞는지를 점검해야 하고 자신의 체력을 점검해야 한다. 이중직은 엄청난 체력을 요구할 수도 있다. 평상시 목회를 하듯이 해서는 체력적으로 따라갈 수 없다. 여기서 또 중요하게 생각할 것이 바로 자신을 점검하는 일인데 이중직에 대한 달란트가 있느냐의 여부이다. 이러한 재능적 요소가 없으면 아무리 어렵다 하더라도 이중직에 발을 넣으면 안 된다.

나는 한국에서 이중직을 수행하는 많은 목회자들을 만났다. 일부는 일에 대한 달란트를 가지고 하는 목사들도 보았지만 많은 목회자가 달란트가 없는데도 달려들어서 고생과 수모를 겪는 일을 너무도 많이 보았다. 물론 배우면서 할 수는 있다. 하지만 세상은 배울 수 있는 기회를 주는 곳이 아니라는 것을 명심해야 한다. 여기서 또 하나 짚고 넘어 갈 것은 이중직을 수행하면서 자신에 대해 자긍심을 못 느끼고 정체성에 혼란을 가져 온다면 아니 간만 못하다.

만약 이중직을 하고 싶다면 이 두 가지 중에서 선택해야 한다. 물통 사업, 즉 지속적으로 일해야 수입이 발생하는 사업은 참으로 힘들다는 것이다. 이것의 원리는 생수 통에 생수가 떨어지면 계속해서 생수를 바꾸어 주어야 하는 것이다. 참으로 고달프고 힘든 과정을 거쳐야 한다. 하지만 시스템 파이프적 사업은 파이프라인처럼 준비된 사업이기 때문에 수도꼭지만 틀면 물이 자동으로 나온다. 이러한 현장을 찾아서 일을 해야 한다.

이러한 이중직을 통해서 이루고자 하는 것은 교회의 영토 확장, 영향력 확대, 성도들에게 존경받고, 가족에게 존경을 받으면서 목회의 자신감을 획득하고 하나님 나라를 확장하는 것이다. 이러한 과정을 통해서 목회자는 기도하는 사람, 자신을 헌신한 사람, 성경에 입각해 사는 사람, 자신을 통제할 줄 아는 사람, 겸손한 사람, 가정에 충실한 사람으로서 목회자 이중직을 수행할 때 존경을 받는다. 이중직 목회는 행복한 여건을 만들 수 있고, 이중직 목회는 선교사적이며, 이중직 목회는 모든 교회를 건강하게 할 수 있고, 이중직 목회는 사회를 건강하게 하며, 이중직 목회의 최종 목적은 하나님의 영토 확장을 위해 봉사와 섬김의 역할을 통해 정적인 목회와 동적인 목회를 할 수 있다고 본다.

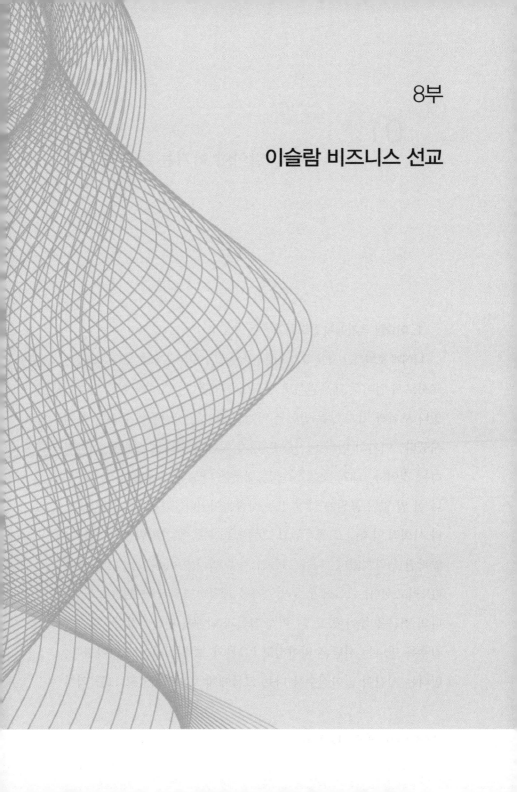

8부

이슬람 비즈니스 선교

01

알아야 이기는 이슬람 선교

1. 이슬람 국가에서 선교하기

나에게 호의적인 사람 찾기 나는 아제르바이잔에서 초창기 초보 선교사로서 언어를 배우면서도 전도에 몰입했다. 전도에 대한 열정이 있다 보니까 되지 않는 언어를 가지고 만나는 사람들에게 복음을 제시했다. 여기서 만나는 사람은 내가 찾아서 만나는 사람을 이야기하는 것이다. 내가 찾는 사람은 대부분 나보다 옷차림이 연루하거나 할 일 없이 공원에 앉아 있는 사람들이었다. 이유는 그들은 나보다 사회적 약자라고 생각했고 그들이 더 복음에 가까워질 수 있다는 얄팍한 생각이었다. 나는 그들과 자주 만나면서(우리는 그것을 관계 전도라고 한다) 그들에게 무엇인가를 제공하면서 접근했다. 그들은 나의 접근을 좋아했고, 나 역시 그들과 관계를 만들어갔다. 시간이 갈수록 만나는 사람은 많아졌고, 그들과 보내는 시간도 많아졌다. 만나는 시간이 많아질수록 나는 그들에게 호의적이었고 그들 역시 나에게 호의적이었다. 나는 나에게 호의적일 것이라는 사람을 찾는데 혈안이 되었다. 다시 말하면 복음에 접근성이 좋은 사람을 골라서 만났다고 할 수 있다. 나는 그것을 주님이 나에게 사람을 보냈다고 했다.

나와 같은 동급의 사람 찾기 내가 수많은 사람에게 접근할 때 현지인 중에서 내가 그들에게 접근하는 것을 문제 삼는 사람도 엄청 많았다.

그러다 보니 내가 접근하기 쉬운 사람, 나의 말을 잘 들어 주는 사람을 찾기에 더 급급했다. 내가 이러한 사고방식을 가지고 사람들에게 접근하다 보니 만나는 사람들도 거의 이런 사람들이었다. 다시 말하면 만나기 좋은 사람, 말을 잘 들어주는 사람, 여러 여건에서 나를 넘지 못하는 사람을 만나기를 원했고 그들을 찾아서 나의 사람으로 관계를 맺어 간 것이다.

나를 필요로 하는 사람 찾기 그러다 보니까 나에게 필요한 사람만 찾고 있었다. 물론 상위 레벨의 사람이 나를 찾지도 않았고 만날 수 있는 상황은 아니다. 그러나 전도는 해야 하니까 어찌하랴? 나와 같은 레벨의 사람을 찾든지 아니면 나보다 한수 아래인 사람을 찾을 수밖에 없다. 다시 말하면 나에게 필요 적절한 사람만 만나기를 원했고 만난다는 것이다.

나도 모르게 무언가 주고 있는 나 자신 사람들을 만나면 나도 모르게 그 사람에게 필요한 것이 없냐고 묻는다. 나는 그것을 나눔이라 포장한다. 나에게 있는 약간의 것, 다시 말하면 그들의 형편보다 좋다 보니 그들보다 더 가치 있고 좋은 것들을 가지고 있다. 또 필요하면 구입할 수도 있고, 한국으로부터 지원을 요청할 수도 있다. 그러다 보니 주는데 선수가 되어 있었다. 나는 나눔의 천사였다.

주어진 것 속에서 나의 그물 안에 들어온 현지인들은 항상 무엇인가를 필요로 했다. 개인적이든 가정적이든 필요로 했다. 그 필요함이 나와 암묵적으로 계약이 이루어져서 그들은 나의 그물 안에 들어오고 나는 그물 안에 들어온 사람들을 잡는 어부가 되는 것이다. 나중에 안 일이지만 모임에 오는 사람들이 하나같이 내가 준 것 혹은 아내가 준 것을 전부 입고 신고 걸치고 다녔다.

서서히 다가가 제시하는 복음 이러한 여건이 만들어지면 나의 거룩한 그물에 들어온 사람들을 서서히 복음으로 제압하기 시작했다. 복음으로 제압하는데 나는 항상 그들에게 이러한 방법을 동원했다.

"나에게 친구가 성경을 주었는데 키릴문자로 되어 있어서 읽을 수 없는데 네가 우리 집에 와서 읽어 줄 수 없을까?"

그들이 집에 오면 나는 성경을 주고 어떤 때는 해석(?)까지 시켰다. 그들은 아무 거리낌 없이 성경 박사나 된 것처럼 나에게 성경을 읽어 주고 해석도 해 준다. 참으로 놀라운 사건들이다. 이러한 상황이 지속되면서 나는 그들과의 만남이 깊어지고 나의 모든 것을 동원해서 그들에게 복음을 전하고 그들은 나의 그물 안에 있는 하나의 베드로 물고기 같은 신세가 되는 것이다.

끊임없이 요구하는 현지인 서서히 복음이 전달되고 모임에 참석하는 사람들이 늘어났다. 아주 좋은 현상이었다. 선교사로서 최고의 가치이고 그것이 바로 복음과 연결되고 하나님 나라의 영토 확장이 이루어지니 얼마나 기쁜 일인가? 하지만 문제는 여기서부터이다. 사람이 늘어가니까 요구사항도 늘어나고 해결해야 하는 문제도 산적하다. 현지인들과 살면서 만물박사가 되어 간다는 것이다. 때로는 의사, 상담사, 모든 것을 해결해 주어야 하는 맥가이버 같은 사람이 되어야 했다. 현지인들의 삶이 나아지지 않고 반듯한 일자리를 가지고 있지 않기 때문에 그들의 삶은 여전히 허우적거린다. 그것을 보는 입장에서 나 역시도 넉넉한 생활이 아닌 데도 그들과 교제하려면 계속 나누어 줄 수밖에 없었다. 아니 솔직히 말하면 퍼줄 수밖에 없는 것이다. 사실 그들에게 나는 외국인이기 때문에, 자기들보다 무엇이든지 낫다고 생각하기 때문에, 나에게 온 것이 아닌가? 그렇다면 나는 그들과 복음을 암묵적으로 사고파는 것이 아닌가? 그들은 복음을 들어주고 나는 그들에게 그들의 필요를 채워 주는 관계라고 할까? 물론 이렇게 해서라도 복음이 전파된다면 무엇이든 못하랴!

성장하지 않는 성도 이러한 관계 속에서 그들이 복음을 듣고 성장해 간다면 얼마나 좋을까 싶다. 물론 그들은 나와 함께 찬양도 하고, 기도도 하고, 말씀을 듣기도 한다. 물론 내가 전도한 사람 중에 참으로 현지 교회에서 충실하게 신앙 생활하는 사람들이 많다.

내가 여기서 말하는 것은 한 사람이 복음 안에서 성장하여 세사가 되기까지 많은 진통과 아픔이 있고 시간이 필요하다. 선교지를 다니면서 많은 선교사를 만나 보았다. 많은 선교사가 하나같이 나와 동일한 생각을 가지고 있다. 어쩌랴! 예수님과 같이 한 유다도 예수님을 배반했는데 나와 같은 사람이야!

2. 알아야 이기는 이슬람 선교적 접근

이슬람의 자존심이란?

그들의 입장 테러는 이른바 합법적인 수단으로 자신의 의사를 관철할 수 없을 때 최후의 수단으로 동원되는 폭력 행위라고 할 수 있다. 그런데 문제는 누군가가 그 합법을 독점하고 있다는 사실이다.

서구와 이슬람은 평행선을 긋고 있어 대립적이긴 하나 양측은 서로 나름의 역사성을 갖고 있기에 제대로 볼 필요가 있다. 지금껏 이슬람은 오해와 무지와 편견의 대상으로 존재했다. 비이슬람인의 눈에 이슬람이 너무나 다른 세계인 것처럼 보인 것이 원인이 되긴 했지만 우선 이해하려는 노력을 전혀 기울이지 않았다. 아니 무시했다. 무시해도 좋을 대상이라면서⋯⋯. 여기는 서구의 지식인과 언론도 한몫 단단히 거들었다.

그들의 생각 인간은 모두 평등하므로 누가 누구를 이래라저래라 할 수 없으며, 정의를 독점할 수도 없다고 말한다. 그들은 또 알라의 계시를 따르기 때문에 원칙 중심의 삶을 살고 자기 규율의 자세를 견지한다고 주장한다. 서구가 자랑하는 자본주의 시장 경제는 인간을 타락케 하는 것이므로 결코 받아들일 수 없으며 평화와 정의, 자유를 실현하기 위해서는 오히려 이슬람을 따라야 한다고 말한다. 무슬림들은 간섭하지도 간섭받고 싶지도 않다는 태도를 줄곧 견지해 왔다. 외부로는 소극적, 적대적으로 비추어졌을지는 몰라도 그들은 자신의 자유와 함께 남의 자유도 소중하다고 생각하고 또 그것을 실천해 왔다. 그러나 그들이 말하는 자유는 서구식 자유가 아니다.

지하드는 자기 방어용이다. 진정한 지하드는 외부의 공격에 대한 방어가 아니다. 이슬람 내부의 적으로부터 이슬람을 지키는 것이다. 부패에 찌든 사회, 도덕적으로 황폐해져 가는 자신을 지키는 지하드가 진짜 지하드라고 그들은 생각한다. 하지만 지나친 자기 방어는 전 세계적으로 문제를 만들었으며, 자기만이 최고라고 생각하는 망상은 사라져야 한다.

필요는 금지사항에 우선한다 이슬람의 기본원칙은 종교적 가르침에 입각한 삶은 오직 하나님의 잣대로 세상을 살려는 것이므로 비타협적일 수밖에 없다. 현세적 득실에 따라 이랬다저랬다 할 수 없기에 그러하다. 이에 반해 서구사회는 이익 지향적이다. 기독교 문화를 저변에 깔고 있다고는 하나 기독교의 가르침은 그들의 행동 결정에 그다지 영향력을 발휘하지 못한다.

산업혁명을 거쳐 자본주의 시장경제로의 길을 걸어오면서 철저히 이익 지향적 문화를 일구어 왔다. 이익 지향적인 삶에선 언제든지 타협할 수 있다. 어제의 적도 서로의 조건만 합치될 수 있다면 친구가 될 수 있다. 그런 그들의 눈에 오로지 샤리아에만 충실한 삶을 살려는 이슬람 문명권은 비타협적으로 보일 수밖에 없는 것이다. 비타협적이라고 해서 이슬람을 그냥 둘 서구가 아니다. 자신의 문화, 즉 자본주의 시장경제와 그에 따른 경쟁체제를 이슬람 세계에 침투시키려 한다.

그 다음은 자기네 문화를 비판적인 국가나 민족의 정체성에 위해를 가하는 것이다. 이 점을 잘 알고 있는 이슬람주의자들은 당장 불편하고 힘들더라도 스스로 삶의 주인이 되고자 이슬람의 전통을 고수하려 한다.

신 앞에서는 누구나 평등하다고 굳게 믿는 무슬림들이라 돈이 좀 있다고, 힘이 좀 세다고 하여 거들먹거리는 것은 본능적으로 싫어한다. 만약 그런 자가 그 힘을 이용해 자신에게 위협을 가하거나, 피해를 끼친다면 그냥 둘 수가 없다. 그리고 그들은 힘센 자, 가진 자에게 책잡히지 않기 위해서라도 물질적 욕심을 부리지 않는다. 탐욕을 갖다 보면 남과 어쩔 수 없이 타협해야 하는 일이 일어나기 때문이다.

그들의 성격 더 이상 친절할 순 없다. 내가 살겠다고 손님을 궁지에 몰아넣는 것은 파슈툰족(아프가니스탄)의 삶의 방식이 아닌 것이다. 그들은 그렇게 사는 것보다는 차라리 죽는 게 낫다고 생각한다.

그들의 생활 무슬림들은 고행과도 같은 오행을 어김없이 굳세게 수행한다. 다른 종교에서라면 얼마간의 융통성이 주어질 텐데 이슬람에선 그런 것이 없다. 외부에서 보기엔 요령부득 같은 데도 무슬림들은 그 일을 말없이 해낸다. 누가 감시하는 것도 아닌데 그렇게 행한다. 마치 실천이 따르지 않는 지식은 아무 쓸모 없는 정도가 아니라 사람을 오히려 사악하게 만드는 것임을 일깨워 주려는 듯 성(聖)과 속(俗)은 하나다.

꾸란은 무슬림의 사고와 행동을 규제한다. 하나님의 뜻에 따라 사는 것이 바로 성이기 때문에, 무슬림들에겐 성과 속을 구별할 아무런 이유가 없다. 모든 것이 알라의 뜻에 따라 행해지고 이루어지는데 무엇을 성이라 하고 무엇이 속이라 하겠는가? 이런 그들인지라 성스럽기 짝이 없다는 모스크는 마을과 떨어진 외딴 곳이 아니라 사람들이 북새통을 이루는 수크(아랍 전통시장) 가운데 세워진다. 성과 속은 하나이기 때문이다. 이슬람은 종교가 아니고 삶의 방식이고 총체적 체계이다.

서구의 시장경제가 경쟁과 소비를 부추기지만 이슬람의 상인은 직업으로서의 상인일 뿐이다. 남을 속이려 한다거나 마케팅, 광고 활동에 열을 올려 불필요한 소비를 부추긴다거나 한탕해서 한밑천 챙겨서는 남은 세월을 편히 보내겠다는 생각은 하지 않는다. 이(利)는 노력한 정당한 대가로 주어지는 것일 뿐, 추구해야 할 대상은 아니다. 그래서 이들은 향락 산업에는 손대지 않는다. 특히 이슬람은 이자를 받을 수 없게 되어 있다. 꾸란에는 원죄의 개념이 없다. 아담을 유혹해 원죄를 저지르게 했다고 해서 하와를 차별하는 내용도 없다.

신체노출은 남녀 모두에게 해당되는 의무이다. 공중목욕탕에서도 절대 맨 몸으로 있지 않는다. 이슬람에서의 간음은 합법적 배우자가 아닌 다른 상대방에게 성적인 욕구나 호기심을 갖는 것까지 포함된다.

결혼 양 당사자는 서로를 잘 알아야 하며, 부도덕하거나 상대를 기만적으로 또는 이기적으로 이용하려 해서는 안된다. 배우자를 선택하는 기준은 그 가문이나 재산, 육체적 매력이 아니라 종교적 헌신, 도덕적 성실성, 성격 등의 영속적이고도 내면적인 가치여야 한다.

인 처제 잦은 전쟁으로 많은 남자들이 죽거나 다쳐 과부나 고아들이 생겨났기 때문에 그들의 고통을 치유하고 사회 안정을 도모하고자 하는 인도적 배려였다.

이슬람의 경제 영토 확장 방법 기독교 진영이 이슬람의 선교 방식을 잘 알지 못하는 사이에 저들은 기독교의 안방을 이전에도 그리했듯이 지금도 밀고 들어오고 있다.

마호메드 사후에 메카와 메디나를 중심으로 시작된 이슬람은 엄청난 속도로 주변 지역을 정복해 나갔다. 마호메드가 죽은 지 불과 몇 년 안 되어 아라비아반도를 이슬람의 초승달에 평정되었다. 마호메드의 후예들이 페르시아(지금의 이란)를 정복하고자 벌인 치열한 전쟁은 이슬람 팽창사에 기폭제가 된다. 그 전쟁의 핵심에 선 장군 누아만은 크테시폰 전투에서 다음과 같은 선포를 한다. 무타구치 요시로가 쓴 『중동의 역사』라는 책에 나오는 문구를 보자!

> 우리들은 과오 속에서 살고 있지만 알라는 우리들을 불쌍히 여겨 예언자 한 사람을 보냈다. 그는 우리들의 동포이며 게다가 가장 고귀한 집안의 분이다. 그는 우리들을 이교도의 어둠에서 진실한 가르침의 빛으로 이끌어 주셨다. 이미 그는 돌아가셨지만 이 세상에서 우리들의 가르침에 속하지 않은 자 모두와 싸우라고 유언하셨다. 즉 그자들은 가르침에 귀화하든지, 공물을 바치든지 아니면 무기를 들고 저항하든지 선택해야 한다. 만약 가르침을 믿으면 우리들은 그대들에게 왕국을 남길 것이다. 믿고 싶지 않으면 공물을 바쳐라. 모두 원하지 않는다면 싸울 준비를 하라.

상기의 글은 이슬람 선교와 전쟁의 조건을 잘 말해 준다.

1. 가르침에 귀화하라! 즉 무슬림으로 개종하라!
2. 개종하지 않으면 세금을 내라!
3. 아니면 전쟁을 통해 굴복시키겠다!

위의 세 가지는 인류 역사 가운데 왜 이슬람이 그토록 빠른 속도로 성장할 수 있었는가에 대한 해답을 주는 단서가 된다.

예수 그리스도는 하늘과 땅의 권세를 그 제자들에게 주시고 이 천국 복음을 땅 끝까지 전하라고 하셨다. 한 영혼을 그리스도 예수 앞에 이끌기까지 죽음도 불사하고 전하지만 개종을 위한 강요나 또는 세금 부여나 또는 국가와 국가 그리고 지역과 지역을 가르는 전쟁을 일으키라는 말씀은 없었다. 천국은 이 땅에 속한 것이 아니기 때문이다. 우리가 믿는 천국은 죄가 없고 예수 그리스도의 의와 진리만이 영원히 함께하는 영광의 나라이다. 가장 좋은 것을 주기 위해 이 땅의 모든 것을 포기하는 것이 기독교인의 삶인 것은 틀림이 없다. 하지만 종교라는 미명하에 기독교에서 이슬람의 영역으로 개종이나 믿음이라는 영역에 가면 그것을 바라보는 개념과 세계관에는 상당한 차이가 있다. 이슬람에 있어서 종교는 개인의 선택 사항이 아니라 죽느냐 사느냐의 문제이다.

이슬람을 위한 비즈니스 선교 전략 구 소련이 붕괴되기 전에는 선교 대상 국가의 대부분이 사회주의 혹은 공산주의 체제하에 있었기 때문에 시장(市場)은 사실상 선교의 장(場)으로 인식되지 못했다. 그러나 구 소련의 붕괴 이후 북한을 제외한 전 세계의 모든 나라는 자국의 경제발전을 위해 자본주의를 채택하게 되었다.

그 결과, 세계 모든 국가가 복음의 진입에는 장벽을 둘지라도 경제발전을 위한 사업에는 진입의 장벽을 거두고 문을 활짝 열고 있다. 이제 시장을 통한 복음화 전략은 복음의 장벽을 뚫고 비즈니스와 함께 복음을 효과적으로 전할 수 있는 주요한 전략으로 주목받고 있다. 더구나 오래 전에 로잔대회(1974년, 1983년)에서는 비즈니스가 선교의 수단을 넘어 선교로서의 비즈니스(Business As Mission)라는 개념을 정립해 선포하고 있다. 이것은 비즈니스가 선교의 유용한 도구임과 아울러 비즈니스 그 자체가 선교의 장이 될 수 있다는 성경적 근거를 뒷받침한 것이라고 볼 수 있다.

이러한 뒷받침 속에 비즈니스 선교(BAM)는 이제 각 지역과 종족에 적합한 형태로 확충, 발전될 필요성이 있다. 사회적 기업 형태의 비즈니스 선교, 커뮤니티 비즈니스를 활용한 선교 그리고 이슬람권을 대상으로 한 비즈니스 선교가 다양한 형태로 발전되어야 한다.

여기에서는 이슬람권을 대상으로 한 비즈니스 선교의 중요성과 전략을 간략히 살펴보고자 한다.

이슬람의 성장과 도전 이슬람은 2048년을 기점으로 전 세계의 이슬람화를 완성한다는 목적 하에 유럽과 북미 대륙은 물론 중남미에 이르기까지 세계 각국에 진출하고 있다. 영국, 프랑스, 독일, 네덜란드, 스웨덴의 무슬림 인구는 기독교인의 교회 출석률을 앞지른 지 오래되었고, 스웨덴의 말모, 프랑스의 파리와 마르세이유, 벨기에의 브루셀, 영국의 런던과 브밍햄, 덴마크의 코펜하겐 등에서는 이제 무시할 수 없는 상당한 수의 무슬림이 살고 있다. *Mapping the*

*Global Muslim Population*에 따르면 전 세계 무슬림 인구는 약 15억 700만 명으로 지난 세기에 무슬림 인구는 무려 500%나 성장했다고 한다.

이슬람은 구미 외에 특히 아시아에 집중되어 세계 4대 무슬림 국가로 인도네시아와 파키스탄 그리고 인도와 방글라데시를 꼽을 수 있다. 아시아에서는 이 4대 국가 외에 중국도 세계 9위의 이슬람 대국으로 인도네시아, 파키스탄, 인도, 방글라데시, 터키, 이집트, 이란, 나이지리아에 이어 무슬림 인구가 많은 나라다.

56개 민족으로 구성된 중국에서 가장 많은 무슬림이 있는 후이족 외에도 위구르족, 카작족, 우즈벡족, 키르기스족, 타직족, 싸라족, 둥샹족, 바오안족, 타타르족의 주요 종교가 이슬람이다. 비공식 자료에 따르면 2008년 현재 4,200만 명의 중국 무슬림이 있다고 한다. 세계 무슬림 인구 통계 사이트는 2006년 현재 중국 무슬림을 3,911만 명이라고 밝혔다. 중국 종교사무국에 따르면 모스크는 3만여 개, 종교지도자인 아훙(이맘)은 4만여 명에 달한다.

이와 같이 동일한 종교적 유전인자를 가진 이슬람은 전 세계에서 정치, 경제, 문화, 교육, 종교에 이르기까지 통합적 시스템을 구축하였고 이슬람은 이제 하나의 방식으로서 삶과 문화가 구축되기만 하면 도저히 무너뜨릴 수 없는 난공불락의 성이 되고 있다.

더구나 세계 최대의 선교사를 파송하고 가장 많은 선교비를 사용하고 있는 미남침례교회 선교부의 일 년 예산이 3억 불인데 반해 사우디 정부는 매일 1억 달러 씩을 이슬람 선교를 위해 쓰고 있다고 한다.

오늘날 세계 선교에 있어서 이슬람권이 가지고 있는 의미는 무엇인가? 이슬람권의 나라들과 종족에 대한 복음화는 과연 가능한 것인가? 언제까지 우리는 여리고성이라는 이슬람 세력을 바라만 보고 있어야 할 것인가?

이슬람권은 세계 선교를 위한 우리 앞에 버티고 있는 큰 장벽임을 부인할 수 없다. 이 장벽을 돌파하고 땅 끝까지 복음을 전파하기 위해 이슬람을 위한 선교 전략은 매우 중요하다.

나는 이슬람 선교 전략의 한 가지 방법으로 시장을 통한 선교, 곧 비즈니스와 함께하는 선교적 접근방안을 제안해 보고자 한다.

이슬람권 선교를 위한 전략 이러한 이슬람권 선교를 위해 한국 선교계가 해야 할 가장 우선적인 과제는 무엇인가?

첫째, 무슬림의 종교적, 문화적 독특성에 대한 이해를 바탕으로 선교 전략으로 모색해야 한다. 식품은 물론이고 화장품, 의약품, 여행 및 서비스 등을 이용할 필요가 있다.

둘째, 한국과 가깝고 익숙한 동남아시아 시장에서 발판을 마련한 후에 중동 및 전 세계 무슬림 시장을 공략하는 단계적 접근이 필요하다.

셋째, 젊은 세대들이 주도하는 입소문의 영향력이나 소셜미디어를 활용하는 것이 필요하다. 무슬림은 오락 문화가 발달하지 않아

주로 가족이나 친구들과 대화하면서 시간을 보내기 때문에 입소문의 영향력이 다른 문화권에 비해 큰 편이다. 특히 젊은이들은 휴대폰 문자메시지는 물론 최근 페이스북, 트위터, 유투브 등의 소셜미디어를 통해 기업의 판촉 정보와 개인적인 상품 평가까지 전달하고 있기 때문이다. 이런 전략적인 인식을 바탕으로 다양한 지역의 이슬람권을 대상으로 개별적인 비즈니스 선교 전략을 수립해 볼 필요성이 있다.

이슬람 지역에서 기독교적 경제 영토 확장 방법 작금의 시대는 경제가 화두이다. 경제가 블루오션이라고 이야기할 만큼 이제 경제는 거대한 파도를 타고 전 세계에 엄청난 영향력을 주고 있으며, 어느 나라는 경제 불황을 맞고 어느 나라는 경제 호황을 맞는 현상들이 세계 곳곳에서 일어나고 있다. 이러한 현실 속에서 기독교는 너무도 얌전한 선교(?)를 지향하고 있다는 것이다. 하지만 이슬람은 선교라는 말을 드러내고 사용하지는 않지만 기독교보다 더 공격적으로 전 세계를 2048년까지 이슬람화하기 위해 모든 이슬람협의회와 이슬람 국가 그리고 이슬람 단체들이 하나로 일괄되게 영토 확장에 집중하고 있다는 현실이다. 하지만 기독교는 각자가 자기의 영역에서 각개전투를 벌이고 있는 모습이다.

이러한 현실 속에서 이슬람 지역에서 사역하는 선교사들의 사역이 노출되어 추방되고 사역의 효과는 반감되고 더 나아가 이제는 선교사가 입국 자체도 불가능해지고 있는 암울한 현실이 우리 가운데 나타나고 있는데도 대책이 없다는 사실이다. 그러다 보니 선교사들이 사역하기 좋고 거주하기 좋은 나라로 집중되고 또 그곳에서 사역의 영토가 겹쳐지고 이로 인해 선교사들 사이에 알력이 발생하는 안타까운 상황들이 발생하고 있다. 현재 선교 상황은 갈수록 어려워지고 이슬람 국가는 물론 불교 국가 그리고 더 나아가 크리스천 국가 마저도 선교사를 배척하고 환영하지 않는다는 사실이다.

전 세계 약 90여 개 국가에서 선교사 입국을 거절하고 있으며, 나머지 국가도 선교사로서 사역은 고사하고 거주 자체도 불안한 상태이다. 이에 대한 대책을 각 단체나 교회, 선교사들이 비즈니스 선교가 대안이라고 말을 하는데 이에 대해 과연 성공사례와 모델이 있느냐는 것을 또 말하지 않을 수 없다. 많은 사람이 비즈니스 선교를 말하는데 비즈니스 선교를 성공적으로 수행하고 있는 사람들이 과연 얼마나 되는지 모르는 실정이다.

나는 아제르바이잔 이슬람 국가에서 선교사로 사역하면서 선교사로서 솔직히 선교의 한계를 느꼈다. 그래서 이슬람 선교를 위해서 생존방법과 선교 영토 확장을 어떻게 할 것이냐 고민 속에서 내가 시행한 방법이 사업이었다. 나는 비즈니스를 통해 선교를 한 것도 아니고 선교를 위해 비즈니스를 이용하지 않았다.

9부

비즈니스 선교의 전략적 방향과 대안

01

비즈니스 선교의 전략 만들기

　비즈니스 선교, 부르고 좋고 말하기 좋은 주제이다. 모두가 기대하고 있는 새로운 선교 패러다임이라고 해서 열열이 환영한다. 이 한편의 드라마 같은 주제는 경제와 연관이 되어 있고, 더 나아가 경제 영토 확장이라는 미명하에 그리고 교회의 어려운 경제적 상황에 맞물려 더 좋은 이슈가 없는 것이다. 과연 그런가? 비즈니스에 대해 여기 또 다시 말할 필요는 없다.

　이제는 비즈니스 선교에 대한 전략을 혼자서 만들기보다는 교회와 선교단체 그리고 전문가들이 모여서 효과적으로 할 수 있는 방안을 만들어야 한다. 지금까지의 비즈니스 선교는 선교사가 현지에서 사업을 하면서 선교하는 것, 이것이 바로 비즈니스 선교의 하나의 모델이 되었다. 하지만 이러한 과정을 거쳐서 과연 소기의 목적을 달성하였는지 아니면 오히려 역효과가 발생하였는지 관련 데이터가 없다. 비즈니스를 하는 선교사들이 본인이 하고 있는 일이 바로 비즈니스 선교라고 말하기 때문에 비즈니스 선교인 것이다. 내가 여기서 말하고자 하는 것은 이제 개인의 비즈니스 선교도 중요하지만 전략적으로 접근해야 하고 전략을 세워서 해야 한다는 것이다.

지금까지의 비즈니스는 전략이 아니라 형편상 하는 하나의 일인 것이다. 이것을 통해서 선교도 하고 비즈니스도 하는 것, 이상의 무엇이라고 할 수 있을까? 전술에 실패한 용사는 용서할 수 있어도 전략에 실패한 용사는 용서하지 못한다는 말이 있다. 그렇다. 이제는 선교도 전술과 전략이 필요하다. 오직 믿음 선교도 중요하지만 믿음을 바탕에 두고 전략과 전술이 필요한 시대이다. 이러한 전략을 만들기 위해서는 전술 집단이 모여야 하고 전술을 바탕으로 전략을 세워야 한다. 물론 지금도 선교 현장에서 비즈니스와 선교, 두 날개 속에서 사투를 벌이면서 수고하는 많은 선교사들이 있음에 감사를 드린다. 하지만 이제는 전술과 전략적으로 그들을 지원하고 양육해서 더 통 크게 비즈니스 선교를 할 수 있도록 해야 한다.

1. 비즈니스 선교의 발전 과정과 현 상황

비즈니스 선교의 발전 과정은 앞에서도 언급을 했기 때문에 여기서는 다루지 않고 현 상황만 다루겠다. 현재 비즈니스 선교의 상황은 참으로 좋은 상황이라고 볼 수는 없다. 내가 수많은 나라에 사업과 선교를 병행하며 다니면서 많은 선교사들, 해외 거주하는 교포와 동포들을 만나 보았지만 비즈니스 선교는 암울한 상황이다.

한 예로 수많은 나라에 세워진 병원 사업들은 현재 어떠한가? 베풀어 주기 위해 세운 것이지만 애물단지들이 각 나라마다 있는 현실이다. 학교 사업은 어떤가? 아프리카, 동남아시아 등 여러 나라에서 학교 사업과 사역을 하고 있는 곳을 둘러보아도 전부 재정적 어려움 때문에 힘들어 하고 있다.

어디 이뿐인가? 이외에도 수많은 돈을 들여 세운 각양의 모습들이 돈을 잡아먹는 하마라고 할까? 그뿐 아니라 현지에 세워진 수많은 교회들도 자급자족을 하지 못해서 재정적으로 어려움을 겪고 있는 교회가 어디 하나둘인가? 이러한 현실 속에서 한국 교회는 재정적으로 어려워지다보니 그 결과가 고스란히 현지에 바로 전달이 된다는 것이다. 작금에 많은 선교사, 비즈니스하는 사람들 그리고 교회 목회자들을 만나 보았지만 하나같이 어려움을 호소하고 있다. 물론 우리는 하나님의 공급하심 속에서 살아가는 사람들이고, 그분이 하고자 하신 일은 그분이 마무리하신다는 것을 알고 있고, 느헤미야처럼 어떠한 어려움과 역경 속에서도 성전을 완공하였던 것처럼 우리도 끝을 보리라고 다짐하는 바이다.

느헤미야가 느헤미야 5장 16절에서 역사를 이루신 이는 하나님이라고 고백하는 것처럼 우리도 그렇게 살고 있는 사람들이다. 하지만 느헤미야를 보면 그는 전략적으로 접근하였고 전략적으로 공사를 완성한 것을 볼 수 있다. 비즈니스 선교도 마찬가지이다. 우리가 한걸음 더 진보하기 위해서는 수시로 상황을 점검하고 계획을 완성해 가는 것이 필요하다. 현재 선교지에서 일어나고 다양한 선교의 방법을 전략적으로 묶어서 시행해야 한다. 특별히 비즈니스 선교는 더욱 그렇다. 현재 각 교회와 단체 그리고 선교사들이 시행하고 있는 비즈니스 선교의 상황을 점검하고 지속적으로 시행될 수 있는 전략을 세우는 것이 현 상황에서 가장 중요한 것이다.

2. 비즈니스 선교의 장점과 문제점

비즈니스 선교의 장점은 사업이라는 것을 통해서 수많은 사람들을 접촉하고 그들과의 관계를 통해서 선교의 영토를 넓힐 수 있는 것이 최대의 장점이다. 이 장점이야 말로 선교의 하이라이트라고 말할 수 있다. 비즈니스를 통해서 앞에서도 말한 여러 가지 영향력을 줄 수 있다. 하지만 장점만 있는 게 아니라 단점이 너무도 많다. 우리 속담에 "구더기 무서워서 장 못 담그랴."는 말이 있지만 장점은 부각시키고 단점은 보완해서 비즈니스를 통한 세계 선교를 통 크게 해야 한다.

단점이란 비즈니스에는 돈이라는 주제가 우선이다. 그러다 보니 사람이 사업을 하다 보면 돈만을 쫓지 않을 수 없는 것이고, 또 모든 것이 돈과 연관이 되어 있다는 것이다. 잘못하면 돈만 아는 사람이 될 수 있고, 여기에 목을 매는 일종의 돈 벌어야 하는 사람이라는 별명을 가질 수도 있는 것이다. 이러한 현실에서 나타나는 단점을 어떻게 선교적 역량으로 극복할 것인가 대책을 수립해야 하는 것이다. 지속적으로 재정이 투입은 되는데 반해 성과는 나타나지 않는 현실을 어떻게 이끌어 갈 것인가도 대책을 세워야 하는 것이다.

세상에 문제없는 곳은 없다. 하지만 우리는 하나님이 주신 돈을 구체적으로 사용해야 하고 뱀처럼 지혜롭게 사용해야 하는 것이다. 예를 들어 예수님이 말씀하시기를 뱀처럼 지혜롭고, 비둘기처럼 순진하라 했을 때 왜 먼저 뱀처럼 지혜로워야 한다고 했을까? 순진함도 중요하지만 지혜로운 자가 순진할 수 있다는 사실이다. 미련한 자는 순진은 고사하고 순진해지지도 않는 법이다. 그래서 우리는 비즈니스 선교에서 단점을 장점으로 바꾸는 지혜를 모아야 하는 것이다. 그래서 나는 단체에 비즈니스 선교를 담당할 조직을 만들고 사람을 두라고 말했다.

3. 비즈니스 선교의 방향과 대안

이제 우리 모두는 지혜를 모아 하나의 방향을 만들고 대안을 만들어 제시해야 한다. 나는 비즈니스 선교의 롤 모델을 만든 사람으로서 방향과 대안을 제시한다. 방향은 비즈니스를 먹고 사는데 방점을 두지 말고 영토 확장에 방향을 두어야 한다. 이 책의 핵심 결론이 영토 확장이라는 것을 앞에서 밝혀 두었다. 그렇다. 비즈니스 선교가 선교사들의 여러 환경 때문이 아니라 하나님의 영토를 확장해야 한다는 책임감 속에 이뤄져야 한다. 하지만 작금의 비즈니스 선교는 이러한 책임 의식보다는 선교지 여건과 선교사의 상황 그리고 한국 교회의 복합적인 상황 속에서 해야만 하는 것으로 인식되고 있다는 사실이다. 이러한 사고방식에서 실행되는 비즈니스 선교는 실패할 경우 막대한 문제를 만들고 받는 상처는 치유하기 어렵다.

나는 비즈니스 선교의 롤 모델을 만든 장본인으로서 비즈니스 선교의 방향을 주저 없이 말한다. 비즈니스 선교의 방향은 기존에 파송된 선교사 전부가 비즈니스를 할 수는 없다. 현지의 상황과 여건, 본인의 의지와 단체의 상황을 고려해 비즈니스에 대한 철저한 교육이 진행되어야 한다. 현재 각 단체에서 실시하는 교육 프로그램으로는 비즈니스 선교사를 양성하는 데 많은 문제가 있다. 전문적인 비즈니스 선교를 하고 있는 사람이나 경험 그리고 실전과 이론이 있는 사람들이 교육을 실시해야 한다. 선무당이 사람 잡는다고 모로 가도 서울만 가면 된다는 식의 교육은 참패를 면치 못한다.

먼저 1. 비즈니스에 대한 철저한 교육, 2. 비즈니스 선교 교육, 3. 단체의 의지와 선교사의 의지 등 여러 요소가 교육되어야 한다.

더 나아가 대안으로는 기존의 전통적 선교사 재교육과 함께 가장 긍정적인 요소는 청년대학생을 열방으로 보내는 것이고, 기업인들을 세계 열방으로 보내 기업을 통해 개인의 영토 그리고 기업의 영토를 통해서 하나님의 영토를 확장하는 것이다. 이러한 방향과 대안이 있을 때 비즈니스 선교는 목적하는 바를 이룰 수 있고, 이로 인해서 예수 그리스도의 복음이 모든 영토에 편만하게 전파되는 것을 목격할 수 있을 것이다.

저자 후기

최웅섭 이야기가
끝을 맺다

지난 시간 참으로 행복한 시간이었다. 아니 지금도 행복하다. 지난 시간은 선교사로 그리고 글로벌 사업가로 보낸 시간이다. 선교사로서 마음껏 사역하였고(물론 지금도 선교사이지만), 글로벌 사업가로서 전 세계를 다니면서 개인의 영토, 기업의 영토 그리고 하나님의 영토 확장을 위해서 사역하였다. 이러한 일을 할 수 있었던 것은 하나님께서 나에게 주신 건강과 열정이 있었기 때문이다.

지난 3년간 한국에서의 생활도 참으로 행복했다. 많은 교회와 단체를 다니면서 "비즈니스와 선교", "최웅섭 비즈니스 아카데미 사역" 그리고 "실업인이 살아야 교회가 산다"라는 주제를 가지고 열강을 할 수 있었음에 행복을 느낀다.

2017년 역시 하나님께서 나에게 베풀어 주신 각 은사를 한국 교회를 위해 강의를 통해 섬기고 싶다.

2017년 3월
모든 사람을 행복하게 환하게 웃게 만드는 최웅섭